浙东唐诗之路研究系列丛书

唐代浙东诗人群体研究

● 咸晓婷 著

ZHEJIANG UNIVERSITY PRESS
浙江大学出版社
·杭州·

图书在版编目（CIP）数据

唐代浙东诗人群体研究 / 咸晓婷著. --杭州：浙
江大学出版社，2024. 8. --ISBN 978-7-308-25394-9

Ⅰ．K825.6

中国国家版本馆 CIP 数据核字第 202452JP72 号

唐代浙东诗人群体研究

咸晓婷　著

责任编辑	吴　庆　吴心怡	
责任校对	蔡　帆	
封面设计	周　灵	
出版发行	浙江大学出版社	
	（杭州市天目山路 148 号　邮政编码 310007）	
	（网址：http://www.zjupress.com）	
排　　版	浙江大千时代文化传媒有限公司	
印　　刷	杭州宏雅印刷有限公司	
开　　本	710mm×1000mm　1/16	
印　　张	14.5	
字　　数	252 千	
版 印 次	2024 年 8 月第 1 版　2024 年 8 月第 1 次印刷	
书　　号	ISBN 978-7-308-25394-9	
定　　价	98.00 元	

浙江省文化研究工程指导委员会

浙江文化研究工程成果文库总序

有人将文化比作一条来自老祖宗而又流向未来的河,这是说文化的传统,通过纵向传承和横向传递,生生不息地影响和引领着人们的生存与发展;有人说文化是人类的思想、智慧、信仰、情感和生活的载体、方式和方法,这是将文化作为人们代代相传的生活方式的整体。我们说,文化为群体生活提供规范、方式与环境,文化通过传承为社会进步发挥基础作用,文化会促进或制约经济乃至整个社会的发展。文化的力量,已经深深熔铸在民族的生命力、创造力和凝聚力之中。

在人类文化演化的进程中,各种文化都在其内部生成众多的元素、层次与类型,由此决定了文化的多样性与复杂性。

中国文化的博大精深,来源于其内部生成的多姿多彩;中国文化的历久弥新,取决于其变迁过程中各种元素、层次、类型在内容和结构上通过碰撞、解构、融合而产生的革故鼎新的强大动力。

中国土地广袤、疆域辽阔,不同区域间因自然环境、经济环境、社会环境等诸多方面的差异,建构了不同的区域文化。区域文化如同百川归海,共同汇聚成中国文化的大传统,这种大传统如同春风化雨,渗透于各种区域文化之中。在这个过程中,区域文化如同清溪山泉潺潺不息,在中国文化的共同价值取向下,以自己的独特个性支撑着、引领着本地经济社会的发展。

从区域文化入手,对一地文化的历史与现状展开全面、系统、扎实、有序的研究,一方面可以藉此梳理和弘扬当地的历史传统和文化资源,繁荣和丰富当代的先进文化建设活动,规划和指导未来的文化发展蓝图,增强文化软实力,为全面建设小康社会、加快推进社会主义现代化提供思想保证、精神动力、智力支持和舆论力量;另一方面,这也是深入了解中国文化、研究中国文化、发展中国文化、创新中国文化的重要途径之一。如今,区域文化研究日益受到各地重视,成为我国文化研究走向深入的一个重要标志。我们今天实施浙江文化研究工程,其目的和意义也在于此。

千百年来,浙江人民积淀和传承了一个底蕴深厚的文化传统。这种文化传统的独特性,正在于它令人惊叹的富于创造力的智慧和力量。

浙江文化中富于创造力的基因,早早地出现在其历史的源头。在浙江新石器时代最为著名的跨湖桥、河姆渡、马家浜和良渚的考古文化中,浙江先民们都以不同凡响的作为,在中华民族的文明之源留下了创造和进步的印记。

浙江人民在与时俱进的历史轨迹上一路走来,秉承富于创造力的文化传统,这深深地融汇在一代代浙江人民的血液中,体现在浙江人民的行为上,也在浙江历史上众多杰出人物身上得到充分展示。从大禹的因势利导、敬业治水,到勾践的卧薪尝胆、励精图治;从钱氏的保境安民、纳土归宋,到胡则的为官一任、造福一方;从岳飞、于谦的精忠报国、清白一生,到方孝孺、张苍水的刚正不阿、以身殉国;从沈括的博学多识、精研深究,到竺可桢的科学救国、求是一生;无论是陈亮、叶适的经世致用,还是黄宗羲的工商皆本;无论是王充、王阳明的批判、自觉,还是龚自珍、蔡元培的开明、开放,等等,都展示了浙江深厚的文化底蕴,凝聚了浙江人民求真务实的创造精神。

代代相传的文化创造的作为和精神,从观念、态度、行为方式和价值取向上,孕育、形成和发展了渊源有自的浙江地域文化传统和与时俱进的浙江文化精神,她滋育着浙江的生命力、催生着浙江的凝聚力、激发着浙江的创造力、培植着浙江的竞争力,激励着浙江人民永不自满、永不停息,在各个不同的历史时期不断地超越自我、创业奋进。

悠久深厚、意韵丰富的浙江文化传统,是历史赐予我们的宝贵财富,也是我们开拓未来的丰富资源和不竭动力。党的十六大以来推进浙江新发展的实践,使我们越来越深刻地认识到,与国家实施改革开放大政方针相伴随的浙江经济社会持续快速健康发展的深层原因,就在于浙江深厚的文化底蕴和文化传统与当今时代精神的有机结合,就在于发展先进生产力与发展先进文化的有机结合。今后一个时期浙江能否在全面建设小康社会、加快社会主义现代化建设进程中继续走在前列,很大程度上取决于我们对文化力量的深刻认识、对发展先进文化的高度自觉和对加快建设文化大省的工作力度。我们应该看到,文化的力量最终可以转化为物质的力量,文化的软实力最终可以转化为经济的硬实力。文化要素是综合竞争力的核心要素,文化资源是经济社会发展的重要资源,文化素质是领导者和劳动者的首要素质。因此,研究浙江文化的历史与现状,增强文化软实力,为浙江的现代化建设服务,是浙江人民的共同事业,也是浙江各级党委、政府的重要使命和责任。

2005 年 7 月召开的中共浙江省委十一届八次全会,作出《关于加快建设文化大省的决定》,提出要从增强先进文化凝聚力、解放和发展生产力、增强社会公共服务能力入手,大力实施文明素质工程、文化精品工程、文化研究工程、文化保护工程、文化产业促进工程、文化阵地工程、文化传播工程、文化人才工程等"八项工程",实施科教兴国和人才强国战略,加快建设教育、科技、卫生、体育等"四个强省"。作为文化建设"八项工程"之一的文化研究工程,其任务就是系统研究浙江文化的历史成就和当代发展,深入挖掘浙江文化底蕴、研究浙江现象、总结浙江经验、指导浙江未来的发展。

浙江文化研究工程将重点研究"今、古、人、文"四个方面,即围绕浙江当代发展问题研究、浙江历史文化专题研究、浙江名人研究、浙江历史文献整理四大板块,开展系统研究,出版系列丛书。在研究内容上,深入挖掘浙江文化底蕴,系统梳理和分析浙江历史文化的内部结构、变化规律和地域特色,坚持和发展浙江精神;研究浙江文化与其他地域文化的异同,厘清浙江文化在中国文化中的地位和相互影响的关系;围绕浙江生动的当代实践,深入解读浙江现象,总结浙江经验,指导浙江发展。在研究力量上,通过课题组织、出版资助、重点研究基地建设、加强省内外大院名校合作、整合各地各部门力量等途径,形成上下联动、学界互动的整体合力。在成果运用上,注重研究成果的学术价值和应用价值,充分发挥其认识世界、传承文明、创新理论、咨政育人、服务社会的重要作用。

我们希望通过实施浙江文化研究工程,努力用浙江历史教育浙江人民、用浙江文化熏陶浙江人民、用浙江精神鼓舞浙江人民、用浙江经验引领浙江人民,进一步激发浙江人民的无穷智慧和伟大创造能力,推动浙江实现又快又好发展。

今天,我们踏着来自历史的河流,受着一方百姓的期许,理应负起使命,至诚奉献,让我们的文化绵延不绝,让我们的创造生生不息。

2006 年 5 月 30 日于杭州

浙江文化研究工程成果文库序言

易炼红

国风浩荡、文脉不绝，钱江潮涌、奔腾不息。浙江是中国古代文明的发祥地之一、是中国革命红船启航的地方。从万年上山、五千年良渚到千年宋韵、百年红船，历史文化的风骨神韵、革命精神的刚健激越与现代文明的繁荣兴盛，在这里交相辉映、融为一体，浙江成为了揭示中华文明起源的"一把钥匙"，展现伟大民族精神的"一方重镇"。

习近平总书记在浙江工作期间作出"八八战略"这一省域发展全面规划和顶层设计，把加快建设文化大省作为"八八战略"的重要内容，亲自推动实施文化建设"八项工程"，构筑起了浙江文化建设的"四梁八柱"，推动浙江从文化大省向文化强省跨越发展，率先找到了一条放大人文优势、推进省域现代化先行的科学路径。习近平总书记还亲自倡导设立"文化研究工程"并担任指导委员会主任，亲自定方向、出题目、提要求、作总序，彰显了深沉的文化情怀和强烈的历史担当。这些年来，浙江始终牢记习近平总书记殷殷嘱托，以守护"文献大邦"、赓续文化根脉的高度自觉，持续推进浙江文化研究工程，接续描绘更加雄浑壮阔、精美绝伦的浙江文化画卷。坚持激发精神动力，围绕"今、古、人、文"四大板块，系统梳理浙江历史的传承脉络，挖掘浙江文化的深厚底蕴，研究浙江现象、总结浙江经验、丰富浙江精神，实施"'八八战略'理论与实践研究"等专题，为浙江干在实处、走在前列、勇立潮头提供源源不断的价值引导力、文化凝聚力、精神推动力。坚持打造精品力作，目前一期、二期工程已经完结，三期工程正在进行中，出版学术著作超过 1700 部，推出了"中国历代绘画大系"等一大批有重大影响的成果，持续擦亮阳明文化、和合文化、宋韵文化等金名片，丰富了中华文化宝库。坚持砺炼精兵强将，锻造了一支老中青梯次配备、传承有序、学养深厚的哲学社会科学人才队伍，培养了一批高水平学科带头人，为擦亮新时代浙江学术品牌提供了坚实智力人才支撑。

文化是民族的灵魂，是维系国家统一和民族团结的精神纽带，是民族生命力、创造力和凝聚力的集中体现。在以中国式现代化全面推进强国建设、民族复兴伟业的新征程上，习近平文化思想在坚持"两个结合"中，以"体用贯通、明体达用"的鲜明特质，茹古涵今明大道、博大精深言大义、萃菁取华集大成，鲜明提出我们党在新时代新的文化使命，推动中华文脉绵延繁盛、中华文明历久弥新，推动全党全国各族人民文化自信明显增强、精神面貌更加奋发昂扬。特别是今年9月，习近平总书记亲临浙江考察，赋予我们"中国式现代化的先行者"的新定位和"奋力谱写中国式现代化浙江新篇章"的新使命，提出"在建设中华民族现代文明上积极探索"的重要要求，进一步明确了浙江文化建设的时代方位和发展定位。

文明薪火在我们手中传承，自信力量在我们心中升腾。纵深推进文化研究工程，持续打造一批反映时代特征、体现浙江特色的精品佳作和扛鼎力作，是浙江学习贯彻习近平文化思想和习近平总书记考察浙江重要讲话精神的题中之义，也是浙江一张蓝图绘到底、积极探索闯新路、守正创新强担当的具体行动。我们将在加快建设高水平文化强省、奋力打造新时代文化高地中，以文化研究工程为牵引抓手，深耕浙江文化沃土、厚植浙江创新活力，为创造属于我们这个时代的新文化贡献浙江力量。要在循迹溯源中打造铸魂工程，充分发挥习近平新时代中国特色社会主义思想重要萌发地的资源优势，深入研究阐释"八八战略"的理论意义、实践意义和时代价值，助力夯实坚定拥护"两个确立"、坚决做到"两个维护"的思想根基。要在赓续厚积中打造传世工程，深入系统梳理浙江文脉的历史渊源、发展脉络和基本走向，扎实做好保护传承利用工作，持续推动优秀传统文化创造性转化、创新性发展，让悠久深厚的文化传统、源头活水畅流于当代浙江文化建设实践。要在开放融通中打造品牌工程，进一步凝炼提升"浙学"品牌，放大杭州亚运会亚残运会、世界互联网大会乌镇峰会、良渚论坛等溢出效应，以更有影响力感染力传播力的文化标识，展示"诗画江南、活力浙江"的独特韵味和万千气象。要在引领风尚中打造育德工程，秉持浙江文化精神中蕴含的澄怀观道、现实关切的审美情操，加快培育现代文明素养，让阳光的、美好的、高尚的思想和行为在浙江大地化风成俗、蔚然成风。

我们坚信，文化研究工程的纵深推进，必将更好传承悠久深厚、意蕴丰富的浙江文化传统，进一步弘扬特色鲜明、与时俱进的浙江文化精神，不断滋育浙江的生命力、催生浙江的凝聚力、激发浙江的创造力、培植浙江的竞争力，真正让文化成为中国式现代化浙江新篇章中最富魅力、最吸引人、最具辨识度的闪亮标识，在铸就社会主义文化新辉煌中展现浙江担当，为建设中华民族现代文明作出浙江贡献！

2023 年 12 月

序:以诗人群通向浙东地域文学研究

　　文人诗酒宴集在浙东地区有着悠久的传统。东晋时期以王羲之为首的兰亭集会可以说是文人诗酒宴集的滥觞。可先师《唐代越州文学试论》云:"魏晋以后,北方战乱,衣冠贵族大量南迁,黄河流域的中原文化随着人口的南迁而与浙东文化融合,更使得越中成为人文荟萃之地。加以东晋文法制度的盛行,组成了会稽文人集团。以王羲之为首的兰亭修禊,就是这些文人雅士集结的最高形式。而唐代浙东文学的文化渊源,也在于此。"①《晋书》卷八○对此次兰亭集会有详细记载:"羲之雅好服食养性,不乐在京师,初渡浙江,便有终焉之志。会稽有佳山水,名士多居之,谢安未仕时亦居焉。孙绰、李充、许询、支遁等皆以文义冠世,并筑室东土,与羲之同好。尝与同志宴集于会稽山阴之兰亭,羲之自为之序以申其志。"②

　　自兰亭集会之后,历代文人的诗酒宴集活动不绝如缕,到唐代,随着社会经济文化的发展,诗酒文会传统在浙东地区得到了进一步的继承与发扬。1998年洛阳偃师市南蔡庄村北出土一方《徐浚墓志》云:"至于制作侔造化,兴致穷幽微,往往警策,蔚为佳句。常与太子宾客贺公、中书侍郎族兄安贞、吴郡张谔、会稽贺朝、万齐融、余杭何謇为文章之游,凡所唱和,动盈卷轴。"③这里所提到的参与唱和的几个诗人,都是吴越一带人,且以越州为主。据权德舆《吴尊师传》载,吴筠"开元中,南游金陵,访道茅山,久之,东游天台。筠尤善著述,在剡与越中文士为诗酒之会,所著歌篇,传于京师"。④ 可见开元、天宝年间,越州地区的诗酒文会活动已颇为可观。

　　安史之乱给中原地区带来极大破坏,而江南地区受战乱的影响甚微,再加上中原人口的大量南迁,江南的经济文化迅速发展起来,渐渐成为两京以外的经济文化中心。大量的文人墨客或避乱,或仕职,或漫游而聚集于此,在优美的山水之间,追慕兰亭集会的高雅风尚,频繁地开展诗酒文会活动,形成了一个个诗会联句唱和的

---

　　①　胡可先:《唐代越州文学试论》,《陆游与越中山水》,人民出版社2006年版,第555页。
　　②　房玄龄等:《晋书》卷八○,中华书局1974年版,第2098页。
　　③　赵君平:《唐〈徐浚墓志〉概述》,《书法丛刊》1999年第4期。
　　④　董诰等编:《全唐文》卷五○八,中华书局1983年版,第5164页。

高潮。这包括大历年间鲍防、严维群体的联句唱和,元和年间薛苹与孟简两个群体的浙东禹庙唱和,长庆至大和年间元稹浙东幕府的诗酒文会活动,以及大和年间李讷群体的听盛小丛歌赠崔元范唱和,时间贯穿了盛、中、晚唐。唱和主题则呈现出丰富的类型与层次,既有对越州地域的书写,又有凸显浙东地方长官儒臣身份的禹庙文学,既有体现中唐文人心态的幕府诗酒文会,又有表现越州女性的文学创作,这些共同呈现出唐代浙东地域文学的丰富面貌。

因此,本书以各个唱和诗人群体为核心,通向浙东地域文学研究。以鲍防群体的联唱为核心研究越州地域书写的三个面向,以薛苹、孟简两个群体的唱和为核心研究浙东禹庙文学,以元稹浙东唱和为核心研究幕府文人心态,以李讷群体唱和为核心研究越州女性文学。此外,天宝年间唐玄宗和朝廷百官饯送贺知章的唱和活动并非发生在越州,但是这一次大规模的朝廷唱和活动与贺知章最终成为镜湖空间隐喻的代表关联密切,而贺知章与镜湖空间隐喻的生成是浙东地域文学的重要话题,是诗人诗歌推动地理空间人文意义生成的典型案例,因此亦纳入本书的研究范围。

(一)鲍防联唱群与越州地域书写的三个面向

大历初年,鲍防任浙东观察使薛兼训从事,并为薛重用。在越期间,鲍防与严维、吕渭等同僚、诗人联句赋诗。其创作成果当时结集为《大历年浙东联唱集》。据《会稽掇英总集》、《唐诗纪事》、《全唐诗》、《嘉泰会稽志》等文献,该诗会现存的作品有《状江南十二咏》、《忆长安十二咏》等,总计三组组诗、十四首联句诗。诗会的参与者有鲍防、严维、刘全白、朱迪、吕渭、谢良辅、丘丹、陈允初、郑概、杜奕、范灯、刘蕃、樊珣等,共五十七人,人数众多,可谓盛况空前。

大历浙东鲍防群体的联唱诗可以概括为三种类型,即越州故事、越州风景与越州风物。越州故事以兰亭与禹穴为代表,最为重要的越州三处风景为若耶溪、镜湖与云门寺,越州特色风物鲈鱼、莼菜等名播上京。这不仅仅是鲍防群体越州诗的三个面向,同样也是唐代诗人越州地域书写的三个面向。这三个方面共同呈现出越州在唐人观念中的整体图景,即文化底蕴深厚、风景优美、物产丰富。

(二)薛苹、孟简浙东唱和与唐代禹庙文学

元和三年至五年,薛苹任浙东观察使,在此期间,薛苹主持了一次禹庙唱和,根据《集古录》、《宝刻丛编》、《舆地碑记目》三种宋代金石著作的记载,这次浙东禹庙唱和参与者共十七人,共十八首诗,可确定参与唱和的诗人有薛苹、崔述、冯宿、冯定、李绅、灵澈六人。这次唱和诗仅一首传世，即薛苹所作禹庙诗。孟简于元和九年至元和十二年任浙东观察使，在此期间，孟简多次主持禹庙题刻与禹庙诗刻石，包括元和十年张良佑、孟简等十一人禹庙题名，元和十一年，将庾肩吾《乱后经夏禹庙》与孟简《题禹庙》诗刻石，元和十一年将宋之问《谒禹庙诗》刻石。

禹庙祭祀是越州历史久远的民俗，也是唐代浙东地方官府的文化大事，历任浙东地方长官除薛苹、孟简外，其他如宋之问、元稹、李绅等亦曾主持或者参与禹庙祭祀，由此产生了唐代越州禹庙文学，包括禹庙祭文与禹庙诗。禹庙祭文与禹庙诗不同于一般的文人作品，它的首要特征在于，其创作主体多为浙东长官，而这些地方长官又同时具有儒臣与文人的双重身份。他们受大禹勤政精神的激发，在禹庙文学中表达自己作为一方长官的责任感与使命感，表达自己积极为民的人生态度，禹庙文学是这些地方儒臣心志的言说。

（三）元稹浙东幕府文学与文人心态研究

长庆三年至大和三年，元稹任浙东观察使兼越州刺史，前后共八年。在此期间，元稹除了与周围地区及远方的文友寄赠酬答外，在州府，他广辟文士幕僚，这些文士或诗文兼擅，如卢简求、郑鲂、周元范，或能文工书，如韩杼材、陆泞、刘蔚、王璘等。同时还广泛结交当地的文士和佛道人物，以其地位和影响吸引了诸多名士参与其使府的唱和。在元稹的努力和倡导下，浙东诗酒文会活动达到了相当的规模，前后参与者仅可考的就有三十余人。

元稹浙东诗酒文会活动表现出与前此浙东鲍防联唱、浙西颜真卿联唱不同的特色。首先，元稹诗酒文会活动文人雅趣的淡逸色彩消减了，而以歌舞侑酒、放逸娱游的世俗性特征增强了。第二个显著特征是具有浓郁的佛教文化色彩，他们游历佛寺，结交僧禅人物，并兴修佛寺，经营佛藏，创作了大量寺院题材诗歌，描写山寺幽静风光，抒发方外之思。一面是歌舞侑酒的欢娱，一面是参禅悟道的清寂。中晚唐之际的士人对现实感到失望，从政热情和谋求功名事业的进取心大大衰退，元稹浙东诗会所表现出来的歌舞佐欢和参禅悟道的文人风尚在当时具有时代普遍性。

（四）李讷浙东唱和与越州女性文学

《会稽掇英总集》卷十载浙东观察使李讷《听盛小丛歌赠崔侍御（并序）》以及崔元范等和诗，参与唱和的诗人共七人，李讷、崔元范、杨知至、封彦冲、卢邺、高湘、卢溉，共存诗七首。这组唱和诗具有双重属性，一方面这是一组送别诗，另一方面，这组诗的写作又有着特殊的目的，即供歌伎盛小丛演唱。盛小丛，原为梨园女伎，因为年老色衰而脱离乐籍,流落越州。宋代王灼《碧鸡漫志》卷一有载。

在越州文学中,女性是唐代诗人题咏不绝的一个主题。在唐代诗人的越州女性题写中,既有流落越州的梨园歌伎盛小丛,也有流传千古的西施,还有美丽的劳动女性采莲女,以及孝女代表曹娥。她们以不同的姿态,丰富的面貌,共同构成了唐代浙东文学的一道亮丽的风景线。

唐人西施题写可以分为两大类,即越地西施诗与非越地西施诗,这两类诗贯穿了整个唐代。唐代诗人的《采莲曲》多以越女为抒情主人公,这些越女泛指普普通通的越地女性,她们采莲、浣纱、劳作、恋爱,在《采莲曲》中与秀美的越地风景交相辉映。东汉会稽孝女曹娥代表着越州女性的另外一个面向,曹娥的故事在历史中积累了多重文化因素,既是一个道德文本,也是一个文学文本,还是一个艺术文本,曹娥在唐宋诗歌书写史上由艺术价值向道德价值的转变,是唐宋文化转型的一个映现。

(五)送贺归越唱和与镜湖空间隐喻的生成

天宝三载,贺知章辞官入道,唐玄宗及朝廷百官赋诗赠别,包括太子李亨、左相李适之、右相李林甫、嗣许王李瓘、褒信郡王李璬、三省六部长官、太子属官、集贤殿学士等共三十七人。《会稽掇英总集》共载录这组诗三十六首。这三十六首诗的主旨与意涵呈现出高度的一致性,即辞官、入道与归越,由此形成了高度集中的意象群,即道教意象、长安地理意象与越州地理意象,其中以道教意象数量最多、内容最丰富,而道教意象又可以分为道教名物意象、道教哲理意象与道教人物、道教地理意象。

贺知章在宋代以后被视为镜湖空间隐喻的代表,这源于贺知章辞官入道与"玄宗赐湖",但是贺知章并非从一开始就是镜湖的精神隐喻,而是经历了一个漫长的过程。唐人对贺知章的评价与叙述,专注于贺知章清狂的个性、杰出的书法以及旧居缅怀,对"玄宗赐湖"一事并未给予特殊的关注。北宋士人开始将"玄宗赐湖"从贺知章还乡事件中单独抽绎出来,并以之为士人归隐的诗意代称,至南宋以"乞镜湖"代称归隐广泛流行于士人阶层。宋代之后,则贺陆并称,成为镜湖文化精神的代表。镜湖在唐之前仅作为人类活动的地理空间而存在,唐代诗人题咏镜湖者虽多,但是唐诗中的镜湖并不具有精神象征与意义。至元明清时期,诗人笔下的镜湖已经不再是单纯的地理空间概念,而是与贺陆精神一体两面,是隐喻意义的载体与文化精神的象征。

目　录

第一章　鲍防联唱群与越州地域书写的三个面向

大历初年，鲍防任浙东观察使薛兼训从事，并为薛重用。在越期间，鲍防与严维、吕渭等同僚、诗人联句赋诗。穆员《工部尚书鲍防碑》云："光弼上将薛兼训授专征之命于泉越，辍公介之始……东越仍师旅饥馑之后，三分其人，兵盗半之。公之〔佐〕兼训也，令必公口，事必公手，兵兼于农，盗复于人。是时中原多故，贤士大夫以三江五湖为家，登会稽者如鳞介之集渊薮，以公故也。"①鲍防联唱群体参与诗人众多，《嘉泰会稽志》卷十载："兰亭古池在县西南二十五里，王右军修禊处。唐大历中，鲍防、严维、吕渭而次三十七人联句于此。"②越州人严维是这一联唱群体的另一核心人物，《嘉泰会稽志》卷十四"人物门"载："严维字正文，越州人，为秘书郎。大历中与郑概、裴冕、徐嶷、王纲等宴其园宅，联句赋诗，世传《浙东唱和》。"③

关于该群体的联唱诗，《新唐书·艺文志》载"《大历年浙东联唱集》二卷"④，可见鲍防群体的联唱诗歌颇具规模。《宋史·艺文志》记载"《大历浙东酬唱集》一卷"⑤，知元时该集已有所散佚。惜该集今已不存。

大历浙东鲍防群体的联唱诗，现存可考者，包括以下诸种。《会稽掇英总集》卷十四载联句诗十二首：《经兰亭故池联句》《松花坛茶宴联句》《寻法华寺西溪联句》《云门寺小溪茶宴，怀院中诸公》《征镜湖故事》《自云门还，泛若耶入镜湖，寄院中诸公》《秋日宴严长史宅》《严氏园林六字》《柏梁体状云门山物并序》《花严寺松潭》《入五云溪，寄诸公联句》《登法华寺最高顶，忆院中诸公》。⑥《会稽掇英总集》卷十五载组诗《云门寺济公上方偈》十一首：《护戒刀偈》《茗侣偈》《芭蕉偈》《山啄木偈》《澡瓶偈》《山石榴偈》《漉水囊偈》《藤偈》《蔷薇偈》《班竹杖

---

① 李昉等：《文苑英华》卷八九六，中华书局1966年版，第4720页。
② 施宿：《嘉泰会稽志》卷十，《宋元方志丛刊》第七册，中华书局1990年版，第6900页。
③ 施宿：《嘉泰会稽志》卷十四，《宋元方志丛刊》第七册，中华书局1990年版，第6978页。
④ 欧阳修、宋祁：《新唐书》卷六十，中华书局1975年版，第1624页。
⑤ 脱脱等：《宋史》卷二〇九，中华书局1977年版，第5398页。
⑥ 孔延之编，邹志方点校：《〈会稽掇英总集〉点校》卷十四，人民出版社2006年版，第197—202页。

偈》、《题天章寺偈》。①《唐诗纪事》载组诗《忆长安十二咏》共十二首、组诗《状江南十二咏》共十二首、《中元日鲍端公宅遇吴天师联句》一首。②《全唐诗》卷七八九载严维《中元日鲍端公宅遇吴天师联句》、联句诗《酒语联句各分一字》。③

综上,该联唱群共计三组组诗、十四首联句诗。关于鲍防大历浙东联唱,贾晋华《唐代集会总集与诗人群研究》一书中《〈大历年浙东联唱集〉与浙东诗人群》一文对其进行了钩沉与评述,④而本书则以大历浙东鲍防联唱为核心,考察唐代越州地域书写的方式与面向。

第一节　唐代诗人与越州诗

越州诗是考察唐人越州地域书写的基础,越州诗多数作于越州,但也未必尽作于越州。本文在梳理唐人越州诗的基础上将创作越州诗的唐代诗人分为游越诗人、仕越诗人与隐越诗人,即赴越漫游诗人、仕居于越的诗人与隐居于越的诗人,这三类诗人构成了唐代越州诗创作的主要群体,其所作越州诗也多数作于越州。此外,赴越送别诗并非作于越州,但是这类诗歌在远行地域想象中往往包含经典的越州意象,与前三类诗人的越州诗相映成趣,同属唐人越州诗的重要类别。

一、游越诗人

王勃早年陪其父赴交趾令任,经越中,《王子安集》中《越州秋日宴山亭序》、《越州永兴李明府宅送萧三还齐州序》、《秋日宴季处士宅》,均作于越州游历期间。

开元年间,孟浩然漫游吴越,其间写下《自洛之越》、《适越留别谯县张主簿申屠少府》、《与崔二十一游镜湖寄包贺二公》、《耶溪泛舟》、《题云门山寄越府包户曹徐起居》、《云门寺西六七里闻符公兰若最幽与薛八同往》、《越中逢天台太乙子》、《夏日与崔二十一同集卫明府宅》、《题大禹寺义公禅房》、《同曹三御史行泛湖归越》、《久滞越中贻谢南池会稽贺少府》等诗篇。

开元末,杜甫游吴越,杜甫在这期间的诗不存,但他在晚年的诗中回忆这段经历,《壮游》诗云:"枕戈忆勾践,渡浙想秦皇。越女天下白,鉴湖五月凉。剡溪蕴秀

---

① 孔延之编,邹志方点校:《〈会稽掇英总集〉点校》卷十五,人民出版社2006年版,第211—213页。
② 计有功撰,王仲镛校笺:《唐诗纪事校笺》卷四七,中华书局2007年版,第1585—1604页。
③ 彭定求等编:《全唐诗》卷七八九,中华书局1960年版,第8888—8889页。
④ 贾晋华:《唐代集会总集与诗人群研究(第二版)》,北京大学出版社2015年版,第73—85页。

异,欲罢不能忘。归帆拂天姥,中岁贡旧乡。"①叙述了自己年轻时于吴越游历的经过。

李白一生多次漫游吴越,其中与越州漫游相关的诗有《梦游天姥吟留别》、《别储邕之剡中》、《越中秋怀》、《越中览古》、《采莲曲》、《对酒忆贺监二首》、《重忆一首》、《同友人舟行游台越作》、《经乱后将避地剡中留赠崔宣城》等。

至德年间,张继盘桓越中,有诗《酬李书记校书越城秋夜见赠》、《春夜皇甫冉宅欢宴》、《会稽秋晚奉呈于太守》、《剡县法台寺灌顶坛诗》、《会稽郡楼雪霁》等作于越州。

贞元十五年,李翱游越,作《拜禹歌》。

大和年间,赵嘏游历越州,其间作《越中寺居》、《发剡中》、《九日陪越州元相燕龟山寺》、《早发剡中石城寺》、《浙东陪元相公游云门寺》、《越中寺居寄上主人》、《题曹娥庙》、《座上献元相公》等。

大和年间,许浑游越中,有《陪越中使院诸公镜波馆饯明台裴郑二使君》、《再游越中伤朱馀庆协律好直上人》、《冬日登越王台怀归》、《越中》。

二、仕越诗人

景龙三年秋,宋之问被贬越州长史,据《新唐书·宋之问传》,宋之问在越州期间"颇自力为政。穷历剡溪山,置酒赋诗,流布京师,人人传讽"。②宋之问在越州期间留下了众多诗篇,如《祭禹庙文》、《谒禹庙》、《游禹穴回出若耶》、《泛镜湖南溪》、《景龙四年春祠海》、《郡宅中斋》、《早春泛镜湖》、《春湖古意》、《游云门寺》、《游法华寺》、《玩郡斋海榴》、《游称心寺》等。

开元初,孙逖任山阴尉,其间与越中人物交游,游览名胜,所作的越州诗有《立秋日题安昌寺北山亭》、《宴越府陈法曹西亭》、《宿云门寺阁》、《奉和崔司马游云门寺》、《和崔司马登称心山寺》、《登越州城》、《和登会稽山》、《山阴县西楼》、《酬万八贺九云门下归溪中作》、《寻龙湍》等。

大和年间,李绅任浙东观察使,创作了丰富的越州诗,包括《新楼诗二十首》:《新楼》、《海榴亭》、《杜鹃楼》、《满桂楼》、《东武亭》、《龙宫寺》、《禹庙》、《晏安寺》、《龟山》、《重台莲》、《橘园》、《寒林寺》、《北楼樱桃花》、《城上蔷薇》、《南庭竹》、《琪树》、《海棠》、《水寺》、《灵汜桥》、《若耶溪》、《登禹庙回降雪五言二十韵》、《题法华寺

---

① 杜甫著,仇兆鳌注:《杜诗详注》卷一六,中华书局1979年版,第1439—1441页。
② 欧阳修、宋祁:《新唐书》卷二百二,中华书局1975年版,第5750页。

五言二十韵》《宿越州天王寺》《龟山寺鱼池》等。

此外,鲍防群体联唱、元稹幕府唱和、薛苹禹庙唱和、孟简禹庙唱和有专题研究,此不叙。

三、隐越诗人

朱放安史之乱隐居越州,《唐才子传》记载:"初,居临汉水,遭岁歉,南来卜隐剡溪、镜湖间,排青紫之念,结庐云卧,钓水樵山,尝著白襦罷鹿裘筍屦,盘桓酒家。"①方干《过朱协律故山》云:"地下无余恨,人间得盛名。残篇续大雅,稚子托诸生。度日山空暮,缘溪鹤自鸣。难收故交意,寒笛一声声。"②刘长卿有《送朱山人放越州贼退后归山阴别业》诗。③ 朱放诗《剡溪行却寄新别者》《经故贺宾客镜湖道士观》《剡溪夜月》《灵门寺赠灵一上人》等作于越州隐居期间。

秦系安史之乱后隐居会稽,其《献薛仆射》诗序云:"系家于剡山,向盈一纪,大历五年,人或以其文闻于邠留守薛公。无何,奏系右卫率府仓曹参军,意所不欲,以疾辞免,因将命者,辄献斯诗。"④秦系现存诗多半作于会稽隐居期间,如《晚秋拾遗朱放访山居》《山中枉张宙员外书期访衡门》《题镜湖野老所居》《徐侍郎素未相识时携酒命馔兼命诸诗客同访会稽山居》《春日闲居三首》《将移耶溪旧居留赠严维秘书》《献薛仆射》《鲍防员外见寻因书情呈赠》《寄浙东皇甫中丞》《耶溪书怀寄刘长卿员外》《会稽山居寄薛播侍郎袁高给事高参舍人》《宿云门上方》等。

方干大中中隐居镜湖,据辛文房《唐才子传》记载:"幼有清才,散拙无营务。大中中,举进士不第,隐居镜湖中。湖北有茅斋,湖西有松岛,每风清月明,携稚子邻叟,轻棹往返,甚惬素心。所住水木幽閟,一草一花,俱能留客。家贫,蓄古琴,行吟醉卧以自娱。"⑤李山甫《方干隐居》诗云:"咬咬嘎嘎水禽声,露洗松阴满院清。溪畔印沙多鹤迹,槛前题竹有僧名。问人远岫千重意,对客闲云一片情。早晚尘埃得休去,且将书剑事先生。"⑥方干越州诗有《镜中别业二首—一作镜湖西岛闲居》《海石榴》《越中言事二首》《题龙瑞观兼呈徐尊师》《题越州袁秀才林亭》《题龟山穆上人院》《初归镜中寄陈端公》《和剡县陈明府登县楼》《路入剡中作》《过朱协律故

---

① 傅璇琮主编:《唐才子传校笺》卷五,中华书局 1989 年版,第 343—344 页。
② 彭定求等编:《全唐诗》卷六四八,中华书局 1960 年版,第 7440 页。
③ 彭定求等编:《全唐诗》卷一四七,中华书局 1960 年版,第 1489 页。
④ 彭定求等编:《全唐诗》卷二六〇,中华书局 1960 年版,第 2898 页。
⑤ 傅璇琮主编:《唐才子传校笺》卷七,中华书局 1989 年版,第三册,第 372—373 页。
⑥ 彭定求等:《全唐诗》卷六四三,中华书局 1960 年版,第 7365—7366 页。

山》、《献浙东王大夫二首》、《越州使院竹》、《送王侍郎浙东入朝》、《赠山阴崔明府》、《上越州杨严中丞》、《镜湖西岛言事寄陶校书》、《越中逢孙百篇》、《赠会稽杨长官》等。

四、赴越送别诗

唐代诗人的赴越送别诗数量丰富，与前面三类诗歌不同，这类诗并非作于越地，但是往往包含典型且概括性极强的越州代表性意象。譬如李白《送纪秀才游越》："海水不满眼，观涛难称心。即知蓬莱石，却是巨鳌簪。送尔游华顶，令余发呙吟。仙人居射的，道士住山阴。禹穴寻溪入，云门隔岭深。绿萝秋月夜，相忆在鸣琴。"[①]这首诗中就包括射的山、山阴道士、禹穴、若耶溪、云门等多个典型的越州意象。再如高适《秦中送李九赴越》诗："携手望千里，于今将十年。如何每离别，心事复迍邅。适越虽有以，出关终耿然。愁霖不可向，长路或难前。吴会独行客，山阴秋夜船。谢家征故事，禹穴访遗编。镜水君所忆，莼羹予旧便。归来莫忘此，兼示济江篇。"[②]这首诗中既有越州故事意象谢家、禹穴，又有风景意象镜湖，还有风物意象莼羹。以这类诗歌中的越州意象与游越、仕越等诗人的越地诗互相对应，可谓相映成趣，有助于更清晰地认识唐人的越州地域图谱。

盛唐诗人的赴越送别诗有孟浩然的《送谢录事之越》、《送从弟邕下第后寻会稽》，高适的《秦中送李九赴越》、《送崔功曹赴越》，岑参的《送李翥游江外》、《送严维下第还江东》，李白的《送友人寻越中山水》、《送纪秀才游越》、《送二季之江东》、《送王屋山人魏万还王屋》、《送贺宾客归越》，杜甫的《送孔巢父谢病归游江东兼呈李白》，李嘉祐的《送越州辛法曹之任》，李颀的《送山阴姚丞携妓之任兼寄苏少府》等。

中晚唐人的赴越送别诗有朱放的《送著公归越》，刘长卿的《送人游越》、《送崔处士先适越》、《送李校书适越谒杜中丞》、《送荀八过山阴旧县兼寄剡中诸官》，白居易的《代诸妓赠送周判官》，元稹的《送王协律游杭越十韵》、《送王十一游浙中》，张籍的《送越客》、《送李评事游越》、《送朱庆馀及第归越》、《送浙西周判官》、《送友人卢处士游吴越》，杜荀鹤的《送友人游越》，崔峒的《送薛良史往越州谒从叔》，刘商的《送友人之江东》，罗隐的《送裴饶归会稽》，贾岛的《送朱可久归越中》等。

---

① 王琦注：《李太白全集》卷十七，中华书局1977年版，第823页。
② 刘开扬笺注：《高适诗集编年笺注》，中华书局1981年版，第244页。

结 语

总而言之，唐代游越诗人、仕越诗人与隐越诗人创作了大量的越州诗，仅本节所考就有百余首，而这并非全部。在这些诗人中，既有李白、孟浩然等唐代一流诗人，也有元稹、白居易等兼具诗人与地方官身份的士人名流，还有秦系、方干等一方隐士。此外，尚有质量甚高、数量甚丰的赴越送别诗。这些越州诗共同构成了唐代越州地域文学研究丰富的文献与资料基础，而越州地域文学是唐代浙东地域文学研究的核心与重点，也是其特征与品质的典型与代表。

第二节　大历联唱与越州地域书写的三个面向

地域不仅仅是一个地理观念，同时也是一个人文观念，不同的地域有不同的人文图景。本节尝试以鲍防群体大历联唱为核心，以唐代越州诗歌为研究对象，考察越州在唐人观念中的地理图景。

一、浙东鲍防群体联唱诗类型

大历浙东鲍防群体的联唱诗除了《忆长安十二咏》、《酒语联句》和三首私家园林宴饮风景诗，即《秋日宴严长史宅》、《严氏园林六字》和《中元日鲍端公宅遇吴天师联句》，其余均与越州地域书写有关，并且可以分为三种类型，即故事、风景和风物。

故事，即古代的、过去的人物、事件，类似于典故。这里所用"故事"这一名称，来源于鲍防群体的诗题，即《征镜湖故事联句》。不用典故而用故事，是因为就这两个名称的内涵而言，典故多与典籍相关，或曰来源于典籍，而故事更易与前人旧地发生时空上的关联，如越州兰亭，鲍防等诗人亲处其地，亲临其境，"故事"这一名称更能呈现出他们所处的前人旧地的时空情境。

大历浙东鲍防群体联唱以故事为主题的诗有两首。一首为《经兰亭故池联句》（该联句诗句下未注诗人名姓），专以王谢兰亭故事为主题："曲水邀欢处，遗芳尚宛然。名从右军出，山在古人前。芜没成尘迹，规模得大贤。湖心舟已并，村步骑仍连。赏是文辞会，欢同癸丑年。茂林无旧径，修竹起新烟。宛是崇山下，仍依古道边。院开新胜地，门占旧畬田。荒阪披兰筑，枯池带墨穿。序成应唱道，杯得每推先。空见云生岫，时闻鹤唳天。滑苔封石磴，密筱碍飞泉。事感人寰变，归惭府服牵。寓时仍睹叶，叹逝更临川。野兴攀藤坐，幽情枕石眠。玩奇聊寄策，寻异稍移船。草露犹沾服，松风尚入弦。山游颇同调，今古有多篇。"①另一首为《征镜湖故事联句》："将寻炼药井，更逐卖樵风（陈允初）。刻石秦山上，探书禹穴中（吕渭）。溪边寻五老，桥上觅双童（严维）。梅市西陵近，兰亭上道通（谢良弼）。雷门惊鹤去，射的验年丰（贾肃）。古寺思王令，孤潭忆谢公（郑概）。帆开岩上石，剑出浦间铜（庾骙）。兴里还寻戴，东山更向东（裴晃）。"②这一首共十六句，几乎一句一个越州故事。

大历浙东鲍防群体联唱以风景为主题的最多，涉及云门寺、若耶溪、五云溪、花严寺、松花坛等越地风景，包括以下《云门寺小溪茶宴，怀院中诸公》、《自云门还，泛若耶入镜湖，寄院中诸公》等六首。

> 《云门寺小溪茶宴，怀院中诸公》：喜从林下会，还忆府中贤（严维）。石路云门里，花宫玉筍前（谢良弼）。日移侵岸竹，溪引出山泉（裴晃）。猿饮无人处，琴听浅溜边（吕渭）。黄粱谁共饭，香茗忆同煎（郑概）。暂与真僧对，遥知静者便（陈允初）。清言皆亹亹，佳句又翩翩（庾骙）。竟日怀君子，沈吟对暮天（贾肃）。③

> 《自云门还，泛若耶入镜湖，寄院中诸公》：山中秋赏罢，溪上晚归时（谢良弼）。出谷秦人望，经湖谢客期（吕渭）。日斜愁路远，风横畏舟迟（郑概）。章句怀文友，途程问棹师（严维）。浅沙游蚌蛤，危石起鸬鹚（裴晃）。落叶飞孤戍，横塘向古祠（陈允初）。行行多兴逸，无处不相思（萧幼和）。④

> 《入五云溪，寄诸公联句》：东，西（鲍防）。步月，寻溪（严维）。鸟已宿，猿又啼（郑概）。狂流碍石，迸笋穿蹊（成用）。望望人烟远，行行萝径迷（吕渭）。探题只应尽墨，持赠更欲封泥（陈元初）。松下流时何岁月，云中幽处屡攀踏（张叔政）。乘兴不知山路远近，缘情莫问日过高低（贾弇）。静听林下潺潺足湍濑，厌问城中喧喧多鼓鼙（周颂）。⑤

> 《寻法华寺西溪联句》：常愿山水游，灵奇赏皆遍（贾弇）。云端访潭洞，林下征茂彦（陈允初）。枕石爱闲眠，寻源乐清宴（吕渭）。探幽渐有趣，凭险恣流眄（张叔政）。竹影思挂冠，湍声忘摇扇（鲍防）。旁登樵子径，却望金人殿（周

① 孔延之编，邹志方点校：《〈会稽掇英总集〉点校》卷十四，人民出版社2006年版，第197页。
② 孔延之编，邹志方点校：《〈会稽掇英总集〉点校》卷十四，人民出版社2006年版，第199页。
③ 孔延之编，邹志方点校：《〈会稽掇英总集〉点校》卷十四，人民出版社2006年版，第199页。
④ 孔延之编，邹志方点校：《〈会稽掇英总集〉点校》卷十四，人民出版社2006年版，第199页。
⑤ 孔延之编，邹志方点校：《〈会稽掇英总集〉点校》卷十四，人民出版社2006年版，第201—202页。

颂）。萝叶朝架烟，松花暮飞霰（成用）。蝉声掩清管，云色缘素练（郑概）。从事暮澄清，看心得方便（严维）。攀崖屡回互，绝迹无健羡（陈允初）。野客归路逢，山僧入林见（贾弁）。云林会独往，世道从交战（鲍防）。塔庙年代深，云霞朝夕变（周颂）。潜流注隈隩，触石乍践减（成用）。逸兴发山林，道情忘贵贱（郑概）。临流日复夕，应接空无倦（严维）。①

《花严寺松潭》：山下花严会，松间水积深（张叔政）。晚荷交乱影，疏竹引轻阴（严维）。云散千岩暮，风生万木吟（吕渭）。循涯通妙理，步胜获幽寻（贾弁）。望鸟知无迹，看猿欲学心（周颂）。浮荣指西景，微尚寄东岑（郑概）。待月开山阁，闻钟出石林（陈允初）。波文摇翠壁，蝉响续幽琴（张叔政）。永日陪霜简，通宵听梵音（贾弁）。机闲任情性，道胜等浮沉（阙成用）。赏异方终古，佳游几度今（严维）。自然轻执简，宁敢忘抽簪（陈允初）。过见心皆妄，驱驰力未任（吕渭）。从来谢公意，山水爱登临（周颂）。②

《松花坛茶宴联句》：几岁松花下，今来草色平（谢良弼）。衣冠游佛刹，鼓角望军城（裴晃）。乱竹边溪暗，孤云向岭明（萧幼和）。绕坛烟树老，入殿雨花轻（严维）。山磬人天界，风泉远近声（袁邕）。夜禅三世睰，朝梵一章清（李聿）。上砌莓苔遍，缘窗薜荔生（崔泌）。焚香忘世虑，啜茗长幽情（鲍防）。聚土何年置，修心此地成（庾骙）。道缘云起灭，人世月亏盈（郑概）。蝉噪林当晓，虹生涧欲晴（吕渭）。水流惊岁序，尘网悟簪缨（杜倚）。池上莲无着，篱间槿自荣（陈允初）。因知性不染，更识理常精（杜奕）。从此应贪味，非唯悔近名（李清）。山栖多自惬，林卧欲无营（成用）。已接追凉处，仍陪问法行（张叔政）。赏心殊未遍，惆怅暮钟鸣（周颂）。③

大历浙东鲍防群体联唱以越州风物为主题的包括《状江南十二咏》组诗与《柏梁体状云门山物》、《云门寺济公上方偈》。

《状江南十二咏》组诗：

谢良辅《仲春》：江南仲春天，细雨色如烟。丝为武昌柳，布作石门泉。

谢良辅《孟冬》：江南孟冬天，荻穗软如绵。绿绢芭蕉裂，黄金橘柚悬。

鲍防《孟春》：江南孟春天，荇叶大如钱。白雪装梅树，青袍似莳田。

---

① 孔延之编，邹志方点校：《〈会稽掇英总集〉点校》卷十四，人民出版社 2006 年版，第 198 页。

② 孔延之编，邹志方点校：《〈会稽掇英总集〉点校》卷十四，人民出版社 2006 年版，第 201 页。

③ 孔延之编，邹志方点校：《〈会稽掇英总集〉点校》卷十四，人民出版社 2006 年版，第 197—198 页。

丘丹《季冬》:江南季冬月,红蟹大如螗。湖水龙为镜,炉风气作烟。

严维《季春》:江南季春天,莼叶细如弦。池边草作径,湖上叶如船。

郑概《孟秋》:江南孟秋天,稻花白如毡。素腕惭新藕,残妆妒晚莲。

吕渭《仲冬》:江南仲冬天,紫蔗节如鞭。海将盐作雪,山用火耕田。

范灯《季夏》:江南季夏天,身热汗如泉。蚊蚋成雷泽,袈裟作水田。

樊珣《仲夏》:江南仲夏天,时雨下如川。卢橘垂金弹,甘蕉吐白莲。

刘蕃《季秋》:江南季秋天,栗熟大如拳。枫叶红霞举,苍芦白浪川。

贾弇《孟夏》:江南孟夏天,慈竹笋如编。蜃气为楼阁,蛙声作管弦。

沈仲昌《仲秋》:江南仲秋天,鳣鼻大如船。雷是樟亭浪,苔为界石钱。

《柏梁体状云门山物》序:状,比也,比与释氏有药草谕品,诗家则六义之一焉。义取睹物临事,君子早辩。不当有似是而非,采诗之官可得而补缺矣。无以小言默,无以细言弃,相尚佳句,题于层阁,古者称会必赋,其能阙乎? 星郎主文,宾赋所以中俊也。

幡竿映水出蒲樯(秦瑀),榴花向阳临镜妆(鲍防)。子规一声猿断肠(李聿),残云入户起炉香(李清)。晴虹天矫架危梁(杜奕),轻萝缥缈挂霓裳(袁邕)。月临影殿玉毫光(吕渭),粉带新篁白简霜(崔泌)。玲珑珠缀鱼网张(陈允初),高枝反舌巧如簧(郑概)。风摇宝铎佩锵锵(秦瑀),古松拥肿悬如囊(杜倚)。雨垂珠箔映回廊(李聿),蔷薇绿刺半针长(鲍防)。五粒松英大麦芒(李清),古藤蚴蟉毒龙骧(杜奕)。深林怪石猛虎藏(袁邕),古碑勒字棋局方(吕渭)。山僧行道鸿雁行(崔泌),亭亭孤笋绿沉枪(郑概)。蜂巢倒挂枯莲房(陈允初),燃灯幽殿星煌煌(杜倚)。

《云门寺济公上方偈》,鲍防序:己酉岁,仆忝尚书郎,司浙南之武。时府中无事,墨客自台省而下者凡十有一人,会云门济公之上方。以偈者赞之流也。始取于佛事云。

鲍防《护戒刀偈》:剖妄妄绝,决机机坏。彼坚刚刀,护声闻戒。

李聿《茗侣偈》:采采春渚,芳香天与。涤虑破烦,灵芝之侣。

杜奕《芭蕉偈》:幽山净土,生此芭蕉。无心起喻,觉路非遥。

杜奕《山啄木偈》:尔禽啄木,恶蠹伤木。愈木无病,巢枝自足。

杜奕《澡瓶偈》:灵圆取相,尘垢是澡。定水清凉,救彼热恼。

郑概《山石榴偈》:何方而有,天上人间。色空我性,对尔空山。

杜倚《漉水囊偈》：裂素成器，给我救彼。密净圆灵，护生洁水。

袁邕《藤偈》：得彼柔性，契兹佛乘。岂无众木，我喻垂藤。

崔泌《蔷薇偈》：护草木性，植彼蔷薇。眼根不染，见尔色非。

崔泌《班谷杖偈》：护性维戒，扶身在杖。动必由道，心无来往。

任逵《题天章寺偈》：降伏心住，自在心住。有心且住，无心即住。①

《云门寺济公上方偈》组诗虽然为佛偈，但除最后一首外，每一偈咏一物，同属越州风物诗。

综上所述，大历浙东鲍防群体的联唱诗可以概括为三种类型，即越州故事、越州风景与越州风物。而这不仅是鲍防群体越州诗的三个面向，扩展开去考察，也同样是唐代诗人越州地域书写的三个面向。

二、故事：越州地域书写面向之一

唐人越州故事书写中最核心的两个故事是兰亭与禹穴。举例言之，高适《秦中送李九赴越》诗云："携手望千里，于今将十年，如何每离别，心事复迢遭。适越虽有以，出关终耿然，愁霖不可向，长路或难前。吴会独行客，山阴秋夜船，谢家征故事，禹穴访遗编。镜水君所忆，莼羹余旧便，归来莫忘此，兼示济江篇。"②高适在这首诗中用了两个越州故事，即谢家与禹穴，这两个故事是唐代越州诗中最常用的故事。

东晋王谢等人在会稽，据《晋书·王羲之传》载："羲之雅好服食养性，不乐在京师，初渡浙江，便有终焉之志。会稽有佳山水，名士多居之，谢安未仕时亦居焉。孙绰、李充、许询、支遁等，皆以文义冠世，并筑室东土，与羲之同好。尝与同志宴集于会稽山阴之兰亭，羲之自为之序以申其志。"③又《晋书·孙绰传》亦载："绰字兴公。博学善属文，少与高阳许询俱有高尚之志。居于会稽，游放山水，十有余年。"④王羲之、谢安、许询是这一故事的核心人物。

而关于王谢等人的兰亭集会，王羲之《兰亭集序》云："永和九年，岁在癸丑，暮春之初，会于会稽山阴之兰亭，修禊事也。群贤毕至，少长咸集。此地有崇山峻岭，

---

① 孔延之编，邹志方点校：《〈会稽掇英总集〉点校》卷十四，人民出版社 2006 年版，第 200—201、211—213 页。

② 刘开扬笺注：《高适诗集编年笺注》，中华书局 1981 年版，第 244 页。

③ 房玄龄等：《晋书》卷八〇，中华书局 1974 年版，第 2098—2099 页。

④ 房玄龄等：《晋书》卷五六，中华书局 1974 年版，第 1544 页。

茂林修竹,又有清流激湍,映带左右,引以为流觞曲水,列坐其次。虽无丝竹管弦之盛,一觞一咏,亦足以畅叙幽情。"①兰亭集会的参与者共四十二人,几乎囊括了晋代的世家贵族。其中王羲之、谢安、谢万、孙绰、徐丰之、孙统、王彬之、王凝之、王肃之、王徽之、袁峤之等十一人各赋诗二首。郗昙、王丰之、华茂、庚友、虞说、魏滂、谢绎、庚蕴、孙嗣、曹茂之、华平、桓伟、王玄之、王蕴之、王涣之等十五人各得诗一首。王羲之之子,九岁的王献之等十六人诗句不成,各罚酒三觞以助兴。

这一故事在唐人越州诗中有时称王许,有时称王谢,有时单称谢家,有时单称逸少,有时单称玄度,有时用兰亭,有时用会稽亭。但又有一基本分野,就是盛唐人多用王、谢、许,而中晚唐人多用兰亭。初盛唐越州诗用王、谢、许故事举例如下。

> 王勃《越州永兴李明府宅送萧三还齐州序》:许元度之清风朗月,时慰相思;王逸少之修竹茂林,屡陪欢宴。②

> 李白《送王屋山人魏万还王屋》:遥闻会稽美,一弄耶溪水。万壑与千岩,峥嵘镜湖里。秀色不可名,清辉满江城。人游月边去,舟在空中行。此中久延伫,入剡寻王、许。③

> 杜甫《壮游》:东下姑苏台,已具浮海航。到今有遗恨,不得穷扶桑。王谢风流远,阖闾丘墓荒。④

> 李嘉祐《送越州辛法曹之任》:缘塘剡溪路,映竹五湖村。王谢登临处,依依今尚存。⑤

> 刘长卿《寄会稽公徐侍郎》:摇落淮南叶,秋风想越吟。邹枚入梁苑,逸少在山阴。老鹤无衰貌,寒松有本心。⑥

中晚唐越州诗用兰亭故事举例如下。

> 崔峒《送薛良史往越州谒从叔》:孤云随浦口,几日到山阴。遥想兰亭下,清风满竹林。⑦

> 秦系《徐侍郎素未相识时携酒命馔兼命诸诗客同访会稽山居》:洗砚鱼仍

①　房玄龄等:《晋书》卷八〇,中华书局 1974 年版,第 2099 页。
②　王勃著,蒋清翊注:《王子安集注》卷八,上海古籍出版社 1995 年版,第 242 页。
③　王琦注:《李太白全集》卷十六,中华书局 1977 年版,第 752 页。
④　杜甫著,仇兆鳌注:《杜诗详注》卷十六,中华书局 1979 年版,第 1439 页。
⑤　彭定求等编:《全唐诗》卷二〇六,中华书局 1960 年版,第 2152 页。
⑥　彭定求等编:《全唐诗》卷一四七,中华书局 1960 年版,第 1489 页。
⑦　彭定求等编:《全唐诗》卷二九四,中华书局 1960 年版,第 3345 页。

戏,移樽鸟不惊。兰亭攀叙却,会此越中营。①

　　白居易《答微之夸越州州宅》:贺上人回得报书,大夸州宅似仙居。厌看冯翊风沙久,喜见兰亭烟景初。②

　　白居易《代诸妓赠送周判官》:妓筵今夜别姑苏,客棹明朝向镜湖。莫泛扁舟寻范蠡,且随五马觅罗敷。兰亭月破能回否,娃馆秋凉却到无?③

　　羊士谔《忆江南旧游二首》:山阴道上桂花初,王谢风流满晋书。曾作江南步从事,秋来还复忆鲈鱼。

　　曲水三春弄彩毫,樟亭八月又观涛。金罍几醉乌程酒,鹤舫闲吟把蟹螯。④

　　鲍防《上巳寄孟中丞》:世间禊事风流处,镜里云山若画屏。今日会稽王内史,好将宾客醉兰亭。⑤

　　张籍《送李评事游越》:未习风尘事,初为吴越游。露沾湖草晚,日照海山秋。梅市门何在,兰亭水尚流。西陵待潮处,知汝不胜愁。⑥

之所以有这一关键词在使用上的分野,是由于盛唐人游越侧重感受魏晋王谢风流的精神体验,而中晚唐人在于追踪兰亭赋诗集会的风雅流韵。正如查屏球先生《盛唐诗人江南游历之风与李白独特的地理记忆:李白〈送王屋山人魏万还王屋并序〉考论》一文所言:"盛唐人好游江南这一时尚与初唐诗人好游蜀中不同,又与中晚唐诗人多有宦游或避难江左的生活经历不同,多出于一种精神体验的需求。""李白一诗的意义就在于以饱满的激情与完整的叙述表现出了盛唐士人好游江南的时尚与盛世时代所特有的潇洒自适的生活情趣。"⑦中晚唐使用"兰亭"一词的诗人白居易、羊士谔、鲍防等均为曾亲自参与浙东诗人集会或者与浙东诗人群体联系密切的诗人。

　　禹穴是会稽更为久远的一个上古故事。关于禹穴究竟从何所来,有两种传说。一种传说,禹穴为大禹的葬地,《史记》载:"张晏曰:禹巡狩至会稽而崩,因葬焉。上

---

① 彭定求等:《全唐诗》卷二六○,中华书局 1960 年版,第 2896 页。
② 谢思炜校注:《白居易诗集校注》卷二三,中华书局 2006 年版,第 1798 页。
③ 谢思炜校注:《白居易诗集校注》卷二四,中华书局 2006 年版,第 1882 页。
④ 彭定求等:《全唐诗》卷三三二,中华书局 1960 年版,第 3696 页。
⑤ 彭定求等:《全唐诗》卷三○七,中华书局 1960 年版,第 3485 页。
⑥ 彭定求等:《全唐诗》卷三八四,中华书局 1960 年版,第 4315 页。
⑦ 查屏球:《盛唐诗人江南游历之风与李白独特的地理记忆:李白〈送王屋山人魏万还王屋并序〉考论》,载《文学遗产》2013 年第 3 期,第 39、48 页。

有孔穴,民间云禹入此穴。"①另一种传说,禹穴为大禹藏书之地。《吴越春秋·越王无余外传第六》载大禹治水"功未及成,愁然沉思。乃案《黄帝中经历》,盖圣人所记,曰:'在于九山东南天柱,号曰宛委,赤帝左阙,其岩之巅,承以文玉,覆以磐石。其书金简,青玉为字,编以白银,皆琢其文。'禹乃东巡,登衡岳,血白马以祭,不幸所求。禹乃登山,仰天而啸,忽然而卧。因梦见赤绣衣男子,自称玄夷苍水使者,闻帝使文命于斯,故来候之。非厥岁月,将告以期,无为戏吟。故倚歌覆釜之山,东顾谓禹曰:'欲得我山神书者,斋于黄帝岳岩之下。三月庚子,登山发石,金简之书存矣。'禹退,又斋。三月庚子,登宛委山,发金简之书,案金简玉字,得通水之理"②。

秦汉时期,关于禹穴有两则影响深远的故事。一是秦始皇会稽祭禹,《史记·秦始皇本纪》载:"上会稽,祭大禹,望于南海,而立石刻颂秦德。"③一是司马迁会稽探禹穴,《史记·太史公自序》云:"年十岁则诵古文。二十而南游江、淮,上会稽,探禹穴,窥九疑。"④此事《汉书·司马迁传》亦载:"年十岁则诵古文。二十而南游江淮,上会稽,探禹穴,窥九疑。"⑤

秦汉之后,因前有秦始皇祭禹,后有司马迁探禹,禹穴渐渐成为会稽著名的人文景观,吸引了众多僧人、文士慕名游观。仅《高僧传》记载者就有以下诸则:

> 竺法旷,姓睪,下邳人……晋兴宁中,东游禹穴,观瞩山水。始投若耶之孤潭,欲依岩傍岭,栖闲养志。⑥

> 释僧柔,姓陶,丹阳人……年过弱冠,便登讲席。一代名宾,并投身北面。后东游禹穴,值慧基法师招停城傍,一夏讲论。后入剡白山灵鹫寺。⑦

> 释智顺,本姓徐,琅玡临沂人……后东游禹穴,止于云门精舍。法轮之盛,复见江左。⑧

> 释法期,姓向,蜀郡郫人……后遇玄畅,复从进业。及畅下江陵,期亦随从……畅叹曰:"吾自西至流沙,北屦幽漠,东探禹穴,南尽衡罗。唯见此一子,特

① 司马迁:《史记》卷一三〇,中华书局 1959 年版,第 3294 页。
② 赵晔撰,周生春辑校汇考:《吴越春秋辑校汇考》,中华书局 2019 年版,第 96—97 页。
③ 司马迁:《史记》卷六,中华书局 1959 年版,第 260 页。
④ 司马迁:《史记》卷一三〇,中华书局 1959 年版,第 3293 页。
⑤ 班固:《汉书》卷六二,中华书局 1962 年版,第 2714 页。
⑥ 释慧皎:《高僧传》卷五,中华书局 1992 年版,第 205 页。
⑦ 释慧皎:《高僧传》卷八,中华书局 1992 年版,第 322 页。
⑧ 释慧皎:《高僧传》卷八,中华书局 1992 年版,第 335 页。

有禅分。"①

　　释法慧，本姓夏侯氏。少而秉志精苦，律行冰严。以宋大明之末，东游禹穴，隐于天柱山寺，诵《法华》一部。②

东探禹穴在南朝文人的诗文中也不鲜见，譬如：

　　梁元帝《怀旧志序》：吾自北守琅台，东探禹穴，观涛广陵，面金汤之设险，方舟宛委，眺玉笥之干霄。③

　　徐陵《与王吴郡僧智书》：年迫桑榆，岂期酬报，政以川波非远，对奉无因，夜梦子长之游，朝览希道之疏。④

　　江淹《谢临川游山》：南中气候暖，朱华凌白雪。幸游建德乡，观奇经禹穴。身名竟谁辨，图史终磨灭。⑤

　　庾信《拟咏怀二十七首其二十》：秋云粉絮结，白露水银团。一思探禹穴，无用鏖皋兰。⑥

魏晋南北朝时期，东游禹穴常常与西至某地、北履某地、南尽某地对举，可见在魏晋南北朝人的观念中，禹穴不仅是会稽经典的人文景观，甚至可说是步履地理东极的代表。

　　到了唐代，在唐人的越州诗中，禹穴出现的频次非常高，甚至高于兰亭。唐诗中可检得的就有：

　　王勃《越州永兴李明府宅送萧三还齐州序》：或登吴会而听越吟，或下宛委而观禹穴。⑦

　　宋之问《游禹穴回出若耶》：禹穴今朝到，邪溪此路通。⑧

　　宋之问《游云门寺》：龛依大禹穴，楼倚少微星。⑨

① 释慧皎：《高僧传》卷十一，中华书局1992年版，第419页。
② 释慧皎：《高僧传》卷十二，中华书局1992年版，第472页。
③ 严可均辑：《全上古三代秦汉三国六朝文·全梁文卷十七》，中华书局1958年版，第3050页。
④ 许逸民校笺：《徐陵集校笺》卷六，中华书局2008年版，第582页。
⑤ 胡之骥注：《江文通集汇注》卷四，中华书局1984年版，第157页。
⑥ 倪璠注：《庾子山集注》卷三，中华书局1980年版，第243页。
⑦ 王勃著，蒋清翊注：《王子安集注》卷八，上海古籍出版社1995年版，第242页。
⑧ 陶敏、易淑琼校注：《宋之问集校注》卷三，中华书局2001年版，第511页。
⑨ 陶敏、易淑琼校注：《宋之问集校注》卷三，中华书局2001年版，第520页。

骆宾王《早发诸暨》:帝城临灞涘,禹穴枕江干。①

孙逖《寻龙湍》:仙穴寻遗迹,轻舟爱水乡。溪流一曲尽,山路九峰长。②

贺朝《南山》:仙穴茅山峰,彩云时一见。邀君共探此,异箓残几卷。③

孟浩然《送谢录事之越》:想到耶溪日,应探禹穴奇。仙书傥相示,予在此山陲。④

孟浩然《与杭州薛司户登樟亭驿》:山藏伯禹穴,城压伍胥涛。⑤

孟浩然《与崔二十一游镜湖寄包贺二公》:将探夏禹穴,稍背越王城。府掾有包子,文章推贺生。⑥

李白《送二季之江东》:禹穴藏书地,匡山种杏田。此行俱有适,迟尔早归旋。⑦

李白《越中秋怀》:何必探禹穴,逝将归蓬丘。不然五湖上,亦可乘扁舟。⑧

杜甫《送孔巢父谢病归游江东兼呈李白》:南寻禹穴见李白,道甫问讯今何如。⑨

张继《会稽秋晚奉呈于太守》:禹穴探书罢,天台作赋游。⑩

韩愈《此日足可惜一首赠张籍》:我友二三子,宦游在西京。东野窥禹穴,李翱观涛江。⑪

刘禹锡《酬浙东李侍郎越州春晚即事长句》:越中蔼蔼繁华地,秦望峯前禹穴西。⑫

白居易《酬微之夸镜湖》:我嗟身老岁方徂,君更官高兴转孤。军门郡阁曾闲否,禹穴耶溪得到无?⑬

白居易《想东游五十韵》:驿舫妆青雀,官槽铢紫骝。镜湖期远泛,禹穴约

① 陈熙晋笺注:《骆临海集笺注》卷二,上海古籍出版社 1985 年版,第 34 页。
② 彭定求等:《全唐诗》卷一一八,中华书局 1960 年版,第 1192 页。
③ 彭定求等:《全唐诗》卷一一七,中华书局 1960 年版,第 1180 页。
④ 李景白校注:《孟浩然诗集校注》卷四,中华书局 2018 年版,第 365 页。
⑤ 李景白校注:《孟浩然诗集校注》卷三,中华书局 2018 年版,第 267 页。
⑥ 李景白校注:《孟浩然诗集校注》卷二,中华书局 2018 年版,第 174 页。
⑦ 王琦注:《李太白全集》卷十八,中华书局 1977 年版,第 858 页。
⑧ 王琦注:《李太白全集》卷二四,中华书局 1977 年版,第 1089 页。
⑨ 仇兆鳌注:《杜诗详注》卷一,中华书局 1979 年版,第 56 页。
⑩ 彭定求等:《全唐诗》卷二四二,中华书局 1960 年版,第 2719 页。
⑪ 钱仲联集释:《韩昌黎诗系年集释》卷一,上海古籍出版社 1984 年版,第 85 页。
⑫ 卞孝萱校订:《刘禹锡集》卷三六,中华书局 1990 年版,第 535 页。
⑬ 谢思炜校注:《白居易诗集校注》卷二三,中华书局 2006 年版,第 1804 页。

冥搜。①

  姚合《送韦瑶校书赴越》:寄家临禹穴,乘传出秦关。霜落橘满地,潮来帆近山。②

  唐彦谦《游阳明洞呈王理得诸君》:禹穴苍茫不可探,人传灵箓锁烟岚。③

以上尚非全部。由此可见,自初盛唐至中晚唐,文人凡游越者必探禹穴,承载着上古大禹治水与司马迁游历之地历史内涵的禹穴,到唐代在文化阶层的心中仍然是越州地理人文精神的典型代表。

除了兰亭与禹穴,重要的越州故事尚有梅市、越王、秦始皇刻石、射的山等,大历鲍防联唱的《征镜湖故事联句》将越州故事汇为一诗,包含甚众,此不一一。正所谓此中人文荟萃,可堪流连,这是唐代文人纷纷漫游浙东的重要原因。总而言之,丰富的故事是唐人越州地域书写的一个重要面向。

三、风景:越州地域书写面向之二

在唐人的越州风景书写中,最为重要的三处风景为若耶溪、镜湖与云门寺。以李白为例,《别储邕之剡中》诗云:"舟从广陵去,水入会稽长。竹色溪下绿,荷花镜里香。"④《送王屋山人魏万还王屋》诗云:"遥闻会稽美,一弄耶溪水。万壑与千岩,峥嵘镜湖里。秀色不可名,清辉满江城。人游月边去,舟在空中行。"⑤《送纪秀才游越》诗云:"禹穴寻溪入,云门隔岭深。绿萝秋月夜,相忆在鸣琴。"⑥李白的这三首诗均为送往游越诗,均用典型意象以概括的笔法书写越州,前两首诗里面的风景意象为若耶溪和镜湖,第三首诗里面的风景意象为若耶溪与云门寺,足见这三者为越州代表性风景。唐代其他诗人的越州诗亦是如此,譬如宋之问是现存唐代大力书写越州风景的第一人,他在任越州长史期间所书写的越州风景诗主要即为若耶溪、镜湖和云门寺。再如孟浩然游越期间所写的越州风景亦以若耶溪、镜湖、云门寺为主。

若耶溪、镜湖、云门寺三者,镜湖在本书第五章另有研究,而云门寺于唐代寺庙文学多有提及,研究者已多,因此此处仅就若耶溪一处风景作详细考述。

---

① 谢思炜校注:《白居易诗集校注》卷二七,中华书局 2006 年版,第 2119 页。
② 彭定求等:《全唐诗》卷四九六,中华书局 1960 年版,第 5630 页。
③ 彭定求等:《全唐诗》卷六七一,中华书局 1960 年版,第 7670 页。
④ 王琦注:《李太白全集》卷十五,中华书局 1977 年版,第 725 页。
⑤ 王琦注:《李太白全集》卷十六,中华书局 1977 年版,第 752 页。
⑥ 王琦注:《李太白全集》卷十六,中华书局 1977 年版,第 823 页。

　　若耶溪,传说中欧冶治剑之地。《越绝书》卷十一载:"薛烛对曰:'不可。当造此剑之时,赤堇之山,破而出锡;若耶之溪,涸而出铜;雨师扫洒,雷公击橐;蛟龙捧炉,天帝装炭;太一下观,天精下之。欧冶乃因天之精神,悉其伎巧,造为大刑三、小刑二:一曰湛卢,二曰纯钩,三曰胜邪,四曰鱼肠,五曰巨阙。'"①郦道元《水经注》卷四十对若耶溪有着详细的描述:"东带若耶溪,《吴越春秋》所谓欧冶涸而出铜以成五剑。溪水上承嶕岘麻溪,溪之下孤潭周数亩,甚清深,有孤石临潭,乘崖俯视,猿狖惊心,寒木被潭,森沈骇观。上有一栎树,谢灵运与从弟惠连尝游之,作连句题刻树侧。麻潭下注若邪溪,水至清,照众山倒影,窥之如画。汉世刘宠作郡,有政绩,将解任去治,此溪父老人持百钱出送,宠各受一文。然山栖遁逸之士、谷隐不羁之民有道则见,物以感远为贵,荷钱致意,故受者以一钱为荣,岂藉费也,义重故耳。溪水下注大湖。"②若耶溪很早就是越州代表性的风景之一。

　　在东晋南朝时期,若耶溪是隐士高僧乐于栖息的遁逸之地。《高僧传》卷五云:"竺法旷……晋兴宁中,东游禹穴,观瞩山水。始投若耶之孤潭,欲依岩傍岭,栖闲养志,郗超、谢庆绪并结居尘外。"③同书卷十二载:"释法慧……时若耶悬溜山有姓昙游者,亦蔬食诵经,苦节为业。"④徐陵《报尹义尚书》亦云:"吾本自凡流,以复衰老,稍近东岱,不奢击壤之年;惟欣尧俗,若耶之复长保。"⑤由此可见,此地吸引了不少隐逸之士。南朝王籍有《入若耶溪》一诗,《梁书·王籍传》载:"除轻车湘东王谘议参军,随府会稽。郡境有云门、天柱山,籍尝游之,或累月不反。至若耶溪赋诗,其略云:'蝉噪林逾静,鸟鸣山更幽。'当时以为文外独绝。"⑥这是若耶溪于南朝即已入诗的证明,且诗句极佳。

　　入唐,无论是漫游、仕居还是隐居越州的诗人都曾留下吟咏若耶溪的诗,佼佼者有以下诸首。

　　　　宋之问《游禹穴回出若耶》:禹穴今朝到,耶溪此路通。著书闻太史,炼药有仙翁。鹤往笼犹挂,龙飞剑已空。石帆摇海上,天镜落湖中。水底寒云白,

①　李步嘉校释:《越绝书校释》卷十一,中华书局2013年版,第302页。
②　郦道元:《水经注》卷四十,《四部丛刊初编》,商务印书馆1919年版,第12页。
③　释慧皎:《高僧传》卷五,中华书局1992年版,第205页。
④　释慧皎:《高僧传》卷十二,中华书局1992年版,第472页。
⑤　许逸民校笺:《徐陵集校笺》卷八,中华书局2008年版,第858页。
⑥　姚思廉:《梁书》卷五〇,中华书局1973年版,第713页。

山边坠叶红。归舟何虑晚,日暮使樵风。①

孟浩然《耶溪泛舟》:落景余清辉,轻桡弄溪渚。泓澄爱水物,临泛何容与。白首垂钓翁,新妆浣沙女。看看未相识,脉脉不得语。②

崔颢《入若耶溪》:轻舟去何疾,已到云林境。起坐鱼鸟间,动摇山水影。岩中响自答,溪里言弥静。事事令人幽,停桡向余景。③

綦毋潜《春泛若耶溪》:幽意无断绝,此去随所偶。晚风吹行舟,花路入溪口。际夜转西壑,隔山望南斗。潭烟飞溶溶,林月低向后。生事且弥漫,愿为持竿叟。④

储光羲《酬綦毋校书梦耶溪见赠之作》:校文在仙掖,每有沧洲心。况以北窗下,梦游清溪阴。春看湖水漫,夜入回塘深。往往缆垂葛,出舟望前林。山人松下饭,钓客芦中吟。小隐何足贵,长年固可寻。还车首东道,惠言若黄金。以我采薇意,传之天姥岑。⑤

刘长卿《上巳日越中与鲍侍御泛舟耶溪》:兰桡缦转傍汀沙,应接云峰到若耶。旧浦满来移渡口,垂杨深处有人家。永和春色千年在,曲水乡心万里赊。君见渔船时借问,前洲几路入烟花。⑥

丘为《泛若耶溪》:结庐若耶里,左右若耶水。无日不钓鱼,有时向城市。溪中水流急,渡口水流宽。每得樵风便,往来殊不难。一川草长绿,四时那得辨。短褐衣妻儿,余粮及鸡犬。日暮鸟雀稀,稚子呼牛归。住处无邻里,柴门独掩扉。⑦

唐人的若耶溪题咏诗,一方面继承了南朝的隐逸之情,另一方面也表现了越州江南水乡的风景与风情。在这些诗人中,如孟浩然、綦毋潜、储光羲,均是盛唐山水诗的代表性人物,他们以高超的笔法书写若耶溪风景,充满了闲适自得之情,使若耶溪题咏为盛唐山水诗增添了流畅柔和的一笔。

其他漫游吴越的诗人,未必有独立的若耶溪题咏诗,但是若耶溪在他们的心目

---

① 陶敏、易淑琼校注:《宋之问集校注》卷三,中华书局 2001 年版,第 511 页。
② 李景白校注:《孟浩然诗集校注》卷一,中华书局 2018 年版,第 18 页。
③ 彭定求等:《全唐诗》卷一三〇,中华书局 1960 年版,第 1322—1323 页。
④ 彭定求等:《全唐诗》卷一三五,中华书局 1960 年版,第 1368 页。
⑤ 彭定求等:《全唐诗》卷一三六,中华书局 1960 年版,第 1383 页。
⑥ 储仲君笺注:《刘长卿诗编年笺注》,中华书局 1996 年版,第 310 页。
⑦ 彭定求等:《全唐诗》卷一二九,中华书局 1960 年版,第 1318 页。

中同样有着重要的地位。譬如李白现存诗没有独立题咏若耶溪的,但是李白在很多诗中都使用了若耶溪这一越州意象。其《采莲曲》云:"若耶溪旁采莲女,笑隔荷花共人语"[①];《子夜吴歌四首·其二》云:"镜湖三百里,菡萏发荷花。五月西施采,人看隘若耶。回舟不待月,归去越王家。"[②]李白显然将若耶溪视为越州风景甚至是江南风景的代表。

四、风物:越州地域书写面向之三

越州地域书写的第三个面向为风物。越州风物最有代表性的是鲈鱼。鲈鱼这一意象在唐代越州诗中可谓俯拾皆是,仅举数例。孟浩然《与崔二十一游镜湖寄包贺二公》诗云:"试览镜湖物,中流见底清。不知鲈鱼味,但识鸥鸟情。"[③]包、贺均为越州人,孟浩然向越州人言"不知鲈鱼味",是自嘲对鲈鱼这一种江南风物较为疏离,虽然疏离却并不陌生,因这是越州人包、贺等颇为自豪且乐于称道的一种家乡风物。高适《送崔功曹赴越》云:"莫恨吴歈曲,当看越绝书。今朝欲乘兴,随尔食鲈鱼。"[④]李颀《送山阴姚丞携妓之任兼寄苏少府》云:"才子风流苏伯玉,同官晓暮应相逐。加餐共爱鲈鱼肥,醒酒仍怜甘蔗熟。"[⑤]羊士谔《忆江南旧游二首》其一:"山阴道上桂花初,王谢风流满晋书。曾作江南步从事,秋来还复忆鲈鱼。"[⑥]

越州重要的风物尚有莼菜、梅子、橘柚、蛤蜊、蟹螯等。贺知章《答朝士》诗云:"钑镂银盘盛蛤蜊,镜湖莼菜乱如丝。乡曲近来佳此味,遮渠不道是吴儿。"[⑦]这是贺知章向朝中好友介绍自己家乡风味的一首诗,其中提到两种风物,一种是蛤蜊,一种是莼菜。宋之问《游法华寺》诗云:"寒谷梅犹浅,温庭橘未华。台香红药乱,塔影绿篁遮。"[⑧]崔颢《舟行入剡》诗云:"地气秋仍湿,江风晚渐凉。山梅犹作雨,谿橘未知霜。"[⑨]高适《秦中送李九赴越》诗云:"吴会独行客,山阴秋夜船,谢家征故事,禹穴访遗编。镜水君所忆,莼羹予旧便。"[⑩]岑参《送李羲游江外》诗云:"夜眠楚烟

①　王琦注:《李太白全集》卷四,中华书局1977年版,第247页。
②　王琦注:《李太白全集》卷六,中华书局1977年版,第352页。
③　李景白校注:《孟浩然诗集校注》卷二,中华书局2018年版,第174页。
④　刘开扬笺注:《高适诗集编年笺注》,中华书局1981年版,第240页。
⑤　彭定求等:《全唐诗》卷一三三,中华书局1960年版,第1358页。
⑥　彭定求等:《全唐诗》卷三三二,中华书局1960年版,第3696页。
⑦　彭定求等:《全唐诗》卷一一二,中华书局1960年版,第1147页。
⑧　陶敏、易淑琼校注:《宋之问集校注》卷三,中华书局2001年版,第514页。
⑨　彭定求等:《全唐诗》卷一三○,中华书局1960年版,第1330页。
⑩　刘开扬笺注:《高适诗集编年笺注》,中华书局1981年版,第244页。

湿,晓饭湖山寒。砧净红鲙落,袖香朱橘团。帆前见禹庙,枕底闻严滩。"①羊士谔《忆江南旧游二首》其二云:"曲水三春弄彩毫,樟亭八月又观涛。金罍几醉乌程酒,鹤舫闲吟把蟹螯。"②游越、赴越、忆越诗往往以概括的笔法、典型的意象勾勒越州地域图景,与长于细部描写的风景诗不同,在唐代诗人的游越、赴越、忆越诗中,风物与风景、故事共同构成了越州地域书写的整体面貌。

在唐代越州诗中,书写风物最多的是鲍防群体的《状江南十二咏》。《状江南十二咏》参与创作者有谢良辅、鲍防、丘丹、严维、郑概、吕渭、范灯、樊珣、刘蕃、贾弇、沈仲昌,共十一位诗人,除谢良辅两首外,其余每位诗人一首。这组组诗的体式应为模仿民间节气诗而来。十二首均为五言绝句,第一句的句式均为"江南孟(仲、季)春(夏、秋、冬)天",第二句的句式均为"某物+形容词+如+某"。整齐划一、重复的句式并非文人诗的作法。

这组诗所题写的内容除去每首的第一句为提起句外,其余可以分为两种。第一种为题写江南风景,数量较少,如"细雨色如烟"、"布作石门泉"、"湖水龙为镜,炉风气作烟"、"池边草作径,湖上叶如船"、"山用火耕田"、"蚊蚋成雷泽,袈裟作水田"、"时雨下如川"等。第二种为题写江南风物,数量丰富,占比最多,涉及的浙东风物有谷物、乔木花卉、果品、水生菜品、水产等。谷物如"荻穗软如绵"、"稻花白如毡";乔木花卉如"丝为武昌柳"、"绿绡芭蕉裂"、"白雪装梅树"、"残妆妒晚莲"、"枫叶红霞举,苍芦白浪川"、"甘蕉吐白莲";果品如"黄金橘柚悬"、"紫蔗节如鞭"、"卢橘垂金弹"、"栗熟大如拳";水生菜品如"荇叶大如钱"、"莼叶细如弦"、"素腕惭新藕";水产如"红蟹大如鳊"、"蛙声作管弦"、"鳠鼻大如船";此外尚有"海将盐作雪"、"慈竹笋如编"等浙地食物。这组诗所含浙东风物之丰富,可以称之为浙东风物录。

鲍防群体的联句诗《柏梁体状云门山物》共二十二句,一句状一物。该诗用柏梁体,句与句之间为并列关系,诗意并不贯通,所状之物或隐或显,并非全然易懂,因此一一释之。"幡竿映水出蒲樯"状幡竿,"榴花向阳临镜妆"状石榴花,"子规一声猿断肠"状杜鹃鸟,"残云入户起炉香"状香炉,"晴虹夭矫架危梁"状桥梁,"轻萝缥缈挂霓裳"状霓裳,"月临影殿玉毫光"状佛像,"粉带新篁白简霜"状竹篁,"玲珑珠缀鱼网张"状渔网,"高枝反舌巧如簧"状莺鸟,"风摇宝铎佩锵锵"状铎铃,"古松拥肿悬如囊"状古松,"雨垂珠箔映回廊"状珠帘,"蔷薇绿刺半针长"状蔷薇,"五粒

---

① 廖立笺注:《岑嘉州诗笺注》卷一,中华书局 2004 年版,第 59 页。
② 彭定求等:《全唐诗》卷三三二,中华书局 1960 年版,第 3696 页。

松英大麦芒"状五粒松，"古藤蚴蟉毒龙骧"状古藤，"深林怪石猛虎藏"状怪石，"古碑勒字棋局方"状古碑，"山僧行道鸿雁行"状僧人，"亭亭孤笋绿沉枪"状竹笋，"蜂巢倒挂枯莲房"状枯莲，"燃灯幽殿星煌煌"状燃灯。

概括起来，《柏梁体状云门山物》所状之物可以分为三类，第一类为植物，包括石榴、竹篁、渔网、古松、蔷薇、五粒松、古藤、孤笋、枯莲；第二类为动物，包括杜鹃、莺鸟；第三类为寺庙器物，包括幡竿、香炉、桥梁、霓裳、佛像、铎铃、珠帘、怪石、古碑、燃灯。

《柏梁体状云门山物》尽管与《状江南十二咏》所状物类不同，所写浙东特有的风物并不多，像竹篁、孤笋、枯莲等，但是从创作动机的角度来看，这两组诗又是相通的，即均以赋物为目的。总而言之，鲍防群体的诗人如严维、丘丹等均有长期居浙的经历，相比于游浙诗人，他们对浙地的风俗与风物更为熟稔，他们的组诗与联句将对越州风物的书写推向了高潮。

结　语

综上所述，本节以鲍防越州联唱为核心，广泛结合唐人越州诗，考察唐代越州地域书写的三个重要面向，即越州故事、越州风景与越州风物。越州故事以兰亭与禹穴为代表，越州最为重要的三处风景为若耶溪、镜湖与云门寺，鲈鱼、莼菜等是越州独特的风物。这三个方面共同呈现出越州在唐人观念中的整体图景，即文化底蕴深厚、风景优美、物产丰富。唐代士人漫游于越、仕宦于越、隐居于越的心态归根结底与他们观念中的越州地理图景息息相关。

第三节　浙东大历鲍防诗人群体考

贾晋华《〈大历年浙东联唱集〉与浙东诗人群》据《会稽掇英总集》、《唐诗纪事》、《全唐诗》等文献钩稽出浙东大历鲍防诗人群三十七位可知姓名者：鲍防、严维、刘全白、朱迪、吕渭、谢良辅、丘丹、陈允初、郑概、杜奕、范灯、樊珣、刘蕃、贾弇、沈仲昌、李清、范淹、吴筠、□迵、□成用、张叔政、周颂、裴晃、徐嶷、王纲、庾骙、贾肃、萧幼和、李聿、杜俜、崔泌、任迳、秦瑀、范绛、张著、段格、刘题。[①]　其中半数以上生平

<hr />

① 贾晋华：《唐代集会总集与诗人群研究（第二版）》，北京大学出版社2015年版，第78页。贾文云"其作者原有五十七人……姓名可考知者共三十八人"，其中杜奕重出，实则三十七人。

事迹无考,而可考者大致可分为三个群体:浙东地方官吏、浙东地方文人及僧道人士、其他。

一、浙东地方官吏

在这一诗人群体中,可以确知曾任浙东地方官吏的有诸诸暨尉严维、婺州永康令吕渭、诸暨令丘丹、校书郎陈允初。刘全白、沈仲昌与张著大历九年在湖州地区做官,此前或许曾在浙东任职。

严 维

严维,正史文献记载甚少,《唐才子传》卷三《严维传》载:"维字正文,越州人。初隐居桐庐,慕子陵之高风。至德二年,江淮选补使、侍郎崔涣下以词藻宏丽,进士及第。以家贫亲老,不能远离,授诸暨尉,时已四十余。后历秘书郎。严中丞节度河南,辟佐幕府。迁余姚令。仕终右补阙。维少无宦情,怀家山之乐,以业素从升斗之禄,聊代耕耳。诗情雅重,挹魏晋之风,锻炼铿锵,庶少遗恨。一时名辈,孰匪金兰。诗集一卷。"①严维参与鲍防群体唱和应在其任诸暨尉期间。严维是鲍防联唱群的一个核心人物。

关于严维的诗集,《新唐书·艺文志》载:"《严维诗》一卷。字正文,越州人。"②《直斋书录解题》卷十九载《严维集》一卷:"唐秘书郎山阴严维正文撰。至德二载辞藻宏丽科。"③《宋史·艺文志》载"《严维诗》一卷"。④《全唐诗》卷二六三存严维诗一卷。

严维在越州诗名甚著,章孝标与灵澈等均曾从严维学诗。《唐才子传》卷四《章八元传》载:"八元,睦州桐庐人。少喜为诗,尝于邮亭偶题数语,盖激楚之音也。宗匠严维到驿,见而异之,问八元曰:'尔能从我授格乎?'曰:'素所愿也。'少顷遂发,八元已辞亲矣。维大器之,亲为指谕,数岁间,诗赋精绝。"⑤《唐诗纪事》亦载:"八元《题慈恩塔》云:……或云:元、白见其诗云:不谓严维出此弟子!"⑥关于灵澈从严维学诗,刘禹锡《澈上人文集纪》云:"上人生于会稽,本汤氏子,聪察嗜学,不肯为凡夫,因辞父兄出家,号灵澈,字源澄。虽受经论,一心好篇章,从越客严维学为

①　傅璇琮主编:《唐才子传校笺》卷三,中华书局1987年版,第602—609页。
②　欧阳修、宋祁:《新唐书》卷六十,中华书局1975年版,第1610页。
③　陈振孙:《直斋书录解题》卷一九,上海古籍出版社1987年版,第562页。
④　脱脱等:《宋史》卷二〇九,中华书局1977年版,第5331页。
⑤　傅璇琮主编:《唐才子传校笺》卷四,中华书局1987年版,第110页。
⑥　计有功撰,王仲镛校笺:《唐诗纪事校笺》卷二六,中华书局2007年版,第879页。

诗,遂籍籍有闻。"①

严维与刘长卿友善,刘长卿有《对酒寄严维》,严维作《酬刘员外见寄》;刘长卿有《送严维尉诸暨》,严维作《留别邹绍刘长卿》;刘长卿有《送严维赴河南充严中丞幕府》,严维作《赠别刘长卿时赴河南严中丞幕府》;刘长卿有《蛇浦桥下重送严维》,严维作《答刘长卿蛇浦桥月下重送》;刘长卿有《七里滩重送》,严维作《答刘长卿七里濑重送》。

严维与皇甫冉亦有较多的诗歌往还,皇甫冉集中有《秋夜宿严维宅》、《和朝郎中扬子玩雪寄山阴严维》、《宿严维宅送包七》,严维集中有《奉和皇甫大夫夏日游花严寺》、《陪皇甫大夫谒禹庙》、《奉和皇甫大夫祈雨应时雨降》、《岁初喜皇甫侍御至》。

《唐诗纪事》卷二一载李嘉祐:"字从一。上元中尝为台州刺史,大历间刺袁州。李肇记漠漠水田飞白鹭,阴阴夏木啭黄鹂之句,本嘉祐诗,而集中不见。与严维、刘长卿、冷朝阳友善。"②这实际上是以严维、刘长卿为首的浙东本地诗人群。关于这一诗人群的创作,皎然《诗式》卷四云:"大历中,词人多在江外,皇甫冉、严维、张继、刘长卿、李嘉祐、朱放,窃占青山白云、春风芳草以为己有,吾知诗道初丧,正在于此,何得推过齐梁作者。迄今余波尚寖,后生相效,没溺者多。大历末年,诸公改辙,盖知前非也。如皇甫冉《和王相公玩雪诗》:'连营鼓角动,忽似战桑干。'严维《代宗挽歌》:'波从少海息,云自大风开。'"③其创作特征由此可见一斑。

吕 渭

吕渭,两《唐书》有传。《旧唐书·吕渭传》载:"吕渭字君载,河中人。父延之,越州刺史、浙江东道节度使。渭举进士,累授婺州永康令、大理评事。浙西观察使李涵辟为支使,再迁殿中侍御史。涵自御史大夫改太子少傅,渭上言:'涵父名少康,今涵为少傅,恐乖朝典。'由是特授渭司门员外郎。寻为御史台劾奏:'涵再任少卿,此时都不言,今为少傅,疑以散慢,乃为不可。'由是贬渭歙州司马,改涵检校工部尚书、兼光禄卿。渭累授舒州刺史、吏部员外、驾部郎中、知制诰、中书舍人,母忧罢。服阕,授太子右庶子、礼部侍郎。中书省有柳树,建中末枯死,兴元元年车驾还京后,其树再荣,人谓之瑞柳。渭试进士,取瑞柳为赋题,上闻而嘉之。渭又结附裴

---

① 陶敏、陶红雨校注:《刘禹锡全集编年校注》卷一八,岳麓书社2003年版,第1181页。
② 计有功撰,王仲镛校笺:《唐诗纪事校笺》卷二一,中华书局2007年版,第693页。
③ 李壮鹰校注:《诗式校注》卷四,人民文学出版社2003年版,第273页。

延龄之子操,举进士,文词非工,渭擢之登第,为正人嗤鄙。因入阁遗失请托文记,遂出为潭州刺史、兼御史中丞、湖南都团练观察使,在任三岁,政甚烦碎。贞元十六年卒,年六十六,赠陕州大都督。"①

吕渭与鲍防、严维等人交往唱和,应为大历年间为浙西李涵支使期间。《唐诗纪事》卷四七载:"鲍防代宗时以御史大夫历福建、江西观察使,吕渭大历间为浙西支使,大历末,贬歙州司马,观十二月诗与中元联句,皆在江南时事也。咏江南而忆长安,其意可见矣。"②

吕渭在浙西任支使期间与湖州刺史颜真卿亦有交往,作于大历九年春的《湖州乌程县杼山妙喜寺碑》云:"评事吕渭……往来登历。"③杼山大师即诗僧皎然,是吕渭与皎然也有交往。

据《登科记考》,吕渭以礼部侍郎知贡举的具体时间为贞元十一年、十二年,其间因赋题巧妙受到唐德宗的赏识。吕渭知贡举期间选拔了不少后来著名的文士,如孟郊即于贞元十二年吕渭门下登第,韩愈《贞曜先生墓志铭》载:"贞元十二年吕渭知举,郊登第,年五十四。"④萧炼亦于贞元十二年吕渭掌举时登第,柳宗元《送萧炼登第后南归序》注云:"贞元十二年,礼部侍郎吕渭知贡举,试日五色赋、春台晴望诗,炼中第。"⑤

吕渭有四子,温、恭、俭、让。柳宗元与吕氏为姻亲,称吕让为表弟,《河东先生集》卷二十四《送表弟吕让将仕进序》宋人孙汝听注:"吕渭,字君载,河中人。贞元中,为湖南观察使,四子:温、恭、俭、让。"⑥柳宗元与吕温为志同道合的好友,吕温去世之后,柳宗元撰有《唐故衡州刺史东平吕君诔》。

此外,柳宗元《龙安海禅师碑》云:"侍郎吕公某……咸尊师之道,执弟子礼。"⑦是吕渭与能海禅师亦有交往。

吕渭现存诗除了《状江南十二咏》、《忆长安十二咏》及浙东联句之外,尚有三首,即《贞元十一年知贡举,挠阁不能定去留,寄诗前主司》、《皇帝移晦日为中和节》、《经湛长史草堂》。第一首诗很明显作于贞元十一年,第二首诗应作于贞元五

① 刘昫等:《旧唐书》卷一三七,中华书局 1975 年版,第 3768 页。
② 计有功撰,王仲镛校笺:《唐诗纪事校笺》卷四七,中华书局 2007 年版,第 1590 页。
③ 颜真卿:《颜鲁公文集》卷四,《四部丛刊初编》,商务印书馆 1922 年版,第 5 页。
④ 马其昶校注:《韩昌黎文集校注》卷六,上海古籍出版社 1986 年版,第 444 页。
⑤ 柳宗元:《柳宗元集》卷二二,中华书局 1979 年版,第 602 页。
⑥ 柳宗元:《柳宗元集》卷二四,中华书局 1979 年版,第 638 页。
⑦ 柳宗元:《柳宗元集》卷六,中华书局 1979 年版,第 160 页。

年,是年唐德宗废正月晦,以二月一为中和节。

丘　丹

丘丹,两《唐书》无传。永泰年间任萧山县尉。《嘉泰会稽志》卷九"萧山县"载:"菊山,在县西三里,山多菊,故名。唐永泰中,县令李蕚、尉丘丹登此山,因名菊山。"①大历年间丘丹任诸暨县令,《宋高僧传》卷十七:"释神邕,字道恭,姓蔡氏……遇禄山兵乱,东归江湖……旋居故乡法华寺,殿中侍御史皇甫曾、大理评事张河、金吾卫长史严维、兵曹吕渭、诸暨长丘丹、校书陈允初赋诗往复,卢士式为之序,引以继支许之游,为邑中故事。"②丘丹参与鲍防、严维群体联唱正在此一时期。

贞元年间丘丹任尚书职方员外郎,丘丹《经湛长史草堂》诗云:"贞元六年,岁在庚午,检校尚书户部员外郎兼侍御史丘丹志。"③另,《咸淳临安志》卷七十载:"径山禅师,唐大历三年代宗召至阙下,亲加瞻礼,赐号国一禅师。正(贞)元八年示灭,谥大觉禅师。苏州昆山人姓朱开山住持径山。(见《景德传灯录》。刺史王颜、尚书职方员外郎丘丹撰塔铭,崔元翰、李吉甫撰碑铭,徐浩作真赞,崇宁五年追谥澄悟。)"④知贞元八年丘丹仍在尚书职方员外郎任。

丘丹尝隐居临平山,与韦应物往还。《唐诗纪事》卷四七载:"丹隐临平山,与韦苏州往还。韦有诗赠丹云:高词弃浮靡,贞行表乡闾。未真南宫拜,聊偃东山居。"⑤丘丹现存诗共十一首,其中五首为与韦应物的交往诗。韦应物有《秋夜寄丘二十二员外》,丘丹作《和韦使君秋夜见寄》;韦应物有《赠丘员外》,丘丹作《奉酬韦苏州使君》;韦应物有《送丘员外还山》,丘丹作《奉酬韦使君送归山之作》;韦应物有《重送丘二十二还临平山居》,丘丹作《奉酬重送归山》;韦应物有《听江笛送陆侍御同丘员外赋题》,丘丹作《和韦使君听江笛送陈侍御》。韦应物还有《送丘员外归山居》。

辛文房《唐才子传》卷二载王维:"别墅在蓝田县南辋川,亭馆相望。尝自写其景物奇胜,日与文士丘丹、裴迪、崔兴宗游览赋诗,琴樽自乐。"⑥《唐才子传校笺》云:"王维诗文中未尝提及丘丹,丹今存诗中亦无与维酬唱之什,《才子传》云有丘

---

①　施宿等:《嘉泰会稽志》卷九,《宋元方志丛刊》第七册,中华书局1990年版,第6871页。
②　赞宁:《宋高僧传》卷十七,中华书局1987年版,第421—422页。
③　彭定求等:《全唐诗》卷三〇七,中华书局1960年版,第3481—3482页。
④　潜说友:《咸淳临安志》卷七十,《宋元方志丛刊》第四册,中华书局1990年版,第3985页。
⑤　计有功撰,王仲镛校笺:《唐诗纪事校笺》卷四七,中华书局2007年版,第1590页。
⑥　傅璇琮主编:《唐才子传校笺》卷二,中华书局1987年版,第300页。

丹,未知何据。"①《校笺》提出辛文房或误以严维为王维。笔者认为,辛文房误以王维与丘丹游览赋诗可能来自对《苕溪渔隐丛话》中一段文字的不察和误解。《苕溪渔隐丛话前集》卷十五云:"《蔡宽夫诗话》云:王摩诘、韦苏州集载裴迪、丘丹唱和诗,其语皆清丽高胜,常恨不多见。如迪……其气格殆不减二人,非唐中叶以来嘤嘤以诗鸣者可比。"②《蔡宽夫诗话》这段文字的意思是《王摩诘集》载裴迪唱和诗与《韦苏州集》载丘丹唱和诗,而非《王摩诘集》载裴迪、丘丹唱和诗与《韦苏州集》载裴迪、丘丹唱和诗。王维与丘丹诗中确实无与对方酬唱之作。

陈允初

生平事迹资料较少。陈允初与陈孙有交游,陈孙有《移耶溪旧居呈陈元(允)初校书》诗,诗云:"鸡犬渔舟里,长谣任兴行。即令邀客醉,已被远山迎。书笈将非重,荷衣着甚轻。谢安无个事,忽起为苍生。"③耶溪即若耶溪,在越州,陈孙此诗当作于陈允初在越州时,此时陈允初任校书郎。

《宋高僧传》卷十七《唐越州焦山大历寺神邕传》云:"旋居故乡法华寺,殿中侍御史皇甫曾、大理评事张河、金吾卫长史严维、兵曹吕渭、诸暨长丘丹、校书陈允初赋诗往复,卢士式为之序,引以继支许之游,为邑中故事。"④可见大历年间陈允初在越州,很可能即以校书郎在浙东幕府下任职,与释神邕等交游。

此外,《全唐诗》载释灵一《送陈允初卜居麻源》:"欲向麻源隐,能寻谢客踪。空山几千里,幽谷第三重。茅宇宁须葺,荷衣不待缝。因君见往事,为我谢乔松。"⑤麻源在江西抚州南城县,谢灵运曾经被贬此地。灵一此诗作诗时间不详。

刘全白

刘全白,在现存浙东鲍防、严维联句文献中仅见其诗一首,即《秋日宴严长史宅》。此后刘全白亦参与颜真卿浙西群体联句,《颜鲁公文集》卷四《湖州乌程县杼山妙喜寺碑》(大历九年春):"评事吕渭、魏理、沈益、刘全白、沈仲昌,摄御史陆向、沈祖山、周阆,司议丘悌,临川令沈咸……往来登历。"⑥知大历九年刘全白任大理评事。刘全白参与浙西联句于文献所见有三次,即《颜鲁公文集》卷十五载《登岘山

① 傅璇琮主编:《唐才子传校笺》卷二,中华书局1987年版,第301页。
② 胡仔:《苕溪渔隐丛话前集》卷十五,《丛书集成初编》,商务印书馆1937年版,第100页。
③ 彭定求等:《全唐诗》卷二五八,中华书局1960年版,第2885页。
④ 赞宁:《宋高僧传》卷十七,中华书局1987年版,第422页。
⑤ 彭定求等:《全唐诗》卷八〇九,中华书局1960年版,第9128页。
⑥ 颜真卿:《颜鲁公文集》卷四,《四部丛刊初编》,商务印书馆1922年版,第5页。

观李左相石尊联句》：“人事岁年改，岷山今古存。”①《七言滑语联句》：“芜荑酱醋吃煮葵。”②《七言醉语联句》：“逢糟遇曲便酕酡。”③

贞元六年刘全白任膳部员外郎。④ 刘全白撰有李白碑碣，即《唐故翰林学士李君碣记》，署“尚书膳部员外郎刘全白撰，朝议郎行当涂县令顾游秦建”，文云：“全白幼则以诗为君所知，及此投吊，荒坟将毁，追想音容，悲不能止……贞元六年四月七日记，沙门履文书。坟去墓记一百二十步。”⑤刘全白后任池州刺史，迁湖州刺史，以秘书监致仕。《嘉泰吴兴志》卷十四载：“刘全白，正（贞）元十年自池州刺史授，迁秘书监，致仕。”⑥

沈仲昌

沈仲昌，临汝人，天宝九年登进士第，与萧颖士、刘方平等有交游。《唐诗纪事》卷四七载：“仲昌，登天宝九年进士第。萧颖士《送刘方平沈仲昌秀才同观所试杂文》云：山东茂异，有河南刘方平、临汝沈仲昌，以郡府计偕之尤，当礼闱能赋之试，余勇待贾，未始踰辰。吾徒相与登群玉，咀遗芳，目临云外，思入神境，佳哉乐乎！意数子之出幽谷而渐于陆矣。”⑦

至德二年，沈仲昌在浙江湖州乌程县，为县令韦承庆德政碑书碑。《嘉泰吴兴志》卷十八载《乌程令韦公德政碑》：“在乌程县治，唐至德二年沈务本撰，沈仲昌书，文多漫灭。宋嘉祐中，知州杨纮摹题额九字刻石，今在墨妙亭。”⑧《金石录》卷七亦载《乌程令韦君德政碑》：“沈务本撰，沈仲昌正书，至德二载二月。”⑨

据《颜鲁公文集》卷四《湖州乌程县杼山妙喜寺碑》载：“沈仲昌……往来登历。”⑩该文题注“大历九年春”，可见大历九年沈仲倡仍然在湖州乌程县，颜真卿此时任湖州刺史，沈仲昌与其有交游。

张 著

张著，《颜鲁公文集》卷四《湖州乌程县杼山妙喜寺碑》：“评事吕渭、魏理、沈益、

① 颜真卿：《颜鲁公文集》卷十五，《四部丛刊初编》，商务印书馆1922年版，第1页。
② 颜真卿：《颜鲁公文集》卷十五，《四部丛刊初编》，商务印书馆1922年版，第5页。
③ 颜真卿：《颜鲁公文集》卷十五，《四部丛刊初编》，商务印书馆1922年版，第5页。
④ 劳格、赵钺：《唐尚书省郎官石柱题名考》卷二四，中华书局1992年版，第925页。
⑤ 王琦注：《李太白全集》卷三一，中华书局1977年版，第1460页。
⑥ 谈钥：《嘉泰吴兴志》卷十四，《宋元方志丛刊》第五册，中华书局1990年版，第4774页。
⑦ 计有功撰，王仲镛校笺：《唐诗纪事校笺》卷四七，中华书局2007年版，第1604页。
⑧ 谈钥：《嘉泰吴兴志》卷十八，《宋元方志丛刊》第五册，中华书局1990年版，第4837页。
⑨ 赵明诚、李清照：《金石录》卷七，《四部丛刊续编》，商务印书馆1934年版，第12页。
⑩ 颜真卿：《颜鲁公文集》卷四，《四部丛刊初编》，商务印书馆1922年版，第5页。

刘全白、沈仲昌,摄御史陆向、沈祖山、周阆,司议丘悌,临川令沈咸,右卫兵曹张著,兄謩,弟荐、蔿……往来登历。"①知张著大历九年任右卫兵曹,兄謩,弟蔫、蔿。张著其他生平事迹无考。

二、浙东地方文人及僧道人士

徐 嶷

生平事迹无考,唯见《宋高僧传》卷十五《唐余杭宜丰寺灵一传》载:"与天台道士潘志清、襄阳朱放、南阳张继、安定皇甫曾、范阳张南史、吴郡陆迅、东海徐嶷、景陵陆鸿渐为尘外之友。"②知徐嶷为会稽人。

吴 筠

吴筠,两《唐书》有传。《旧唐书·吴筠传》载:"吴筠,鲁中之儒士也。少通经,善属文,举进士不第。性高洁,不奈流俗,乃入嵩山,依潘师正为道士,传正一之法,苦心钻仰,乃尽通其术。开元中,南游金陵,访道茅山。久之,东游天台。筠尤善著述,在剡与越中文士为诗酒之会,所著歌篇,传于京师。玄宗闻其名,遣使征之。既至,与语甚悦,令待诏翰林。帝问以道法,对曰:'道法之精,无如五千言,其诸枝词蔓说,徒费纸札耳。'又问神仙修炼之事,对曰:'此野人之事,当以岁月功行求之,非人主之所宜适意。'每与缁黄列坐,朝臣启奏,筠之所陈,但名教世务而已,间之以讽咏,以达其诚。玄宗深重之。天宝中,李林甫、杨国忠用事,纲纪日紊。筠知天下将乱,坚求还嵩山,累表不许,乃诏于岳观别立道院。禄山将乱,求还茅山,许之。既而中原大乱,江淮多盗,乃东游会稽。尝于天台剡中往来,与诗人李白、孔巢父诗篇酬和,逍遥泉石,人多从之。竟终于越中。文集二十卷。其《玄纲》三篇、《神仙可学论》等,为达识之士所称。筠在翰林时,特承恩顾,由是为群僧之所嫉。骠骑高力士素奉佛,尝短筠于上前,筠不悦,乃求还山。故所著文赋,深诋释氏,亦为通人所讥。然词理宏通,文彩焕发,每制一篇,人皆传写。虽李白之放荡、杜甫之壮丽,能兼之者,其唯筠乎!"③

由此传可知,吴筠一生多次游历越州,且擅文辞,与文人诗篇酬和。根据留存下来的文献,可考知的吴筠参与鲍防群体联唱仅一次,留有《中元日鲍端公宅遇吴天师联句》,吴天师即吴筠,共十四人参与联句:"道流为柱史,教戒下真仙(维)。共

---

① 颜真卿:《颜鲁公文集》卷四,《四部丛刊初编》,商务印书馆1922年版,第5页。
② 赞宁:《宋高僧传》卷十五,中华书局1987年版,第360页。
③ 刘昫等:《旧唐书》卷一九二,中华书局1975年版,第5129—5130页。

契中元会,初修内景篇(防)。游方依地僻,卜室喜墙连(良辅)。宝笥开金箓,华池漱玉泉(弈)。怪龙随羽翼,青节降云烟(清)。昔去遗丹灶,今来变海田(蕃)。养形奔二景,炼骨度千年(良弼)。骑竹投陂里,携壶挂牖边(概)。洞中尝入静,河上旧谈玄(元初)。伊洛笙歌远,蓬壶日月偏(珣)。青骡蓟训引,白犬伯阳牵(丹)。法受相君后,心存象帝先(渭)。道成能缩地,功满欲升天(淹)。何意迷孤性,含情恋数贤(筠)。"[1]

崔　泌

崔泌,《册府元龟》卷九八载:"(开元)十四年敕曰前刑部员外郎嵩阳观道士崔泌,门承贵仕,志慕玄宗,顷辞簪绂之荣,遂托嚣尘之外,栖迟隐钓,独往忘归。虽高尚之风雅正于浮俗,而旌贲之道申宠于幽人。宜回紫洞之游,俾在青宫之列,可太子洗马。"[2]知崔泌曾任刑部员外郎,后入道,开元十四年任太子洗马。崔泌其他事迹无考。

三、谢良辅等其他文士

以下一组文士,因为可考知的资料甚少,很难判断其是否曾在浙东任职,是否为浙东地方文人,不过,据推测,多数这两者应居其一。

谢良辅

据《唐诗纪事》卷四七,谢良辅"登天宝十一载进士"[3]。《唐尚书省郎官石柱题名考》卷六"司封员外郎"谢良辅在殷亮、蒋震、崔纵之后,郑南史、杨凝之前;又卷十一"户部郎中",谢良辅在崔纵、崔儒之后,盖埍、李巽、卢云之前。由此可见,谢良辅曾经任司封员外郎和户部郎中。谢良辅于建中三年死于商州刺史任,《新唐书》卷七载:"(唐德宗建中四年十月)商州军乱,杀其刺史谢良辅。"[4]据武元衡《唐故兰陵郡夫人萧氏墓志铭并序》:"泊商州刺史谢良辅妻,即夫人之伯姊也。"[5]墓主为鲍防妻,知谢良辅与鲍防是连襟。

谢良辅与李白有交游,李白有《与谢良辅游泾川陵岩寺》,诗云:"乘君素舸泛泾

---

①　彭定求等:《全唐诗》卷七八九,中华书局 1960 年版,第 8888 页。
②　王钦若:《册府元龟》卷九八,中华书局 1960 年版,第 1173 页。
③　计有功撰,王仲镛校笺:《唐诗纪事校笺》卷四七,中华书局 2007 年版,第 1586 页。
④　欧阳修、宋祁:《新唐书》卷七,中华书局 1975 年版,第 190 页。
⑤　中国文物研究所、千唐志斋博物馆编:《新中国出土墓志·河南叁 千唐志斋壹》上册,文物出版社 2008 年版,第 241 页。

西,宛似云门对若溪。且从康乐寻山水,何必东游入会稽。"①李白此诗应作于谢良辅赴越州之前。

谢良辅目前所存作品,有《忆长安十二咏》的《正月》、《腊月》和《状江南十二咏》的《仲春》、《孟冬》。《文苑英华》载谢良辅赋三篇,即卷十七《秋霖赋》、卷八十《洪钟赋》和卷一百十三《豹舄赋》。

贾弇

据柳宗元《先君石表阴先友记》:"贾弇,长乐人,善士也。为校书郎,卒。弟全,至御史中丞。"②柳集宋人孙汝听注:"弇,大历二年中进士第。"③清徐松《登科记考》从之。贾弇与诗人李益有交往,李益《李尚书诗集》中有《送贾校书东归寄振上人》,《唐诗纪事》题作《送校书贾弇东归寄振上人》,诗云:"北风吹雁数声悲,况指前林是别时。秋草不堪频送远,白云何处更相期。山随匹马行看暮,路入寒城独去迟。为问东州故人道,江淹已拟惠休诗。"

张叔政

《文苑英华》卷五二五载张叔政《对弃农判》一篇,《全唐文》卷四三六亦收该判文,且云"叔政,肃宗时人"④。张叔政其他生平事迹无考。

樊珣

《文苑英华》卷十七载樊珣赋一篇《春雷赋》,卷八一二载其记一篇《绛岩湖记》,记云:"句容西南二十三里曰赤山,天宝中改为绛岩山,以文变质也……大历十二年十月三日记。"⑤仅可知樊珣为大历、贞元年间人士,其他生平事迹无考。

刘蕃

《唐诗纪事》卷四七载:"蕃,登天宝六年进士第。"⑥除此之外,刘蕃生平事迹无考。

李聿

《全唐文》卷四三五载李聿云:"聿,玄宗朝官清漳令,迁尚书郎。"⑦只是未知何据。李聿其他生平事迹无考。

---

① 王琦注:《李太白全集》卷二十,中华书局 1977 年版,第 1461 页。
② 柳宗元:《柳宗元集》卷十二,中华书局 1979 年版,第 304 页。
③ 柳宗元:《柳宗元集》卷十二,中华书局 1979 年版,第 304 页。
④ 《全唐文》卷四三六,中华书局 1983 年版,第 4453 页。
⑤ 李昉等:《文苑英华》卷八一三,中华书局 1966 年版,第 4294 页。
⑥ 计有功撰,王仲镛校笺:《唐诗纪事校笺》卷四七,中华书局 2007 年版,第 1602 页。
⑦ 《全唐文》卷四三五,中华书局 1983 年版,第 4437 页。

杜　　倚

《全唐文》卷四三五载杜倚云："倚，御史大夫淹玄孙，官左卫将军。"①同样未知何据。杜倚其他生平事迹无考。

结　语

综上所考，大历鲍防诗人群，其中朱迪、郑概、杜奕、范灯、李清、范淹、□迥、□成用、周颂、裴晃、王纲、庾骙、贾肃、萧幼和、任迣、秦瑀、范绛、段格、刘题等半数诗人生平事迹无考。而从可考知生平事迹的诗人来看，这是一个由浙东幕府文人及越州地方文人构成的诗人群，其中严维、丘丹、陈允初、沈仲昌等均为越州地方文人。而且，其中不乏既曾参与过鲍防浙东群体联句，后又参与过颜真卿浙西群体联句的诗人。

---

① 《全唐文》卷四三五，中华书局1983年版，第4437页。

第二章　薛苹、孟简浙东唱和与唐代禹庙文学

第一节　薛苹禹庙唱和诗群体

一、薛苹禹庙唱和活动考述

薛苹浙东禹庙唱和，在北宋欧阳修《集古录》、南宋陈思《宝刻丛编》、王象之《舆地碑记目》等宋代金石著作中均有记载。欧阳修《集古录跋尾》卷九《唐薛苹唱和诗》（大和中）记载："右薛苹《唱和诗》，其间冯宿、冯定、李绅皆唐显人，灵澈以诗名后世，皆人所想见者。然诗皆不及苹，岂唱者得于自然，和者牵于强作邪？"①陈思《宝刻丛编》卷十三引《集古录目》云："《唐禹庙诗》，唐浙东观察使越州刺史薛苹诗，不著书人名氏。苹初至镇，易禹庙金紫服以冠冕，后因祈雨作此诗。其和者盐铁转运崔述等，凡十七首。"②王象之《舆地碑记目》卷一《绍兴府碑记》记载："《薛苹唱和诗》，《集古录》云：'唐薛苹诗，不著书人名氏，崔述等凡十七首。'"③

这次唱和活动的时间，欧阳修《集古录》注"大和中"，岑仲勉先生《贞石证史·薛苹唱和诗即禹庙诗》指出这一时间有误："按苹卒元和十四年七月，具见《旧唐书》纪一五，墓碑立于十五年闰正月，见《金石录》九，都无可疑，大和中安得与人唱和。灵澈终元和十一年，见《唐诗纪事》七二，亦非大和中唱和之人。考《丛编》一三引《集古录目》云：'《唐禹庙诗》，唐浙东观察使越州刺史薛苹诗，不著书人名氏。苹初至镇，易禹庙金紫服以冠冕，后因祈雨作此诗，其和者盐铁转运崔述等，凡十七首。'《舆地碑记目》一引《集古录·薛苹诗》，亦是崔述等凡十七首，是《目》《跋》所言，本同一刻，不过题名各异耳。据《唐方镇年表》五，苹节度浙东时期，系自元和三年正月至五年八月；《旧唐书》一六八《冯宿传》：'乃从浙东薛苹府辟，（张）愔恨其去己，奏贬泉州司户，征为太常博士，王士真死，……宿以为怀柔之义，不可遗其忠劳，乃

---

① 欧阳修：《欧阳修全集》卷一四二，中华书局 2001 年版，第 2289 页。
② 陈思：《宝刻丛编》卷一三，《丛书集成初编》，商务印书馆 1937 年版，第 334 页。
③ 王象之：《舆地碑记目》卷一，《丛书集成初编》，商务印书馆 1937 年版，第 13 页。

加之美谥.'士真死四年三月,则宿之征入,约在此时已前;又《全唐文》六九四李绅《龙宫寺碑》云:'及贞元十八年,余以进士客于江浙,……元和三年,余罢金陵从事,河东薛公平(苹)招游镜中.'镜中,镜湖也,在越州,故《跋尾》之大和,应元和之误.其诗作于元和三年,(《旧唐书》纪,是岁江南等地旱)宿或被征过境,绅则招游此邦,是以同与唱酬也.缪校《集古录目》九既收《禹庙诗》,卷十又据《舆地碑目》收《薛苹唱和诗》,是复出,应删."①

岑仲勉先生利用薛苹出任浙东观察使的时间、薛苹的卒年、灵澈去世的时间、冯宿入浙东幕的时间、李绅被薛苹招至浙东的时间等,考证薛苹等人的禹庙诗作于元和三年,岑先生所论为确.另《嘉泰会稽志》卷十六云:"薛苹《禹庙祈雨唱和诗》,薛苹及和者崔述等十七人,共十八诗.豆卢署正书.刻于《复禹衮冕碑》之阴."②也就是说,薛苹等人的唱和诗刻于薛等人所立《复禹衮冕碑》之阴.而《复禹衮冕碑》,据《嘉泰会稽志》卷十六:"《复禹衮冕并修庙记》,元和三年十月,崔及撰,马积正书,篆额十二字,在禹庙.今名告成观."③薛苹禹庙诗题名为"禹庙神座,顷服金紫,苹自到镇,申牒礼司,重加衮冕,今因祈雨,偶成八韵",薛苹等人复禹衮冕在元和三年十月,然后在禹庙祈雨唱和,因此唱和诗应作于元和三年十月之后.与岑先生所论相合,可添一证.

另,王象之《舆地碑记目》卷一《绍兴府碑记》载:"《复禹衮冕并修庙记》,在禹庙,元和元年,碑阴有薛苹《祈雨唱和诗》."④"元和元年"当为"元和三年"之误.

根据《集古录》、《宝刻丛编》、《舆地碑记目》三种宋代金石著作,这次浙东薛苹禹庙唱和活动的参与者共十七人,可确定参与唱和的诗人有薛苹、崔述、冯宿、冯定、李绅、灵澈六人.

据上文所引《嘉泰会稽志》卷十六关于《复禹衮冕并修庙记》和《禹庙祈雨唱和诗》的两条材料,这次活动所作唱和诗一共十八首."复禹衮冕"与"禹庙祈雨唱和"本是薛苹浙东幕府先后在禹庙举行的两次活动,因此,《复禹衮冕并修庙记》撰者崔及、书者马积与《禹庙祈雨唱和诗》的书者豆卢署,这三人也有可能参与了这次禹庙祈雨诗的唱和活动.文献不足,仅作推测.

薛苹浙东禹庙唱和所得十八首仅一首传世,载《会稽掇英总集》卷八,即薛苹

---

①　岑仲勉:《金石论丛》,中华书局 2004 年版,第 168—169 页.

②　施宿:《嘉泰会稽志》卷一六,《宋元方志丛刊》第七册,中华书局 1990 年版,第 7020 页.

③　施宿:《嘉泰会稽志》卷一六,《宋元方志丛刊》第七册,中华书局 1990 年版,第 7020 页.

④　王象之:《舆地碑记目》卷一,《丛书集成初编》本,商务印书馆 1937 年版,第 12 页.

《禹庙神座，倾服金紫，莘自到镇，申牒礼司，重加衮冕，今因祈雨，偶成八韵》：

> 玉座新规盛，金章旧制非。列城初执礼，清庙重垂衣。不睹千箱咏，翻愁
> 五稼微。只将苹藻洁，宁在饩牢肥。徙市行应谬，焚巫事亦违。至诚期必感，
> 昭报意犹希。海日明朱槛，溪烟湿画旗。回瞻郡城路，未欲背山归。①

该诗《全唐诗》未收，其他文献也未有载录。

薛莘禹庙唱和可确定参与者六人，其中李绅、灵澈学界多有研究，在此不考。关于崔述，陈思《宝刻丛编》卷十三引《集古录目》："《唐禹庙诗》……其和者盐铁转运崔述等。"知崔述时任盐铁转运使。权德舆集中有《唐故给事郎使持节房州诸军事守房州刺史赐绯鱼袋崔公墓志铭并序》，墓主为崔述，但该志称崔述"贞元十二年出为房州刺史……十七年秋七月辛酉，感疾捐馆舍，春秋五十七"②。《宝刻类编》卷三载："《裴耀卿宗族碑》，崔述撰，八分书，天宝元年立。"③薛莘、盐铁转运使崔述等禹庙唱和在元和三年，而权志墓主崔述贞元十七年去世，知此崔述非彼崔述。盐铁转运使崔述其他事迹无考。本文仅考察薛莘、冯宿、冯定三人的生平事迹。

二、中唐良吏薛莘

薛莘，入《旧唐书·良吏传》。本传记载："薛莘，河东宝鼎人也。少以吏事进，累官至长安令，拜虢州刺史，朝廷以尤课擢为湖南观察使，又迁浙江东道观察使，以理行迁浙江西道观察使。廉风俗，守法度，人甚安之。"④

《旧唐书·德宗本纪》载薛莘任长安令时事迹，建中三年，朝廷因军费不足，"（四月）甲子，诏京兆尹、长安万年令大索京畿富商，刑法严峻，长安令薛莘荷校乘车，于坊市搜索，人不胜鞭笞，乃至自缢。京师嚣然，如被盗贼。搜括既毕，计其所得才八十万贯。"⑤

薛莘任湖南观察史的时间为元和元年。《旧唐书·宪宗本纪》载："（元和元年十一月）以虢州刺史薛莘为潭州刺史、湖南观察使。"⑥

元和二年正月，薛莘由湖南观察使移浙东观察使。《会稽掇英总集》卷一八《唐

---

① 孔延之编，邹志方点校：《〈会稽掇英总集〉点校》卷八，人民出版社 2006 年版，第 116 页。

② 权德舆：《权德舆诗文集》卷二六，上海古籍出版社 2008 年版，第 406 页。

③ 《宝刻类编》卷三，《丛书集成初编》，商务印书馆 1936 年版，第 90 页。

④ 刘昫：《旧唐书》卷一八五下，中华书局 1975 年版，第 4832 页。

⑤ 刘昫：《旧唐书》卷一二，中华书局 1975 年版，第 332 页。

⑥ 刘昫：《旧唐书》卷一四，中华书局 1975 年版，第 413 页。

太守题名记》:"薛苹,元和二年正月,自湖南观察使授。五年八月,除润州观察使。"①《嘉泰会稽志》卷二《太守》:"薛苹,元和二年正月自湖南观察使授,五年八月,移浙西观察使。"②白居易有《答薛苹〈谢授浙东观察使表〉》:"卿久践吏途,累闻能政;及居藩镇,尤见忠勤。训导而群黎向方,廉察而列郡承式。实嘉乃绩,每简予心。宜迁雄剧之藩,以广循良之化。勉于为理,副朕所怀。"③

元和五年八月,薛苹由浙东观察使移浙西观察使。《旧唐书·宪宗本纪》载:"(元和五年八月)以浙东观察使薛苹为润州刺史、浙西观察使。"④《会稽掇英总集》与《嘉泰会稽志》同。

元和九年,薛苹在浙西修下泊宫,立三茅君像。《宝刻丛编》卷十五引《集古录》载:"《唐修下泊宫记》。唐浙西观察判官王师简撰,道士任参玄书。下泊,故茅君宅也,在三茅山下。元和中,浙西观察使薛苹修以为宫,并立三茅君像,以元和九年立此碑。"⑤

薛苹于元和十四年七月去世。《旧唐书·薛苹传》载:"卒年七十四,赠工部尚书。"《旧唐书·宪宗本纪》载:"(元和十四年秋七月)左散骑常侍致仕薛苹卒。"⑥

薛苹的立身行事,《旧唐书》有载:"理身俭薄,尝衣一绿袍,十余年不易,因加赐朱绂,然后解去。苹历三镇,凡十余年,家无声乐,俸禄悉以散诸亲族故人子弟。除左散骑常侍致仕。时有年过悬车而不知止者,唯苹年至无疾请告,角巾东洛,时甚高之。"⑦

薛苹卒后,孟简撰有《唐左常侍薛苹碑》,《金石录》卷九载:"《唐左常侍薛苹碑》,孟简撰,柳公权正书,元和十五年闰正月。"⑧

三、能臣冯宿及其与韩愈等人的交往

冯宿,《旧唐书》卷一六八有传,王起有《银青光禄大夫检校礼部尚书使持节梓州诸军事兼梓州刺史御史大夫充剑南东川节度副大使知节度事管内观察处置静戎军等使上柱国长乐县开国公食邑一千五百户赠吏部尚书冯公神道碑铭并序》,即

① 孔延之编,邹志方点校:《〈会稽掇英总集〉点校》卷一八,人民出版社 2006 年版,第 268 页。
② 施宿:《嘉泰会稽志》卷二,《宋元方志丛刊》第七册,中华书局 1990 年版,第 6750 页。
③ 顾学颉校点:《白居易集》卷五七,中华书局 1979 年版,第 1210 页。
④ 刘昫:《旧唐书》卷一四,中华书局 1975 年版,第 432 页。
⑤ 陈思:《宝刻丛编》卷一五,《丛书集成初编》本,商务印书馆 1937 年版,第 412 页。
⑥ 刘昫:《旧唐书》卷一五,中华书局 1975 年版,第 468 页。
⑦ 刘昫:《旧唐书》卷一八五下,中华书局 1975 年版,第 4832 页。
⑧ 赵明诚、李清照:《金石录》卷九,《四部丛刊续编》,商务印书馆 1934 年版,第 11 页。

《冯宿神道碑》,柳公权书。

《旧唐书·冯宿传》云:"冯宿,东阳人。卯岁随父子华庐祖墓,有灵芝白兔之祥。宿昆弟二人,皆幼有文学。"①

冯宿于贞元八年登第。王起《冯宿神道碑铭》:"弱冠以工文硕学称。年廿六举进士,是时明有司即兵部侍郎陆公贽其人也。又应宏词科,试百步穿杨叶赋,虽为势夺,而其文至今讽之,后生以为楷。"②贞元八年陆贽知贡举,冯宿与韩愈、李观等同榜登第,为贞元八年龙虎榜成员之一。《新唐书·欧阳詹传》云:"(詹)举进士,与韩愈、李观、李绛、崔群、王涯、冯宿、庾承宣联第,皆天下选,时称'龙虎榜'。"③《云溪友议》卷下载:"贾陵、陈羽、李观、李绛、韩愈、王涯、刘遵古、崔群、冯宿、李博等,与四门(指欧阳詹)同年,其名流于海岳。"④

冯宿登第之后,入徐州张建封幕。《旧唐书》本传载:"宿登进士第,徐州节度张建封辟为掌书记。后建封卒,其子愔为军士所立,李师古欲乘丧袭取。时王武俊且观其衅,愔恐惧,计无所出,宿乃以檄书招师古而说武俊曰:'张公与君为兄弟,欲同力驱两河归天子,众所知也。今张公殁,幼子为乱兵所胁,内则诚款隔绝于朝廷,外则境土侵逼于强寇。孤危若此。公安得坐视哉!诚能奏天子,念先仆射之忠勋,舍其子之迫胁,使得束身自归,则公于朝廷有靖乱之功,于张氏有继绝之德矣。'武俊大悦,即以表闻,由是朝廷赐愔节钺,仍赠建封司徒。宿以尝从建封,不乐与其子处,乃从浙东观察使贾全府辟。愔恨其去己,奏贬泉州司户,征为太常博士。王士真死,以其子承宗不顺,不加谥。宿以为怀柔之义,不可遗其忠劳,乃加之美谥。转虞部、都官二员外郎。"⑤

冯宿从事浙东被诬而贬事,王起《冯宿神道碑》云:"公以危邦是戒,倚门方切,乞归江左,以奉色养。已而越师潜章,请置阃幄,授大理评事。徐之军吏惜公之去也,继公职者害公之能也,合为他诬,贬泉州司户,公得丧不形,以诗书自娱。岁余移□州司户。太夫人终堂,孺慕柴毁,阽于灭性。丧复,常从事浙右,征拜宪府监察,历太常博士。"⑥

---

① 刘昫:《旧唐书》卷一六八,中华书局1975年版,第4389页。
② 《全唐文》卷六四三,中华书局1983年版,第6508页。
③ 欧阳修、宋祁:《新唐书》卷二百三,中华书局1975年版,第5787页。
④ 范摅:《云溪友议》卷下,古典文学出版社1957年版,第68页。
⑤ 刘昫:《旧唐书》卷一六八,中华书局1975年版,第4389页。
⑥ 《全唐文》卷六四三,中华书局1983年版,第6508页。

对比两段材料,冯宿登第后入徐州张建封幕,张去世之后,徐州内乱,李师古、王武俊伺机作乱,冯宿居中调停,朝廷授张建封子张愔节钺。之后冯宿以徐州为危邦,离徐州,归江左,入浙东贾全幕府,冯宿本为浙江东阳人。而张愔却以冯宿有才能却不为己用,伙同他人诬陷冯宿,冯宿被贬泉州司户。会冯宿母去世,冯为母服丧,丧满之后从事浙右,冯宿入浙东薛苹幕府应该就在这段时间。

元和十一年,冯宿与韩愈等从裴度东征。《旧唐书·宪宗本纪》载:"(元和十一年)以中书侍郎、平章事裴度守门下侍郎、同平章事、使持节蔡州诸军事……崔群……马总……韩愈……李正封……都官员外郎冯宿……李宗闵,从度出征。"[1]王起《冯宿神道碑》云:"宪宗时,吴元济以淮西叛,诏相国裴公东征。于是妙选廷臣,为幕中□,由是表公为彰义军节度判官,于是有朱绂银章之锡。"[2]

韩愈《华岳题名》载:"淮西宣慰处置使门下侍郎平章事裴度、副使刑部侍郎兼御史大夫马总、行军司马太子右庶子兼御史中丞韩愈、判官司勋员外郎兼侍御史李正封、都官员外郎兼侍御史冯宿、掌书记礼部员外郎兼侍御史李宗闵、都知兵马使左骁卫将军威远军使兼御史大夫李文悦、左厢都押衙兼都虞候左卫将军兼御史中丞梁希逸、右厢都押衙嘉王傅兼御史中丞密国公高承简,元和十一年八月,丞相奉诏平淮右,八日东过华阴,礼于岳庙,总等八人实备将佐以从。"[3]

平淮西之后,冯宿为好友韩愈《谏佛骨表》所累,被贬为歙州刺史。《冯宿神道碑》云:"淮西平,酬劳报功,拜比部郎中,为持权者所忌。会韩文公愈以京师迎佛骨,上疏切谏,忌公者因上之怒也,诬公实为之,出刺歙州。先是中书舍人缺,佥谓公之述作,动合谟训,纶言之任,旦夕待迁。及一麾出守,群情大骇。公则神怡气畅,视亏若成,此则老氏之齐宠辱、令尹之无喜愠也。在歙周岁,锄兼并,活矜寡,有襦袴谁嗣之谣。征拜刑部郎中,迁兵部郎中知制诰。时问罪河朔,书命叠委,公应用神速,不能自休,词理典奥,文采焕逸。大凡六百余章,为染翰者程准。"[4]王起这段记载,略有简略,现据《旧唐书》本传重新梳理之。冯宿入为刑部郎中,于元和十五年权判考功。《旧唐书》本传:"十五年,权判考功。宿以宰臣及三品已下官,故事内校考别封以进,翰林学士职居内署,事莫能知,请依前书上考,谏官御史亦请仍

① 刘昫:《旧唐书》卷一五,中华书局1975年版,第460页。
② 《全唐文》卷六四三,中华书局1983年版,第6508页。
③ 屈守元、常思春:《韩愈全集校注》,四川大学出版社1996年版,第3053页。
④ 《全唐文》卷六四三,中华书局1983年版,第6508页。

旧,并书中上考。"①而且冯宿在任兵部郎中之前,就已经以刑部郎中知制诰,《旧唐书》本传载:"长庆元年,以本官知制诰。二年,转兵部郎中,依前充职。"②

白居易《冯宿除兵部郎中知制诰制》称:"敕:吾闻武德暨开元中,有颜师古、陈叔达、苏颋称大手笔,掌书王命;故一朝言语,焕成文章。朕承祖宗,思济其美;凡选一才,补一职,皆不敢轻易,其庶几前事乎?刑部郎中冯宿,为文甚正,立意甚明,笔力雄健,不浮不鄙。况立身守事,端方精敏。而我诰命,忽思润色之。听诸人言,曰宿也可。宿立朝,历御史、博士、郡守、尚书郎,在仕进途,不为不遇。然不登兹选,未足其心。故吾于今,归汝职业;仍迁秩为五兵郎中。勉继颜、陈,无辱吾举。可尚书兵部郎中知制诰。"③对冯宿立身、为文颇为推重。

长庆二年,冯宿以山南东道节度副使前往襄州。《旧唐书·穆宗本纪》载:"(长庆二年)以兵部郎中、知制诰冯宿检校左庶子,充山南东道节度副使、权知襄州军府事。"④《旧唐书》本传载:"牛元翼以深州不从王庭凑,诏授襄州节度使。元翼未出深州,为庭凑所围。二年,以宿检校右庶子、兼御史中丞,赐紫金鱼袋,往总留务。监军使周进荣不遵诏命,宿以状闻。元翼既至,宿归朝,拜中书舍人,转太常少卿。敬宗即位,宿常导引乘舆,出为华州刺史。以父名拜章乞罢,改左散骑常侍,兼集贤殿学士,充考制策官。"⑤

关于冯宿充考制策官,《旧唐书·文宗本纪》载:"(大和二年三月)上御宣政殿亲试制策举人。以左散骑常侍冯宿、太常少卿贾𫗦、库部郎中庞严为考制策官。"⑥同年,冯宿以左散骑常侍拜河南尹,杖死姚文寿部下。《旧唐书》本传载:"大和二年,拜河南尹。时洛苑使姚文寿纵部下侵欺百姓,吏不敢捕。一日,遇大会,尝所捕者傲睨于文寿之侧,宿知而掩之,杖死。"⑦

大和四年,冯宿任工部侍郎。《旧唐书·文宗本纪》:"(大和四年十二月)以前河南尹冯宿为工部侍郎。"⑧《旧唐书》本传云:"大和四年,入为工部侍郎。"⑨

---

① 刘昫:《旧唐书》卷一六八,中华书局 1975 年版,第 4389 页。
② 刘昫:《旧唐书》卷一六八,中华书局 1975 年版,第 4390 页。
③ 顾学颉点校:《白居易集》卷四八,中华书局 1979 年版,第 1009 页。
④ 刘昫:《旧唐书》卷一六,中华书局 1975 年版,第 495 页。
⑤ 刘昫:《旧唐书》卷一六八,中华书局 1975 年版,第 4390 页。
⑥ 刘昫:《旧唐书》卷一七上,中华书局 1975 年版,第 528 页。
⑦ 刘昫:《旧唐书》卷一六八,中华书局 1975 年版,第 4390 页。
⑧ 刘昫:《旧唐书》卷一七下,中华书局 1975 年版,第 540 页。
⑨ 刘昫:《旧唐书》卷一六八,中华书局 1975 年版,第 4390 页。

大和六年,冯宿迁刑部侍郎。《旧唐书》本传云:"六年,迁刑部侍郎,修格后敕三十卷,迁兵部侍郎。"①

大和九年,冯宿出为剑南东川节度使,开成元年去世。《旧唐书》本传载:"九年,出为剑南东川节度使,检校礼部尚书。开成元年十二月卒,废朝,赠吏部尚书,谥曰懿。"②

关于冯宿文集,《旧唐书》本传云冯宿"有文集四十卷"③。《新唐书·艺文志》载:"《冯宿集》四十卷。"④北宋编《崇文总目》卷五载"《冯宿文集》一卷"⑤。可见到北宋时期,冯宿的文集大多就已经佚失。

冯宿与韩愈为好友,二人同年中进士,早年同在徐州张建封幕府,后来又一同随裴度东征。冯宿还曾因韩愈的《谏佛骨表》被诬枉贬官。

在韩愈集中,有两封写给冯宿的书信。一为《答冯宿书》:

> 垂示仆所阙,非情之至,仆安得闻此言?朋友道缺绝久,无有相箴规磨切之道,仆何幸乃得吾子!仆常闵时俗人有耳不自闻其过,懔懔然惟恐已之不自闻也。而今而后,有望于吾子矣。然足下与仆交久,仆之所守,足下之所熟知。在京城时,嚚嚚之徒,相訾百倍。足下时与仆居,朝夕同出入起居,亦见仆有不善乎?然仆退而思之,虽无以获罪于人,亦有以获罪于人者。⑥

此文可见韩、冯交往的友谊。韩愈此文,不是普通交往的客套之言,而是知己朋友间的肺腑之言。

一为《与冯宿论文书》:

> 辱示初筮赋,实有意思。但力为之,古人不难到。但不知直似古人,亦何得于今人也?仆为文久,每自则,意中以为好,则人必以为恶矣。小称意,人亦小怪之,大称意,即人必大怪之也。时时应事作俗下文字,下笔令人惭,及示人,则人以为好矣。小惭者亦蒙谓之小好,大惭者即必以为大好矣。不知古文直何用于今世也,然必以俟知者知耳。⑦

① 刘昫:《旧唐书》卷一六八,中华书局 1975 年版,第 4390 页
② 刘昫:《旧唐书》卷一六八,中华书局 1975 年版,第 4390 页。
③ 刘昫:《旧唐书》卷一六八,中华书局 1975 年版,第 4390 页。
④ 欧阳修、宋祁:《新唐书》卷六十,中华书局 1975 年版,第 1606 页。
⑤ 王尧臣:《崇文总目》卷五,《丛书集成初编》,商务印书馆 1937 年版,第 347 页。
⑥ 屈守元、常思春:《韩愈全集校注》,四川大学出版社 1996 年版,第 1711 页。
⑦ 屈守元、常思春:《韩愈全集校注》,四川大学出版社 1996 年版,第 1342 页。

此文是研究韩愈古文思想的一篇重要文章。韩愈在信中与冯宿探讨文章之道,他说自己的文章与时人的趣味格格不入,从此文来看,二人不仅同榜,于仕途多有交集,在文章方面也是志同道合的好友。文章一开头提到冯宿寄送给韩愈的《初筮赋》,可惜未有传世。

韩愈集中有两首与冯宿交往诗。一为《鄘城晚饮奉赠副使马侍郎及冯李二员外》:"城上赤云呈胜气,眉间黄色见归期。幕中无事惟须饮,即是连镳向阙时。"冯员外即冯宿。一为《早春与张博士籍游杨尚书林亭寄第三阁老兼呈白冯二阁老》:"墙下春渠入禁沟,渠冰初破满渠浮。凤池近日长先暖,流到池时更不流。"①冯阁老即冯宿,而白阁老为白居易。

冯宿与贫士卢殷也是好友。韩愈《唐故登封县尉卢殷墓志》云:"元和五年十月日,范阳卢殷以故登封县尉卒登封,年六十五。君能为诗,自少至老,诗可录传者,在纸凡千余篇。无书不读,然止用以自资为诗。与谏议大夫孟简、协律孟郊、监察御史冯宿好,期相推挽。"②

李观与冯宿也是同年好友,有赠冯宿诗一首,《全唐诗》卷三一九载李观《赠冯宿》:"寒城上秦原,游子衣飘飘。黑云截万里,猎火从中烧。阴空蒸长烟,杀气独不销。冰交石可裂,风疾山如摇。时无青松心,顾我独不凋。"③

《全唐文》卷六二四存冯宿文十一篇:《鲛人卖绡赋以难得之货色如轻雾为韵》、《初日照冰池赋以鲜彩朝澈寒光入座为韵》、《星回于天赋以数将纪终岁且更始为韵》、《为裴相公谢淮西节度使表》、《为马总尚书谢除彰义军节度使表》、《禁版印时宪书奏》、《与王武俊书》、《兰溪县灵隐寺东峰新亭记》、《魏府狄梁公祠堂碑》、《天平军节度使殷公家庙碑》、《大唐昇元刘先生碑铭》。

其中《兰溪县灵隐寺东峰新亭记》,《宝刻丛编》卷十三题为《唐灵隐寺东峰新亭记》:"唐冯宿撰,释干觉正书。贞元十七年十一月七日己丑建。在兰溪。(《复斋碑录》)"④知该文作于贞元十七年。

《魏府狄梁公祠堂碑》,《宝刻丛编》卷六题为《唐狄梁公祠堂碑》:"唐冯宿撰,胡证正书,并篆额,元和中立。(《复斋碑录》)在魏县东南四里,梁公为魏州刺史,百姓

---

① 屈守元、常思春:《韩愈全集校注》,四川大学出版社1996年版,第858页。
② 屈守元、常思春:《韩愈全集校注》,四川大学出版社1996年版,第1818页。
③ 彭定求等:《全唐诗》卷三一九,中华书局1960年版,第3596页。
④ 陈思:《宝刻丛编》卷一三,《丛书集成初编》本,商务印书馆1937年版,第341页。

立祠祀焉。(《寰宇记》)"①知该文作于元和年间。

《大唐昇元刘先生碑铭》,《宝刻丛编》卷四《唐昇玄刘先生碑》载:"唐刑部侍郎冯宿撰,右司郎中柳公权书。翰林待诏唐度篆额。先生名从政,河南缑氏人,居东都玄真宫,敬宗师事之。加检校光禄大夫,及先生之号。碑以大和七年四月立。二碑,一在东都,一在长安。(《集古录目》)"②此碑大和七年立。

《宝刻丛编》卷八又载《唐散骑常侍张昔墓志》:"唐冯宿撰,正书,无姓名。大和七年四月。(《金石录》)"③《全唐文》不载,该文作于大和七年。

关于冯宿诗歌,《全唐诗》卷二七五存冯宿诗两首,一为《御沟新柳》:"夹道天渠远,垂丝御柳新。千条宜向日,万户共迎春。轻翠含烟发,微音逐吹频。静看思渡口,回望忆江滨。袅袅分游骑,依依驻旅人。阳和如可及,攀折在兹辰。"④一为《酬白乐天刘梦得(一作尹河南酬乐天梦得)》:"共称洛邑难其选,何幸天书用不才。遥约和风新草木,且令新雪静尘埃。临岐有愧倾三省,别酌无辞醉百杯。明岁杏园花下集,须知春色自东来。(注:每春,尝接诸公杏园宴会。)"⑤

另《宝刻丛编》卷五载《唐白乐天游济源诗》:"正书,大和五年九月冯宿诗附。(《金石录》)"⑥为冯宿佚诗。

总而言之,冯宿文武兼长,久历藩镇,入则执掌制诰,出则调停纷争。冯宿生前与韩愈、李观、白居易、刘禹锡等中唐重要诗人都有交往,留有文集四十卷,其文章,据白居易言,"为文甚正,立意甚明,笔力雄健,不浮不鄙"。可惜,冯宿现留存于世的文章仅有数篇,文名不显于后世,今尽力打捞之,也难于管窥一豹。

四、倨傲文士冯定

冯定是冯宿的弟弟,《旧唐书·冯宿传》附《冯定传》,云:"宿弟定字介夫,仪貌壮伟,与宿俱有文学,而定过之。贞元中皆举进士,时人比之汉朝二冯君。于頔牧姑苏也,定寓焉,頔友于布衣间。后頔帅襄阳,定乘驴诣军门,吏不时白,定不留而去。頔惭,笞军吏,驰载钱五十万,及境谢之。定饭逆旅,复书责以贵傲而返其遗,

① 陈思:《宝刻丛编》卷六,《丛书集成初编》本,商务印书馆 1937 年版,第 130 页。
② 陈思:《宝刻丛编》卷四,《丛书集成初编》本,商务印书馆 1937 年版,第 75 页。
③ 陈思:《宝刻丛编》卷八,《丛书集成初编》本,商务印书馆 1937 年版,第 245 页。
④ 彭定求等:《全唐诗》卷二七五,中华书局 1960 年版,第 3120 页。
⑤ 彭定求等:《全唐诗》卷二七五,中华书局 1960 年版,第 3120 页。
⑥ 陈思:《宝刻丛编》卷五,《丛书集成初编》本,商务印书馆 1937 年版,第 115 页。

顿深以为恨。权德舆掌贡士,擢居上第,后于润州佐薛苹幕。"①由此段看,冯定乃一性格倨傲的书生。

据《登科记考》,冯定于贞元十八年举进士,是年权德舆知贡举。《旧唐书·冯定传》言,冯定举进士之后,入薛苹润州幕。根据戴伟华先生《唐方镇文职僚佐考》,薛苹任润州刺史、浙西观察使在元和五年至元和十五年。冯定既然参与了薛苹浙东禹庙唱和,那么在薛苹任润州刺史之前就应已在薛苹浙东幕府,或者与其兄冯宿有关。此后,据《旧唐书·冯定传》:"得校书郎,寻为鄠县尉,充集贤校理。定先时居父忧,因号毁得肺病,趋府或不及时,大学士疑其恃才简怠,乃夺其职,俾为大理评事,登朝为太常博士,转祠部员外郎。"②

宝历二年,冯定出为郢州刺史,被马洪沼诬告,冯定因此被停任。《旧唐书·冯定传》云:"宝历二年,出为郢州刺史。长寿县尉马洪沼告定强夺人妻,及将阙官职田禄粟入己费用,诏监察御史李顾行鞫之。狱具上闻,制曰:'冯定经使臣推问,无入己赃私,所告罚钱,又皆公用。然长吏之体,颇涉无仪,刑赏或乖,宴游不节。缘经恩赦,难更科书,犹持郡符,公议不可,宜停见任,寻除国子司业、河南少尹。'"③冯定的仕宦经历比其兄坎坷得多。

大和九年,冯定任太常少卿,改造《云韶法曲》及《霓裳羽衣舞曲》,受到唐文宗的赏识:"大和九年八月,为太常少卿。文宗每听乐,鄙郑、卫声,诏奉常习开元中《霓裳羽衣舞》,以《云韶乐》和之。舞曲成,定总乐工阅于庭,定立于其间。文宗以其端凝若植,问其姓氏,翰林学士李珏对曰:'此冯定也。'文宗喜,问曰:'岂非能为古章句者耶?'乃召升阶,文宗自吟定《送客西江诗》。吟罢益喜,因锡禁中瑞锦,仍令大录所著古体诗以献。"④

这段故事,《新唐书·礼乐志》亦有记载:"文宗好雅乐,诏太常卿冯定采开元雅乐制《云韶法曲》及《霓裳羽衣舞曲》。《云韶乐》有玉磬四虡,琴、瑟、筑、箫、篪、龠、跋膝、笙、竽皆一,登歌四人,分立堂上下,童子五人,绣衣执金莲花以导,舞者三百人,阶下设锦筵,遇内宴乃奏。谓大臣曰:'笙磬同音,沈吟忘味,不图为乐至于斯也。'自是臣下功高者,辄赐之。乐成,改法曲为仙韶曲。"⑤

① 刘昫:《旧唐书》卷一六八,中华书局1975年版,第4390页。
② 刘昫:《旧唐书》卷一六八,中华书局1975年版,第4390—4391页。
③ 刘昫:《旧唐书》卷一六八,中华书局1975年版,第4391页。
④ 刘昫:《旧唐书》卷一六八,中华书局1975年版,第4391页。
⑤ 欧阳修、宋祁:《新唐书》卷二二,中华书局1975年版,第478页。

同年,冯定迁谏议大夫。《旧唐书》本传载:"寻迁谏议大夫、知匦事。是岁,李训事败伏诛,衣冠横罹其祸,中外危疑。及改元御殿,中尉仇士良请用神策仗卫在殿门,定抗疏论罢,人情危之。又请许左右史随宰臣入延英记事,宰臣不乐。"①《资治通鉴》卷二四五《唐纪六十一》载:"开成元年,春,正月,辛丑朔,上御宣政殿,赦天下,改元。仇士良请以神策仗卫殿门,谏议大夫冯定言其不可,乃止。"②冯定任谏议大夫期间,直言敢谏,将宦官、宰臣尽皆得罪。

冯定后转太子詹事。本传载:"(开成)二年,改太子詹事。三年,宰臣郑覃拜太子太师,欲于尚书省上事。定奏曰:'据六典,太师居詹事府,不合于都省礼上。'乃诏于本司上事,人推美之。四年,迁卫尉卿。是岁,上章请老,诏以左散骑常侍致仕。"③

冯定卒于会昌六年,《旧唐书》本传载:"会昌六年,改工部尚书而卒。"④《旧唐书·武宗本纪》载:"(会昌)六年春正月癸卯朔。丁巳,左散骑常侍致仕冯定卒,赠工部尚书。"⑤两者的记载略有差异,本传云改工部尚书而后卒,武宗纪云卒后赠工部尚书,姑且两存之。

冯定与古文家李翱是好友。李翱有《送冯定序》,云:

　　冯生自负其气而中立,上无援,下无交,名声未大耀于京师。生信无罪,是乃时之人,见之者或不能知之,知之者则不敢言,是以再举进士,皆不如其心。谓生无戚戚,盖以他人为解,予联以杂文罢黜,不知者亦纷纷交笑之。其自负益明,退学书,感愤而为文,遂遭知音成其名。当黜辱时,吾不言其拙也。岂无命耶!及既得时,吾又不自言其智也,岂有命邪?故谓生无戚戚。生家贫甚,不能居,告我游成都。成都有岷峨山,合气于江源,往往出奇怪之士。古有司马相如、扬雄、严君平,其人死,至兹千年不闻。生游成都,试为我谢岷峨,何其久无人耶?其风侈丽奢豪,羁人易留,生其思速出于剑门之艰难。勿我忧也。⑥

此文当作于冯定举进士之前、某次落第之后。冯定于贞元十八年举进士,后于其兄十年。《旧唐书·冯定传》言"贞元中皆举进士,时人比之汉朝二冯君",实则冯

①　刘昫:《旧唐书》卷一六八,中华书局1975年版,第4391页。
②　司马光:《资治通鉴》卷二四五,中华书局1956年版,第7923页。
③　刘昫:《旧唐书》卷一六八,中华书局1975年版,第4391—4392页。
④　刘昫:《旧唐书》卷一六八,中华书局1975年版,第4392页。
⑤　刘昫:《旧唐书》卷一八上,中华书局1975年版,第609页。
⑥　《全唐文》卷六三六,中华书局1983年版,第6423页。

宿于贞元八年举进士,兄弟二人中举的时间相差了十年。李翱此文劝勉冯定不必戚戚于落第,退而学书,他日若能得遇知音可期成名。李翱也是一负气坎懔的书生,二人想必有惺惺相惜之情。

冯定的文章才能据《旧唐书·冯定传》云"(定)与宿俱有文学,而定过之",传末又云:"先长庆中,源寂使新罗国,见其国人传写讽念定所为《黑水碑》、《画鹤记》。韦休符之使西番也,见其国人写定《商山记》于屏障。其文名驰于戎夷如此。"①可见,冯定在当时颇有文名,其文流传甚广。可惜,冯宿尚有数十篇文章和两首诗歌留存下来,而冯定则无论文还是诗,一篇都没有留存。

第二节　儒臣孟简及其禹庙刻诗

孟简是中唐重要文士、儒臣,与韩愈、柳宗元等人均有交往。孟简在元和九年九月至元和十二年正月任越州刺史、浙东观察使期间,多次主持浙东禹庙活动与禹庙诗刻石,是唐代浙东禹庙文学的重要组成部分。本节考察孟简的生平事迹、交游、奉佛、仕宦功绩及其在浙东期间的禹庙诗歌刻石活动等。

一、孟简生平事迹考述

孟简,新旧《唐书》有传。《旧唐书·孟简传》载:"孟简字几道,平昌人。天后时同州刺史诜之孙。工诗有名。擢进士第,登宏辞科,累官至仓部员外郎。"②关于孟简考进士,还有一段小插曲,《唐诗纪事》卷四十一载:"元和中,简将试,诣日者卜之,曰:近东门坐,即得之矣。既入,即坐西廊。迫晚,忽得疾,邻坐请与终篇,见其姓,即东门也,乃擢上第。"③占卜者建议孟简近东门坐,孟简不听卜者言故意坐西廊,颇有几分洒脱风度,原来东门是个人而非位置。

孟简早年不附王叔文集团,元和四年,拜谏议大夫。《旧唐书》本传载:"户部侍郎王叔文窃政,简为子司,多不附之,叔文恶之虽甚,亦不至摈斥。寻迁司封郎中。元和四年,超拜谏议大夫,知匦事。"④

唐宪宗任用宦官吐突承璀等,孟简与其他谏官抗疏论之,被贬为常州刺史。《新唐书·吐突承璀传》载:"(宪宗)诏承璀为行营招讨处置使……又诏内常侍刘国

① 刘昫:《旧唐书》卷一六八,中华书局1975年版,第4392页。
② 刘昫:《旧唐书》卷一六三,中华书局1975年版,第4257页。
③ 计有功撰,王仲镛校笺:《唐诗纪事校笺》卷四一,中华书局2007年版,第1402—1403页。
④ 刘昫:《旧唐书》卷一六三,中华书局1975年版,第4257页。

珍、马朝江分领易、定、幽、沧等州粮料使。于是谏官李墉、许孟容、李元素、李夷简、吕元膺、穆质、孟简、独孤郁、段平仲、白居易等众对延英，谓古无中人位大帅，恐为四方笑。"①《旧唐书·孟简传》亦载："王承宗叛，诏以吐突承璀为招讨使，简抗疏论之，坐语讦，出为常州刺史。八年，就加金紫光禄大夫。简始到郡，开古孟渎，长四十一里，灌溉沃壤四千余顷，为廉使举其课绩，是有就加之命。是岁，征拜为给事中。"②孟简在常州期间因为政绩突出，受到朝廷褒奖，为加紫金鱼袋，白居易有《孟简赐紫金鱼袋制》："汉制：二千石有政绩者，就加宠命，不即改移；盖欲使吏久于官，人安其化也。常州刺史孟简：简易勤俭，以养其人；政不至严，心未尝怠。曾未再稔，绩立风行；岁课郡政，毗陵为最。方求共理，实获我心。宜加命服，以示旌宠。庶俾群吏，闻而劝焉！宜赐紫金鱼袋。"③

元和九年，孟简出为越州刺史、浙东观察使。《旧唐书·宪宗本纪》载："（元和九年九月）以给事中孟简为越州刺史、浙东观察使。"④孟简在浙东时期，据《旧唐书》本传："九年，出为越州刺史、兼御史中丞、浙东观察使。承李逊抑遏士族、恣纵编户之后，及简为政，一皆反之，而农估多受其弊，当时以为两未可也。"⑤

元和十二年，孟简入为户部侍郎。《旧唐书·宪宗本纪》："（元和十二年八月）孟简为户部侍郎。"⑥《旧唐书·孟简传》记载同："十二年，入为户部侍郎。十三年，代崔元略为御史中丞，仍兼户部侍郎。"⑦

元和十三年，孟简出为襄州刺史、山南东道节度使，元和十四年，改授太子宾客分司东都。《旧唐书·宪宗本纪》载："（元和十三年五月）以户部侍郎孟简检校工部尚书、襄州刺史、山南东道节度使。"⑧《旧唐书·孟简传》亦载："是岁，出为襄州刺史、山南东道节度使。十四年，敕于谷城县置群牧，命曰临汉监，令简充使。简奏请均州郧乡县镇遏使赵洁充本县令。台司奏有亏刑典，罚一月俸。是岁，改授太子宾客，分司东都。"⑨关于孟简举赵洁为郧乡县令事，《旧唐书·宪宗本纪》亦有记载：

① 欧阳修、宋祁：《新唐书》卷二百七，中华书局1975年版，第5869页。
② 刘昫：《旧唐书》卷一六三，中华书局1975年版，第4257—4258页。
③ 顾学颉点校：《白居易集》卷五五，中华书局1979年版，第1163页。
④ 刘昫：《旧唐书》卷一五，中华书局1975年版，第450页。
⑤ 刘昫：《旧唐书》卷一六三，中华书局1975年版，第4258页。
⑥ 刘昫：《旧唐书》卷一五，中华书局1975年版，第460页。
⑦ 刘昫：《旧唐书》卷一六三，中华书局1975年版，第4258页。
⑧ 刘昫：《旧唐书》卷一五，中华书局1975年版，第463页。
⑨ 刘昫：《旧唐书》卷一六三，中华书局1975年版，第4258页。

"（元和十四年二月）襄阳节度使孟简举郧乡镇遏使赵洁为郧乡县令，有亏例程，罚一月俸料。"①

元和十五年，唐穆宗即位之后，孟简被贬为吉州员外司马。《旧唐书·穆宗本纪》载："（元和十五年三月）贬太子宾客留司东都孟简为吉州员外司马。"②《旧唐书·孟简传》记载同："十五年，穆宗即位，贬吉州司马员外置同正员。"③

孟简在其仕途的初期曾经因为反对宦官被外贬，但是后期在襄阳时却主动与宦官结交，《旧唐书·孟简传》云："初，简在襄阳，以腹心吏陆翰知上都进奏，委以关通中贵。翰持简阴事，渐不可制，简怒，追至州，以土囊杀之，且欲灭口。翰子弟诣阙，进状诉冤，且告简赃状。御史台按验，获简赂吐突承璀钱帛等共计七千余贯匹，事状明白，故再贬之。"④结果孟简在穆宗即位后被连贬两次。

长庆元年，孟简因赦移为睦州刺史。《旧唐书·穆宗本纪》载："（长庆元年）吉州司马孟简为睦州刺史。"⑤《旧唐书·孟简传》亦云："长庆元年大赦，量移睦州刺史。"⑥

长庆二年，孟简移常州刺史。《旧唐书·孟简传》载："二年，移常州刺史。"⑦长庆三年，孟简入为太子宾客分司东都，同年十二月卒。《旧唐书·孟简传》载："三年，入为太子宾客分司东都。其年十二月卒。"⑧

二、孟简奉佛及其与韩愈等人的交往

孟简与韩愈、柳宗元同时代，韩愈反佛，而孟简奉佛，柳宗元儒释兼通，他们各自代表着同一个时代不同的士人面貌。孟简的后世声名不如韩、柳等，作为一个被历史和研究者遗落的"小人物"，孟简实际在当时有着绝不逊色的影响力，挖掘孟简奉佛等种种事迹以及韩、柳等人对孟简的态度，有助于丰富那一个时代思想的复杂面相与张力。

孟简佞佛，《旧唐书》本传评其："性俊拔尚义，早岁交友先殁者，视其孤，每厚于

---

① 刘昫：《旧唐书》卷一五，中华书局 1975 年版，第 466 页。
② 刘昫：《旧唐书》卷一六，中华书局 1975 年版，第 477 页。
③ 刘昫：《旧唐书》卷一六三，中华书局 1975 年版，第 4258 页。
④ 刘昫：《旧唐书》卷一六三，中华书局 1975 年版，第 4258 页。
⑤ 刘昫：《旧唐书》卷一六，中华书局 1975 年版，第 477 页。
⑥ 刘昫：《旧唐书》卷一六三，中华书局 1975 年版，第 4258 页。
⑦ 刘昫：《旧唐书》卷一六三，中华书局 1975 年版，第 4258 页。
⑧ 刘昫：《旧唐书》卷一六三，中华书局 1975 年版，第 4258 页。

周㤊,议者以为有前辈风。然溺于浮图之教,为儒曹所诮。"①孟简精于佛典,元和六年,孟简与刘伯刍、归登等翻译《大乘本生心地观音经》,《旧唐书·宪宗本纪》载:"(元和)六年春正月丙寅朔。丙申……救谏议大夫孟简、给事中刘伯刍、工部侍郎归登、右补阙萧俛等于丰泉寺翻译《大乘本生心地观音经》。"②关于这件事,《旧唐书·孟简传》亦载:"简明于内典,六年,诏与给事中刘伯刍、工部侍郎归登、右补阙萧俛等,同就醴泉佛寺翻译《大乘本生心地观经》,简最擅其理。"③白居易有《答孟简、萧俛等〈贺御制《新译大乘本生心地观经序》状〉》:"大仙经典,最上法乘;来自西方,閟于中禁。将期利益,必在阐扬。遂命僧徒,译其句偈;兼诏卿等,润以文言。昨因披寻,深得真谛。悟本生不灭之义,证心地无相之宗。方勤护持,聊著序引。永言述作,犹愧圣明! 卿等贺陈,良深嘉尚。"④

孟简任常州刺史时,与卢全交游。卢全集中有三首诗与孟简有关,一为《走笔谢孟谏议寄新茶》;一为《常州孟谏议座上闻韩员外职方贬国子博士有感五首》,韩员外即韩愈;一为《观放鱼歌》,这是一首劝谏孟简勿佞佛的长诗:

常州贤刺史,从谏议大夫除。天地好生物,刺史性与天地俱。见山客,狎鱼鸟。坐山客,北亭湖。命舟人,驾舫子,漾漾菰蒲。酒兴引行处,正见渔人鱼。刺史密会山客意,复念网罗婴无辜。忽脱身上殷绯袍,尽买罟擭尽有无。鳗鳣鮎鳢鳅,涎恶最顽愚。鳟鲂见齿风,质干稍高流。时白喷雪鲫鲤漘,此辈肥脆为绝尤。老鲤变化颇神异,三十六鳞如抹朱。水苞弘窟有蛟鼉,饵非龙饵唯无鲈。丛杂百千头,性命悬须史。

天心应刺史,刺史尽活诸。一一投深泉,跳脱不复拘。得水竞腾突,动作诡怪殊。或透藻而出,或破浪而趋。或掉尾孑孑,或奋鬣愉愉。或如莺掷梭,或如蛇衔珠。四散渐不见,岛屿徒萦纡。鸂鶒鸽鸥兔,喜观争叫呼。小虾亦相庆,绕岸摇其须。

乃知贪生不独顽痴夫。可怜百千命,几为中肠菹。若养圣贤真,大烹龙髓敢惜乎。苦痛如今人,尽是鱼食鱼。族类恣饮啖,强力无亲疏。明明刺史心,不欲与物相欺诬。岸虫两与命,无意杀此活彼用贼徒。亦忆清江使,横遭乎余

---

① 刘昫:《旧唐书》卷一六三,中华书局1975年版,第4258页。
② 刘昫:《旧唐书》卷一四,中华书局1975年版,第434页。
③ 刘昫:《旧唐书》卷一六三,中华书局1975年版,第4257页。
④ 顾学颉点校:《白居易集》卷五六,中华书局1979年版,第1195页。

且。圣神七十钻,不及泥中鳅。哀哉托非贤,五脏生冤仇。若当刺史时,圣物保不囚。不疑且不卜,二子安能谀。二子倘故谀,吾知心受诛。礼重一草木,易卦称中孚。又曰钓不纲,又曰远庖厨。故仁人用心,刺史尽合符。昔鲁公观棠距箴,遂被孔子贬而书。

今刺史好生,德洽民心,谁为刺史一襃誉。刺史自上来,德风如草铺。衣冠兴废礼,百姓减暴租。豪猾不豪猾,鳏孤不鳏孤。开古孟渎三十里,四千顷泥坑为膏腴,刺史视之总若无。公庭雀噪坐不得,湖上拔芰植芙蕖。胜业庄中二桑门,时时对坐谈真如。因说十千天子事,福力当与刺史俱。天雨曼陀罗花深没膝,四十千真珠璎珞堆高楼。此中怪特不可会,但慕刺史仁有余。刺史敕左右兼小家奴,慎勿背我沉毒钩。念鱼承奉刺史仁,深僻处,远远游。刺史官职小,教化未能敷。第一莫近人,恶人唯口腴。第一莫出境,四境多网罟。重伤刺史心,丧尔微贱躯。①

这首诗可以分成四段,第一段,从开头至"丛杂百千头,性命悬须臾",叙孟常州好生,鱼尽被网罗;第二段,从"天心应刺史,刺史尽活诸"到"小虾亦相庆,绕岸摇其须",叙刺史放生,鱼儿纷纷得生;第三段,从"乃知贪生不独顽痴夫"到"昔鲁公观棠距箴,遂被孔子贬而书",一大段议论,论若非刺史,众鱼儿如何能得活,赞扬孟简的仁人用心;第四段,从"今刺史好生,德洽民心"到最后,这一段转出,较之前三段翻上一层,既襃扬了孟简在常州的政绩,又委婉地指出,作为一个刺史,真正的功绩不在于放生这样的佛家小事,而是广敷教化,施行德政。总而言之,卢仝的这首诗从德政的高度对孟简佞佛提出了劝谏,层层转出,委婉曲致。

孟简喜与僧人结交。在长安期间,曾与高僧澄观结交。《宋高僧传》卷五载《唐代州五台山清凉寺澄观传》,云:"洎至长安,频加礼接。朝臣归向,则齐相国抗、韦太常渠牟,皆结交最深。故相武元衡、郑纲、李吉甫、权德舆、李逢吉、中书舍人钱徽、兵部侍郎归登、襄阳节度使严绶、越州观察使孟简、洪州韦丹,咸慕高风,或从戒训。"②孟简在越州期间也广结当地著名僧人,如神暄、幽玄等。关于孟简邀请神暄,《宋高僧传》卷二十《唐婺州金华山神暄传》载:"释神暄,俗姓留,建阳人也……元和八年,范扬中丞知仰,遣使赍乳香毡厨器皿施暄,并回施现前大众。次中书舍

---

① 彭定求等:《全唐诗》卷三七八,中华书局 1960 年版,第 4367—4368 页。
② 赞宁:《宋高僧传》卷五,中华书局 1987 年版,第 106 页。

人王仲请于大云寺为众受菩萨戒。十二载，平昌孟简尚书自会稽甄请，不赴。"①关于孟简与幽玄的交往，同书卷二十七《唐洪州宝历寺幽玄传》载："释幽玄，俗姓刘，幽州人也。夙怀出俗之愿，年及弱冠，方遂前心，投并州贤禅师而了玄契。元和二年，振锡江左，至会稽大云寺，见三学僧枅定食轮，资缘都阙。玄言发响应，檀越供赡。未几，移居湖心龟山妙喜古寺。九年，属平昌孟简镇于越，枉驾问道，遂构成大院。十二载，复登南岳，栖止绝顶。"②

另外，《宋高僧传》卷十《唐婺州五泄山灵默传》有一条记载颇为可疑，传云："释灵默，俗姓宣，毗陵人也……贞元初，入天台山中，有隋智者兰若一十二所……元和初亢阳，田畯惶惶。默沿涧见青蛇夭矫，瞪目如视行人，不动。咄之曰：'百姓溪竭苗死，汝胡不施雨救民邪？'至夜果大雨，合境云足，民荷其赐。属平昌孟简中丞廉问浙东废管内兰若，学徒散逸，时暨阳令李胄状举灵山，许重造院。十三年三月二十三日，澡沐焚香，端坐绳床，嘱累时众，溘然而绝。"③根据《灵默传》的这条记载，孟简任浙东观察使期间曾经毁废管内寺庙，遣散僧人，这与孟简本人佞佛不合。但是《灵默传》的这条记载，与孟简观察浙东的时间、孟简的籍贯等信息都相符。目前也未有相关材料证明这是其他浙东观察使所做，还是佞佛的孟简作为一个深受儒家思想影响的地方最高行政长官确有此行。暂且记此，事实究竟如何，以待将来。

孟简与韩愈的交游也是一个非常有意思的话题。孟简佞佛，韩愈反佛，而这两人的交往其实由来已久。

韩愈元和五年分司东都时作咏时事诗《感春五首》，其一云："春田可耕时已催，王师北讨何当回？放车载草农事济，战马苦饥谁念哉？蔡州纳节旧将死，起居谏议联翩来。朝廷未省有遗策，肯不垂意瓶与罍。"④其中谏议即指孟简、孔戣。元和四年，讨成德节度使王承宗，同年彰义军节度使吴少诚卒。先是吴少诚围许州，朝廷征讨，吴兵退蔡州，朝廷复其官爵。而裴度以河南府功曹召为起居舍人，孟简、孔戣皆为谏议大夫。

孟简在常州期间与韩愈、贾岛等有诗歌往来。贾岛《双鱼谣》，题注云："时韩职方书中以孟常州简诗见示。"诗云："天河堕双鲂，飞我庭中央。掌握尺余雪，劈开肠

①　赞宁：《宋高僧传》卷二十，中华书局 1987 年版，第 517 页。
②　赞宁：《宋高僧传》卷二七，中华书局 1987 年版，第 683 页。
③　赞宁：《宋高僧传》卷十，中华书局 1987 年版，第 230 页。
④　屈守元、常思春：《韩愈全集校注》，四川大学出版社 1996 年版，第 488 页。

有璜。见令馋舌短,烹绕邻舍香。一得古诗字,与玉含异藏。"①贾岛对韩愈与孟简的诗极为珍惜。

另外,卢仝《常州孟谏议座上闻韩员外职方贬国子博士有感五首》可以证明孟简在常州期间与韩愈的交往。孟谏议就是孟简,韩员外就是韩愈,孟简任常州刺史在元和四年至元和八年,韩愈任职方员外郎在元和六年,转国子博士在元和七年,卢仝这首诗应作于元和七年。

元和九年,韩愈在长安任比部郎中、史馆修撰,孟简在长安任给事中,两人在一起共事。《文苑英华》卷九八七载韩愈《祭太常裴少卿文》云:"维元和九年,给事中李逢吉、给事中孟简、吏部侍郎张惟素、吏部侍郎张贾、比部郎中史馆修撰韩愈等,谨以庶羞清酌之奠,致祭于太常裴二十一兄之灵。"②又,该书同卷载韩愈《祭薛中丞文》云:"维元和九年,岁次甲午,闰八月乙巳朔十五日己未,某官某乙等,谨以清酌庶羞之奠祭于亡友、故御史中丞、赠刑部侍郎薛公之灵。"该文题下有小注:"同李逢吉、孟简等。"③这说明两人曾经同祭裴少卿、薛中丞。

有意思的是,孟简在文学史上留名不是由于他本人,而是由于韩愈的那篇表达自己反佛思想的文章《与孟尚书书》,书云:"汉氏以来,群儒区区修补,百孔千疮,随乱随失,其危如一发引千钧,绵绵延延,浸以微灭。于是时也,而倡释老于其间,鼓天下之众而从之。呜呼!其亦不仁甚矣。释老之害,过于杨墨,韩愈之贤,不及孟子。孟子不能救之于未亡之前,而韩愈乃欲全之于已坏之后。呜呼!其亦不量其力,且见其身之危,莫之救以死也!虽然,使其道由愈而粗传,虽灭死万万无恨。天地鬼神,临之在上,质之在旁。又安得因一摧折,自毁其道,以从于邪也?籍湜辈虽屡指教,不知果能不叛去否?辱吾兄眷厚,而不获承命,惟增惭惧,死罪死罪。愈再拜。"④该文作于元和十五年,韩愈移任袁州刺史,孟简任吉州刺史。这篇《与孟尚书书》在韩愈反佛的议论文中可以称得上是名篇,清人张裕钊评此文"浑浩变化,千转百折,而势愈劲,其雄肆之气,奇杰之辞,并臻上境"。

不过孟简在另外一位中唐重要文学家柳宗元笔下却是另一种面貌。柳宗元《送巽上人赴中丞叔父召序》云:"以吾所闻知,凡世之善言佛者,于吴则惠诚师,荆则海云师,楚之南则重巽师。师之言存,则佛之道不远矣。惠诚师已死,今之言佛

---

① 彭定求等:《全唐诗》卷五七一,中华书局 1960 年版,第 6621 页。
② 李昉等:《文苑英华》卷九八七,中华书局 1966 年版,第 5192 页。
③ 李昉等:《文苑英华》卷九八七,中华书局 1966 年版,第 5192 页。
④ 屈守元、常思春:《韩愈全集校注》,四川大学出版社 1996 年版,第 2352 页。

者加少。其由儒而通者，郑中书洎孟常州。中书见上人，执经而师受，且曰：'于中道吾得以益达。'常州之言曰：'从佛法生，得佛法分。'皆以师友命之。今连帅中丞公，具舟来迎，饰馆而俟，欲其道之行于远也，夫岂徒然哉！以中丞公之直清严重，中书之辩博，常州之敏达，且犹宗重其道，况若吾之昧昧者乎？"①柳宗元在这篇序文中称孟简为"由儒而通者"，其中"常州之言曰：'从佛法生，得佛法分'"，常州，即指孟简。韩、柳这两篇文章对读，才可得唐人对孟简奉佛印象的全部，一位奉佛的儒者，对儒、佛采兼取的态度。

　　孟简去世，在韩愈的文中也有痕迹。韩愈《故太学博士李君墓志铭》云："余不知服食说自何世起，杀人不可计，而世慕尚之益至，此其惑也。在文书所记及耳闻相传者不说，今直取目见亲与之游而以药败者六七公，以为世诫。工部尚书归登、殿中御史李虚中、刑部尚书李逊、逊弟刑部侍郎建、襄阳节度使工部尚书孟简、东川节度御史大夫卢坦、金吾将军李道古，此其人皆有名位，世所共识。"②孟简去世于长庆三年，从韩愈此文来看，孟简也是"服食"而死。看来，孟简不仅是一个奉佛的儒者，也是一个服食求长生不老者。

　　除了韩愈之外，孟简与其他人的交往略述之。孟简与卢殷、孟郊、冯宿等均有交往。韩愈《登封县尉卢殷墓铭》云："元和五年十月日，范阳卢殷以故登封县尉卒登封，年六十五。君能为诗，自少至老，诗可录传者，在纸凡千余篇。无书不读，然止用以自资为诗。与谏议大夫孟简、协律孟郊、监察御史冯宿好，期相推挽。"③

　　关于孟简与柳宗元的交往，吴武陵曾经因柳宗元被贬多年后遗书孟简，希望孟简能对柳宗元施以援手。《全唐文》卷七一八载吴武陵《遗孟简书》："古称一世三十年，子厚之斥十二年，殆半世矣。霆砰电射，天怒也，不能终朝。圣人在上，安有毕世而怒人臣邪！且程刘二韩，皆已拔拭，或处大州剧职，独子厚与猿鸟为伍，诚恐雾露所婴，则柳氏无后矣。"④柳宗元于永贞元年被贬，吴武陵这封信当写于元和十二年，当时孟简在长安任户部侍郎。

　　《全唐文》卷五三三载李观《贻先辈孟简书》："仆闻孔宣父云：'如有周公之才之美，使骄且吝，其余不足观也矣。'足下德非古人，何遽相浅如一。及第仆保之久矣，但与足下论其先后耳。仆长于江表，今未弱冠，自谓来者，晚遭知音。比见吴中人

①　柳宗元：《柳宗元集》卷二五，中华书局 1979 年版，第 671—672 页。
②　屈守元、常思春：《韩愈全集校注》，四川大学出版社 1996 年版，第 2571 页。
③　屈守元、常思春：《韩愈全集校注》，四川大学出版社 1996 年版，第 1818 页。
④　《全唐文》卷七一八，中华书局 1983 年版，第 7386 页。

谈足下,美不容口。仆外氏河南行军司马,旧与足下游,扬善声。仆每怀殊节,不履常迹,立名委运,求友胜已。是以昨昼徒步,奉寻所居,将拜足下先丈人之灵,问足下不灭之戚。如何称倦哭泣,辄安床褥,辞以有疾,坐而诬我。"①由此信来看,孟简父亲去世,李观登门吊唁,孟简以疾推辞拒见,李观写信责其无礼。

孟简与欧阳詹也有交往。欧阳詹去世之后,孟简作《咏欧阳行周事并序》,《唐诗纪事》卷三五载欧阳詹卒后,"孟简赋诗哭之,序云:穆玄道访予,常叹其事,玄道颇惜之"。②

孟简在浙东期间,与鲍溶、樊璀、樊宗宪有交往。《全唐诗》卷四八七鲍溶《上巳日寄樊璀樊宗宪兼呈上浙东孟中丞简》诗云:"世间禊事风流处,镜里云山若画屏。今日会稽王内史,好将宾客醉兰亭。"③鲍溶这首诗诗题中的樊璀、樊宗宪应为孟简幕府中人。

诗人徐凝亦曾与孟简往来。《全唐诗》卷四七四载徐凝《浙东故孟尚书种柳》:"孟家种柳东城去,临水逶迤思故人。不似当时大司马,重来得见汉南春。"④

晚唐诗人张祜在悼念盛唐诗人孟浩然的时候曾经以孟简对比孟浩然,《题孟处士宅》云:"高才何必贵,下位不妨贤。孟简虽持节,襄阳属浩然。"⑤孟简于元和十三年任山南东道节度使、襄州刺史,为一方军政长官,张祜以孟简衬托开元隐士孟浩然,发"高才何必贵,下位不妨贤"的议论。

总而言之,孟简的政事、文学活跃于中唐元和之际,与当时著名文人韩愈、柳宗元等人均有着密切的往来。

三、儒臣孟简的政绩

孟简虽然奉佛,但他又是一个不折不扣的有才干的儒家士人,在这一方面,孟简与韩愈非常相似,在社会治理才能方面,比之韩愈毫不逊色甚至略胜一筹。

孟简早年积极参与反对宦官干政。《册府元龟》卷五四六载:"孟简为谏议大夫,镇州王承宗阻兵,下诏诛伐。以中贵人吐突承璀为行营招讨处置等使,宰臣裴垍陈奏,以为中官不宜统兵,言未允纳。简与吕元府、许孟容、李夷简、穆质等上疏抗论,又偕诣延英面陈不可之状。遂退改承璀使号。简在谏署三年,言论切正,绦

---

① 《全唐文》卷五三三,中华书局 1983 年版,第 5413—5414 页。

② 计有功撰,王仲镛校笺:《唐诗纪事校笺》卷三五,中华书局 2007 年版,第 1233 页。

③ 彭定求等:《全唐诗》卷四八七,中华书局 1960 年版,第 5534 页。

④ 彭定求等:《全唐诗》卷四八七,中华书局 1960 年版,第 5380 页。

⑤ 彭定求等:《全唐诗》卷五一一,中华书局 1960 年版,第 5837 页。

是出为常州刺史。"①

　　孟简在常州期间,兴修水利,以利人民,政绩非常出色。《新唐书·地理志》载:"常州晋陵郡,望。本毗陵郡,天宝元年更名。土贡:紬、绢、布、纻、红紫绵巾、紧纱、兔褐、皂布、大小香秔、龙凤席、紫笋茶、署预。户十万二千六百三十三,口六十九万六百七十三。县五。晋陵,望。武进,望。武德三年以故兰陵县地置,贞观八年省入晋陵,垂拱二年复置。西四十里有孟渎,引江水南注通漕,溉田四千顷,元和八年,刺史孟简因故渠开。……无锡。望。南五里有泰伯渎,东连蠡湖,亦元和八年孟简所开。"②

　　孟简在常州开凿孟渎和太伯渎,《咸淳毗陵志》亦有记载:"孟简,字几道,平昌人。元和中,拜谏议大夫,以论事出为常州刺史。浚导孟渎,溉田千顷,以劳赐金紫,召拜给事中,又浚无锡泰渎。"③

　　关于孟渎,《咸淳毗陵志》卷十五"山水·渎·武进"载:"孟渎在县西四十里。《风土记》云:七里井有孟渎。汉光武初潜,尝宿井旁,民为指途,达江浒,即位命开此渎。广五丈,深七尺,南通运河,北入大江,岁久淤阏。唐元和中,刺史孟简浚导,袤四十一里,溉田四十余顷。"④

　　关于太伯渎,《咸淳毗陵志》卷十五"山水·渎·无锡"载:"太伯渎在县东南五里,西枕运河,东达蠡湖。孟简尝浚导,袤六十七里,广十有二丈。"⑤《咸淳毗陵志》卷十五"山水·湖·无锡"条亦云:"蠡湖,在县东南五十里,中与吴县分派。《寰宇记》云:'范蠡伐吴开此。'《唐地里志》云:'刺史孟简开太伯渎,东连蠡湖,亦名孟河。'"⑥

　　除了载入《新唐书·地理志》的孟渎和太伯渎,孟简在常州还修有其他水利工程,如孟径。《咸淳毗陵志》卷十五"山水·径·宜兴"载:"孟径,在县西北四十五里。刺史孟简所浚,以杀滆湖风涛之势,南入塞溪,因姓以名。径俗呼为泾耳。"⑦

　　孟简在常州的政绩受到了朝廷的赏识,朝廷加赐金紫。《唐会要》卷八九云:"元和八年,孟简为常州刺史,开漕古孟渎,长四十里,得沃壤四千余顷。观察使举

---

　　① 王钦若:《册府元龟》卷五四六,中华书局 1960 年版,第 6554 页。
　　② 欧阳修、宋祁:《新唐书》卷四一,中华书局 1975 年版,第 1058 页。
　　③ 史能之:《咸淳毗陵志》卷七,《宋元方志丛刊》第三册,中华书局 1990 年版,第 3013 页。
　　④ 史能之:《咸淳毗陵志》卷一五,《宋元方志丛刊》第三册,中华书局 1990 年版,第 3095 页。
　　⑤ 史能之:《咸淳毗陵志》卷一五,《宋元方志丛刊》第三册,中华书局 1990 年版,第 3096 页。
　　⑥ 史能之:《咸淳毗陵志》卷一五,《宋元方志丛刊》第三册,中华书局 1990 年版,第 3090 页。
　　⑦ 史能之:《咸淳毗陵志》卷一五,《宋元方志丛刊》第三册,中华书局 1990 年版,第 3099 页。

其课,遂就赐金紫焉。"①《旧唐书·孟简传》亦载:"简始到郡,开古孟渎,长四十一里,灌溉沃壤四千余顷,为廉使举其课绩,是有就加之命。"白居易《孟简赐紫金鱼袋制》赞其:"简易勤俭,以养其人,政不至严,心未尝怠。曾未再稔,绩立风行,岁课郡政,毗陵为最。"

孟简任浙东观察使期间,也同样兴修水利,山阴县新河与运道塘均为孟简所开。《新唐书》卷四一载:"越州会稽郡,中都督府。土贡:宝花、花纹等罗,白编、交梭、十样花纹等绫,轻容、生縠、花纱,吴绢,丹沙,石蜜,橘,葛粉,瓷器,纸,笔。有兰亭监盐官。户九万二百七十九,口五十二万九千五百八十九。县七……山阴,紧。武德七年析会稽置,八年省,垂拱二年复置,大历二年省,七年复置,元和七年省,十年复置。北三十里有越王山堰,贞元元年,观察使皇甫政凿山以畜泄水利,又东北二十里作朱储斗门。北五里有新河,西北十里有运道塘,皆元和十年观察使孟简开。"②

关于新河与运道塘的开凿,《嘉泰会稽志》卷十"水·府城"载:"新河在府城西北二里,唐元和十年观察使孟简所浚。"③又,同书卷十"堤塘·山阴县"载:"运道塘在县西北一十里,《唐地里志》云:'元和十年观察使孟简筑。'"④

孟简在越州期间,不仅兴修水利、发展经济,而且重视兴儒学、尊孝行。《宝刻丛编》卷十三引《复斋碑录》载《唐孔子弟子赞》:"唐明皇、源乾曜、卢从愿、李杭、元行冲、张嘉贞、宋璟、陆余庆、姚元崇、苏颋、裴灌撰。正书,无名氏,篆额。元和十年十二月刺史孟简立,在州学。"⑤元和十年,孟简在浙东观察使任上,这里的州学就是越州州学。这是孟简重视儒学教育的证明。再者,《嘉泰会稽志》卷十四"孝行"载:"俞仅,萧山人,一门四代,兄弟十五人,老幼八十余口,并经术贞廉。仅遭亲丧,哀毁骨立,为乡里所称,观察使孟简书于图经,以励风俗。"⑥尽管孟简是一个佞佛的士人,但是在社会治理方面,他其实更多运用儒家思想而不是佛教思想,以儒治世,以佛修心。儒释兼通并行,才是像孟简这类唐代士人行事的全貌。《册府元龟》卷八百四评价:"孟简为太子宾客分司东都。简少俊拔,尚义烈,重许与,尤敦旧故。早岁交友,皆一时知名士,后多显达,其或殁于中年,简怜视其孤,极于周恤。议者

① 王溥:《唐会要》卷八九,上海古籍出版社 2006 年版,第 1923 页。
② 欧阳修、宋祁:《新唐书》卷四一,中华书局 1975 年版,第 1060—1061 页。
③ 施宿:《嘉泰会稽志》卷十,《宋元方志丛刊》第七册,中华书局 1990 年版,第 6879 页。
④ 施宿:《嘉泰会稽志》卷十,《宋元方志丛刊》第七册,中华书局 1990 年版,第 6898 页。
⑤ 陈思:《宝刻丛编》卷一三,《丛书集成初编》,商务印书馆 1937 年版,第 335 页。
⑥ 施宿:《嘉泰会稽志》卷十四,《宋元方志丛刊》第七册,中华书局 1990 年版,第 6982 页。

54

以简有前辈风。"①这样重义恤孤的品性，也是儒家士人的品性特征。

　　元和十二年，孟简任工部侍郎，工部侍郎为朝廷的清要之官，朝廷的宰相也多由工部侍郎提拔而来。《册府元龟》卷四五七载："孟简长庆中代崔群为户部侍郎。是官有二员，其判使案者，别居一署，谓之左户。元和以还，号为清望之最。宰辅登用，多繇此而去，故群入相，以简代焉。"②

　　孟简任工部侍郎期间也有出色的表现。《旧唐书》卷四九载："（元和）十三年正月，户部侍郎孟简奏：'天下州府常平、义仓等斛斗，请准旧例减估出粜，但以石数奏申，有司更不收管，州县得专达以利百姓。'从之。"③《唐会要》卷八八同载。④ 由此可见，孟简长于经济治理，并非一般迂腐的道德儒士。

　　当然，在孟简的为政生涯中，也有过犹不及之处。《册府元龟》卷六九八记载："孟简为浙西观察使，初李逊廉问越俗，励心为政，抑士族太过，而编户恣横。及简莅政，一皆反之，农估贱夫多受其弊。当时议者谓两未适中。"⑤又《册府元龟》卷四九七记载："（元和）十四年五月，御史台奏，据山南东南东道观察使孟简状，奏称得复州刺史许志雍状，请于复郢二州界内修筑郑敬古堤，兼塞断鸬鹚港，壅截界水开地，有利于当道。又据荆南观察使裴武奏，称山南东道筑堤，及塞鸬鹚港，有害于当道。"⑥据这段记载，孟简在山南东道节度使任上，修筑郑敬古堤，此举实属无益。唐宪宗有《令孟简计会水道敕》："江汉分流，各有港路两界，但合论此，不合劳人筑堤。今水潦为虞，则虑先及低下。其鸬鹚港，宜令孟简即与决开。其师子港塞来年月深久，更委两道计会，详尽本末事理。"⑦令孟简重新决开。

　　总体而言，尽管有一些瑕疵，但纵观孟简一生从谏议大夫到持节方镇到户部侍郎的为官经历，他仍是一位非常有才干的儒士文臣。

四、孟简诗文考述

　　孟简在文学史上，相比于韩愈、柳宗元等著名文学家，可以说是籍籍无名。不过孟简在当时，也并非没有诗名。《唐诗纪事》卷四十一载孟简："尤工诗，尚节

　　① 王钦若：《册府元龟》卷八百四，中华书局 1960 年版，第 9560 页。
　　② 王钦若：《册府元龟》卷四五七，中华书局 1960 年版，第 5430 页。
　　③ 刘昫：《旧唐书》卷四九，中华书局 1975 年版，第 2127 页。
　　④ 王溥：《唐会要》卷八八，上海古籍出版社 2006 年版，第 1917 页。
　　⑤ 王钦若：《册府元龟》卷六九八，中华书局 1960 年版，第 8330 页。
　　⑥ 王钦若：《册府元龟》卷四九七，中华书局 1960 年版，第 5954 页。
　　⑦ 《全唐文》卷六二，中华书局 1983 年版，第 662 页。

义。"①孟简是有"工诗"之名的。《册府元龟》卷八四一云:"孟简幼为五言诗,有名于江淮。"②孟简现存诗共八首,确实以五言诗为主。

《全唐诗》存孟简诗七首。其中七言绝句两首:

《享惠昭太子庙乐章》:喧喧金石容既缺,肃肃羽驾就行列。缑山遗响昔所闻,庙庭进旅今攸设。③

《酬施先辈》:襄阳才子得声多,四海皆传古镜歌。乐府正声三百首,梨园新入教青娥。④

五言律诗一首:

《拟古》:剑客不夸貌,主人知此心。但营纤毫义,肯计千万金。勇发看鸷击,愤来听虎吟。平生贵酬德,刃敌无幽深。⑤

五言排律三首:

《惜分阴》:业广因功苦,拳拳志士心。九流难酌挹,四海易消沈。对景嗟移晷,窥园讵改阴。三冬劳聚学,驷景重兼金。刺股情方励,偷光思益深。再中如可冀,终嗣绝编音。⑥

《嘉禾合颖》:玉烛将成岁,封人亦自歌。八方沾圣泽,异亩发嘉禾。共秀芳何远,连茎瑞且多。颖低甘露滴,影乱惠风过。表稔由神化,为祥识气和。因知兴嗣岁,王道旧无颇。⑦

《赋得亚父碎玉斗》:献谋既我违,积愤从心痗。鸿门入已迫,赤帝时潜退。宝位方苦竞,玉斗何情爱。犹看虹气凝,讵惜冰姿碎。而嗟大事返,当起千里悔。谁为西楚王,坐见东城溃。⑧

《全唐诗》中孟简最优秀的作品是他的五言长篇歌行《咏欧阳行周事并序》:

闽越之英,惟欧阳生,以能文擢第。爰始一命。食太学之禄,助成均之教,

---

① 计有功撰,王仲镛校笺:《唐诗纪事校笺》卷四一,中华书局 2007 年版,第 1403 页。
② 王钦若:《册府元龟》卷八四一,中华书局 1960 年版,第 9975 页。
③ 彭定求等:《全唐诗》卷四七三,中华书局 1960 年版,第 5369 页。
④ 彭定求等:《全唐诗》卷四七三,中华书局 1960 年版,第 5371 页。
⑤ 彭定求等:《全唐诗》卷四七三,中华书局 1960 年版,第 5369 页。
⑥ 彭定求等:《全唐诗》卷四七三,中华书局 1960 年版,第 5370 页。
⑦ 彭定求等:《全唐诗》卷四七三,中华书局 1960 年版,第 5370—5371 页。
⑧ 彭定求等:《全唐诗》卷四七三,中华书局 1960 年版,第 5371 页。

有庸绩矣。我唐贞元年己卯岁，曾献书相府，论大事，风韵清雅，词旨切直。会东方军兴，府县未暇慰荐。久之，倦游太原，还来帝京，卒官灵台。悲夫！生于单贫，以徇名故，心专勤俭，不识声色。及兹筮仕，未知洞房纤腰之为蛊惑。初抵太原，居大将军宴，席上有妓，北方之尤者，屡目于生，生感悦之。留赏累月，以为燕婉之乐，尽在是矣。既而南辕，妓请同行。生曰："十目所视，不可不畏。"辞焉，请待至都而来迎。许之，乃去。生竟以蹇连不克如约。过期，命甲遣乘。密往迎妓。妓因积望成疾，不可为也。先死之夕，剪其云髻，谓侍儿曰："所欢应访我，当以髻为贶。"甲至，得之。以乘空归，授髻于生。生为之恸怨。涉旬而生亦殁。则韩退之作何蕃书所谓欧阳詹生者也。河南穆玄道访予，常叹息其事。呜呼！钟爱于男女，素期效死，夫亦不蔽也。大凡以断割，不为丽色所泪，岂若是乎。古乐府诗有《华山畿》，《玉台新咏》有《庐江小吏》，相死或类于此。暇日偶作诗以继之云。

有客西北逐，驱马次太原。太原有佳人，神艳照行云。座上转横波，流光注夫君。夫君意荡漾，即日相交欢。定情非一词，结念誓青山。生死不变易，中诚无间言。此为太学徒，彼属北府官。中夜欲相从，严城限军门。白日欲同居，君畏仁人闻。忽如陇头水，坐作东西分。惊离肠千结，滴泪眼双昏。本达京师回，贺期相追攀。宿约始乖阻，彼忧已缠绵。高髻若黄鹂，危鬟如玉蝉。纤手自整理，剪刀断其根。柔情托侍儿，为我遗所欢。所欢使者来，侍儿因复前。抆泪取遗寄，深诚祈为传。封来赠君子，愿言慰穷泉。使者回复命，迟迟蓄悲酸。詹生喜言旋，倒屣走迎门。长跪听未毕，惊伤涕涟涟。不饮亦不食，哀心百千端。襟情一夕空，精爽旦日残。哀哉浩然气，溃散归化元。短生虽别离，长夜无阻难。双魂终会合，两剑遂蜿蜒。丈夫早通脱，巧笑安能干。防身本苦节，一去何由还。后生莫沉迷，沉迷丧其真。①

欧阳行周即欧阳詹，泉州人。欧阳詹贞元八年登进士第，与韩愈、李观等同为"龙虎榜"成员，官终国子监四门助教。韩愈有《欧阳生哀辞》。欧阳詹为闽地才士，与韩愈等人为好友，任国子监四门助教时颇有政绩名声。孟简此诗与序的书写角度不可不谓清奇，他既不咏欧阳詹的文才，也不咏欧阳詹的道德功绩，而是用歌行体长篇大段地歌咏欧阳詹与一位妓女的生死恋情。该诗先写欧阳詹在太原与妓女

---

① 彭定求等：《全唐诗》卷四七三，中华书局 1960 年版，第 5369—5370 页。

相识、相知与定情,次写两人不得不分离与彼此深切的思念,再写妓女去世与寄发,欧阳詹不胜悲恸,不久也去世了。最后诗人发出了"后生莫沉迷,沉迷丧其真"的感慨。尽管这首诗的诗末劝诫后生不要沉迷恋情,但是整首诗大段篇幅极力渲染和最有感动力的却是欧阳詹与妓女真挚的生死恋情。唐代诗人书写与妓女恋情的诗歌不在少数,但是如欧阳詹这般用情至深者实少。孟简这首《咏欧阳行周事并序》既展现了唐代文士欧阳詹在爱情方面的真性情,也体现了唐人至情至性的可爱之处,题材与视角都可谓别具一格,在唐人的歌行体与爱情诗中,均属上乘之作。

《全唐文》卷六一六存孟简文三篇:《白乌呈瑞赋》、《批孔禺献诗状》与《建南镇碣记》。其中《建南镇碣记》创作于观察浙东期间,《宝刻丛编》卷十三载《唐建南镇碣记》:"唐孟简撰,陈构正书,元和十年十月。(《金石录》)"①文云:"太山谏卿受气端劲,为文雅拔,由进士尉阳羡。安定公爱其道直,延为从事。是时鄙夫次受辟书,故得与谏卿游处最密。常记其撰南镇碣,彩章辉焕,物象飞动,当贞元之丁丑也。迨元和甲午,简自给事中蒙恩授浙东道都团练观察处置使,荐游此地,岁十八返矣。寻奉御祝,有事于镇。求当时之碣,则未树立。因访太山之故吏,乃得旧本,爰征乐石,磨琢镌刻,流芳自此……十年十月十日建。"②

《批孔禺献诗状》,也作于浙东期间。关于该文的创作背景,《云溪友议》卷下记载:"浙东孟简尚书,六衙按覆囚徒,其间一人自曰'鲁人孔颙'。献诗启云:'偶寻长街柳阴吟咏,忽被都虞侯拘缧数日,责以罪名,敢露血诚,伏请申雪。'孟公立以宾客待之。批其状曰:'薛陟不知典教,岂辨贤良,驱遣健徒,凭陵国士,殊无畏惮,辄恣威权。翻成刺许之宾,何异吠尧之犬!然以久施公效,尚息杖刑,退补散将,外镇收管。'孔生诗曰:'有个将军不得名,惟教健卒喝书生。尚书近日清如镜,天子官街不许行。'"③从这则故事来看,孟简也是个礼贤下士、尊重文士的官员。

除了《全唐文》所载三篇文章外,还可以从《宝刻丛编》、《宝刻类编》等金石著作中搜检孟简的佚文,计得六篇,按时间顺序排列如下。

《昭懿公主碑》,撰于元和六年。《宝刻丛编》卷七载:"《唐昭懿公主碑》,唐谏议大夫孟简撰,权知吏部郎中皇甫镈书。公主代宗之女,讳昇平,字昇平,出嫁左散骑常侍郭暖。号昇平大长公主,追赠号虢国,谥曰昭懿。碑以元和六年立。(《集古录

---

① 陈思:《宝刻丛编》卷一三,《丛书集成初编》,商务印书馆1937年版,第334页。
② 《全唐文》卷六一六,中华书局1983年版,第6221页。
③ 范摅:《云溪友议》卷下,古典文学出版社1957年版,第77页。

目》)"①

《重开孟渎记》,《墨池编》卷六载:"唐常州刺史孟简《重开孟渎记》,在武进。"②孟渎为孟简任常州刺史时所开,此文当作于元和八年。

《赠扬州大都督萧昕碑》,撰于元和十三年。《宝刻类编》卷五载:"孟简《赠扬州大都督萧昕碑》,撰并书,贺拔恕篆额。元和十三年,京兆。"③《宝刻丛编》卷七载:"《唐赠杨(扬)州大都督萧昉(昕)碑》,唐孟简撰并书,贺拔恕篆额,元和十三年。"④

《左常侍薛平碑》,撰于元和十五年。《宝刻类编》卷四载:"《左常侍薛平碑》孟简撰并篆额,元和十五年闰正月立。河中。"⑤

五、孟简禹庙题名与禹庙诗文本考

在孟简元和九年九月至元和十二年正月任越州刺史、浙东观察使期间,与孟简浙东幕府相关的禹庙题名、诗歌刻石活动共有三次,分别为张良佑、孟简等禹庙题名,庚肩吾、孟简《经禹庙诗》刻石,以及崔词《谒禹庙诗》刻石。这三次题刻,在历代典籍中的记载多有讹误,今一一考察如下。

(一)元和十年三月,张良佑、孟简等禹庙题名。

《嘉泰会稽志》卷十六"碑刻"载:"禹庙题名,张良佑、孟简等十一人。元和十年三月二十七日,祭南镇,谒禹庙毕,至寺。"⑥宋代王象之《舆地碑记目》卷一《绍兴府碑记》载:"禹庙题名,元和十一年张良佑、孟简等十一人。"⑦这次禹庙题名,《嘉泰会稽志》所载时间为元和十年三月,《舆地碑记目》所载时间为元和十一年。从孟简任浙东观察使的时间来看,元和十年与元和十一年均有可能。不过《嘉泰会稽志》所记年、月、日均详,相比于《舆地碑记目》可能性较大。暂两存之。

(二)元和十一年八月,庚肩吾、孟简《经禹庙诗》刻石。

赵明诚《金石录》卷九载:"第一千七百二十八,《唐经禹庙诗》,庚肩吾撰,孟简行书,无姓名。元和十一年八月。"⑧陈思《宝刻丛编》卷一三"越州"引《复斋碑录》:

①　陈思:《宝刻丛编》卷七,《丛书集成初编》,商务印书馆 1937 年版,第 185 页。
②　朱长文:《墨池编》卷六,《景印文渊阁四库全书》,台湾商务印书馆 1982 年版,第 59 页。
③　撰人未详:《宝刻类编》卷五,《丛书集成初编》,商务印书馆 1936 年版,第 156 页。
④　陈思:《宝刻丛编》卷七,《丛书集成初编》,商务印书馆 1937 年版,第 187 页。
⑤　撰人未详:《宝刻类编》卷四,《丛书集成初编》,商务印书馆 1936 年版,第 128 页。
⑥　施宿:《嘉泰会稽志》卷一六,《宋元方志丛刊》第七册,中华书局 1990 年版,第 7021 页。
⑦　王象之:《舆地碑记目》卷一,《丛书集成初编》,商务印书馆 1937 年版,第 12 页。
⑧　赵明诚、李清照:《金石录》卷九,《四部丛刊续编》,商务印书馆 1934 年版,第 10 页。

"唐庾肩吾、孟简《经禹庙诗》,唐庾肩吾、孟简撰,谢楚行书,元和十一年八月。"①
《宝刻类编》卷五"谢楚"载:"庾肩吾、孟简《经禹庙诗》。行书,元和十一年八月。
越。"②《嘉泰会稽志》卷十六:"庾肩吾、孟简《禹庙诗》,谢楚行书,元和十一年八月
二十六日。"③这次禹庙诗刻石,以上四部典籍所载时间均为元和十一年八月,以
《嘉泰会稽志》所记时间最详,元和十一年八月二十六日。宋代王象之《舆地碑记
目》卷一《绍兴府碑记》载:"庾肩吾、孟简《禹庙诗》,元和十年。"④作"元和十年",
误,当为元和十一年。

庾肩吾,梁代诗人。孟简这次禹庙诗刻石,是将庾肩吾的禹庙诗与自己的禹庙
诗同刻。庾肩吾的《经禹庙诗》,《会稽掇英总集》卷八收入,题为《乱后经禹庙》,存
诗七句:

> 金简泥新发,龙门凿始通。配天不失旧,为鱼微此功。秦皇观大海,魏帝
> 逐飘风。去国嗟行迈,频年任转蓬。月上关山北,乡临天汉东。申胥犹有志,
> 苟息大怀忠。待见欃枪灭,归来松柏桐。⑤

《艺文类聚》卷三十八载庾肩吾《乱后经夏禹庙》,存诗十一句:

> 金简泥初发,龙门凿始通。配天不失旧,为鱼微此功。林堂上偃蹇,山殿
> 下穹隆。侵云似天阙,照水类河宫。神来导赤豹,仙去拥飞鸿。松龛撤暮俎,
> 枣径落寒丛。仙舟还入镜,玉轴更乘空。去国嗟行迈,离居泣转蓬。月起吴山
> 北,星临天汉中。申胥犹有志,苟息本怀忠。待见欃枪灭,归来松柏桐。⑥

《会稽掇英总集》较《艺文类聚》,缺"林堂上偃蹇,山殿下穹隆"至"仙舟还入镜,玉轴
更乘空"五句,但多"秦皇观大海,魏帝逐飘风"一句。

《文苑英华》卷三二〇亦载庾肩吾《乱后经夏禹庙》:

> 金简泥初发,龙门凿始通。配天不失旧,为鱼微此功。林堂上偃蹇,山殿
> 下穹窿。侵云似天阙,照水类河宫。神来导赤豹,仙去拥飞鸿。松龛撤暮俎,
> 枣径落寒丛。仙舟还入镜,玉轴更乘空。去国嗟行迈,离居泣转蓬。月起关山

---

① 陈思:《宝刻丛编》卷一三,《丛书集成初编》,商务印书馆 1937 年版,第 335 页。
② 撰人未详:《宝刻类编》卷五,《丛书集成初编》,商务印书馆 1936 年版,第 153 页。
③ 施宿:《嘉泰会稽志》卷一六,《宋元方志丛刊》第七册,中华书局 1990 年版,第 7021 页。
④ 王象之:《舆地碑记目》卷一,《丛书集成初编》,商务印书馆 1939 年版,第 12 页。
⑤ 孔延之编,邹志方点校:《〈会稽掇英总集〉点校》卷八,人民出版社 2006 年版,第 119 页。
⑥ 欧阳询:《宋本艺文类聚》卷三八,上海古籍出版社 2013 年版,第 1057 页。

北,星临天汉东。申胥独有志,荀息本怀忠。待见欃枪灭,归来松柏同。①

《文苑英华》与《艺文类聚》基本相同,仅个别文字不同。

孟简的《题禹庙诗》,《全唐诗》及其他典籍均无载,仅《会稽掇英总集》卷八存:

> 九土昔沦垫,八方抱殷忧。哲王受《洪范》,群物承天休。源委有所在,勤劳会东州。稽山何峻极,清庙居上头。律度非外事,辛壬宁少留?歌谣自不去,覆载将何求?灵长表远绩,经启著宏猷。孰敢备佐命?天吴与阳侯。元功余玉帛,茂实结松楸。盖影庇风雨,湖光摇冕旒。质明箫鼓作,通昔礼容修。驼牢设旧物,泾水配庶羞。深沉本建极,傲很亦思柔。阴怪尚奔走,灵徒如献酬。恍疑仙驾动,静见宿云收。竹树依积润,荔蒲托清流。谬兹领百越,忽复历三秋。丹恳谅可荐,庶几无年尤。②

这是孟简除《全唐诗》所收七首诗之外的一首佚诗。

(三)元和十一年,崔词《谒禹庙诗》刻石。

《金石录》、《宝刻丛编》等金石著作均不载此活动,唯《嘉泰会稽志》卷十六载:"崔词《谒禹庙》诗,杜专正书,陈章甫序,释惠通分书,开元二十载孟秋。宋之问诗附,元和十一年八月陈翱书。"③

崔词《谒禹庙》,《全唐诗》等诗文典籍均不载,唯《会稽掇英总集》卷八存,全诗如下:

> 惟舜禅功始,惟尧锡命初。九州方奠画,万壑遂横疏。受箓尝开洞,过门不下车。诸侯会玉帛,沧海荐图书。玄默将遗世,崇高亦厌居。耕田自有鸟,浚泽岂为鱼。家及三王嗣,殷因百代如。灵容肃清宇,衮服闭荒墟。枣径愁云暮,松扉撤祭余。叨荣陵寝邑,怀古益踟蹰。④

关于此诗,邹志方点校《会稽掇英总集》云:

> 此诗为崔词所作,《全唐诗》佚,且《全唐诗》无崔词诗。《宝刻丛编》卷一三引欧阳棐《集古录目》云:"《唐禹庙诗》,唐浙东观察使越州刺史薛苹诗,不著书人名氏。苹初至镇,易禹庙金紫服以冠冕,后因祈雨,作此诗,其和者盐铁转运

---

① 李昉等:《文苑英华》卷三二〇,中华书局1966年版,第1654页。
② 孔延之编,邹志方点校:《〈会稽掇英总集〉点校》卷八,人民出版社2006年版,第121页。
③ 施宿:《嘉泰会稽志》卷一六,《宋元方志丛刊》第七册,中华书局1990年版,第7021页。
④ 孔延之编,邹志方点校:《〈会稽掇英总集〉点校》卷八,人民出版社2006年版,第120页。

崔述等凡十七首。"此诗疑为和诗之一。①

此论不确,崔词《谒禹庙诗》并非薛苹诗的和诗,崔词为盛唐人。

崔词、杜专,事迹不详。而陈章甫,有数则材料可证明,陈为盛唐人。《河岳英灵集》载李颀《送陈章甫》,李颀为盛唐人,《河岳英灵集》编于天宝年间,陈章甫必为开元天宝年间人。《金石录》卷七载:"第一千二百九十二,唐七祖堂碑,陈章甫撰,胡需然行书,天宝十载四月。"②则崔词、杜专、陈章甫、释惠通应为同时人,也就是盛唐人。据《嘉泰会稽志》卷十六,崔词《谒禹庙诗》,杜专正书,陈章甫序,释惠通分书,是崔词诗刻于开元二十载孟秋。《会稽掇英总集》按诗人年代的顺序,崔词的《谒禹庙》列于宋之问禹庙诗之后,孟简禹庙诗之前,这是合理的。而《嘉泰会稽志》这段文字后面的"宋之问诗附,元和十一年八月陈翱书",指的是元和十一年,刻宋之问禹庙诗于崔词《谒禹庙诗》之后,陈翱书写。戴伟华《唐方镇文职僚佐考》将陈翱列为孟简浙东幕府僚佐,这也是合理的。

综上所述,孟简在任越州刺史、浙东观察使期间,与禹庙相关的刻石、题名活动共三次:第一次,元和十年,张良佑、孟简等十一人的禹庙题名;第二次,元和十一年,梁代诗人庾肩吾《乱后经夏禹庙》、孟简《题禹庙诗》刻石活动;第三次,元和十一年,在刻崔词《谒禹庙诗》后,刻宋之问《谒禹庙诗》于其后,僚佐陈翱书。

第三节　儒臣身份与唐代越州禹庙文学

禹庙祭祀是越州历史久远的民俗,也是唐代浙东地方官府的文化大事,历任越州地方长官,如宋之问、薛苹、孟简、元稹、李绅等都曾主持或者参与禹庙祭祀,由此产生了唐代越州禹庙文学,即禹庙祭文与禹庙诗。禹庙祭文与禹庙诗不同于一般的文人作品,它的首要特征在于其创作主体多为越州长官,而这些地方长官又同时具有儒臣与文人的双重身份。因此,唐代越州禹庙文学的主体精神如何? 与一般文人禹庙怀古诗相比又有怎样的特质? 这是本节将要探讨的问题。

一、越州禹庙与禹庙祭祀

越州禹庙,立庙久远,可以追溯到夏启立国时期。最早《吴越春秋·越王无余外传第六》有详细的记载:"启遂即天子之位,治国于夏,遵禹贡之美,悉九州之土,

---

① 孔延之编,邹志方点校:《〈会稽掇英总集〉点校》卷八,人民出版社 2006 年版,第 120 页。
② 赵明诚、李清照:《金石录》卷七,《四部丛刊续编》,商务印书馆 1934 年版,第 7 页。

以种五谷，累岁不绝。启使使以岁时春秋而祭禹于越，立宗庙于南山之上。禹以下六世，而得帝少康。少康恐禹祭之绝祀，乃封其庶子于越，号曰无余。余始受封，人民山居，虽有鸟田之利，租贡才给宗庙祭祀之费。乃复随陵陆而耕种，或逐禽鹿而给食。无余质朴，不设宫室之饰，从民所居。春秋祠禹墓于会稽。"①禹之子启立庙，传六世至少康，封其子无余于越，春秋祭祀。

关于越人祭祀禹庙的风俗，任昉《述异记》卷上云："尧使鲧治洪水，不胜其任，遂诛鲧于羽山。化为黄能，入于羽泉。今会稽祭禹庙不用熊，曰黄能，即黄熊也。"②根据这则记载，越人祭祀禹庙不用黄熊，因鲧死后化为黄熊故，并且越人称黄熊为黄能。任昉《述异记》还有另外一则关于禹庙的传说："越俗说，会稽山夏禹庙中有梅梁，忽一春而生枝叶。"③

秦时，秦始皇曾经配食禹庙，不过被汉太守王朗所黜，《太平御览》卷五三一载："《吴录·地理志》曰：'会稽有禹庙，始皇配食，王朗为太守，黜之。'"④

汉时曾经刻禹庙窆石铭，《宝刻丛编》卷十三载《禹庙窆石铭》："汉永建元年五月。（《金石录》）禹庙窆石遗字，直宝文阁王顺伯《复斋金石录》定为汉刻。旧经云：'禹葬于会稽，取此石为窆。'（《会稽志》）"⑤关于禹庙汉窆石，《嘉泰会稽志》卷六亦有记载："禹庙在县东南一十二里……政和四年，敕即庙为道士观，赐额曰告成。禹陵旧在庙旁，今不知所在。独有当时窆石尚存，高丈许，状如称权。庙东庑祭嗣王启，而越王句践亦祭别室。"⑥北宋年间，曾经在旧庙旁建道士观，但到南宋时已经不在。而汉窆石南宋时尚存，禹庙中亦有祭祀夏启和越王勾践。

郦道元《水经注》亦有关于禹庙的详细记载："《吴越春秋》云：'句践语范蠡曰：'先君无余国在南山之阳，社稷宗庙在湖之南。'又有会稽之山，古防山也，亦谓之为茅山，又曰栋山。《越绝》云：'栋犹镇也，盖《周礼》所谓扬州之镇矣。'山形四方，上多金玉，下多砆石。《山海经》曰：'夕水出焉，南流注于湖。'《吴越春秋》称：'覆釜山之中有金简玉字之书，黄帝之遗谶也。'山下有禹庙，庙有圣姑像。《礼乐纬》云：'禹治水毕，天赐神女圣姑。'即其像也。山上有禹冢。昔大禹即位十年，东巡狩，崩于

①　赵晔撰，周生春辑校汇考：《吴越春秋辑校汇考》，中华书局 2019 年版，第 100—101 页。
②　任昉：《述异记》卷上，《景印文渊阁四库全书》第 1047 册，台湾商务印书馆 1982 年版，第 2 页。
③　任昉：《述异记》卷上，《景印文渊阁四库全书》第 1047 册，台湾商务印书馆 1982 年版，第 20 页。
④　李昉：《太平御览》卷五三一，河北教育出版社 1994 年版，第 208 页。
⑤　陈思：《宝刻丛编》卷一三，《丛书集成初编》本，上海商务印书馆 1937 年版，第 330 页。
⑥　施宿：《嘉泰会稽志》卷六，《宋元方志丛刊》第七册，中华书局 1990 年版，第 6804 页。

会稽,因而葬之。有鸟来为之耘,春拔草根,秋啄其秽。是以县官禁民不得妄害此鸟,犯则刑。"①这段文字对禹庙的地理位置说明详细,禹庙在会稽山下,会稽山即古防山,又称茅山、栋山,而且庙中有神女圣姑像。

越州禹庙历代祭祀不绝。张守节《史记正义》载:"孔文祥云:'宋末,会稽修禹庙,于庙庭山土中得五等圭璧百余枚,形与《周礼》同,皆短小。此即禹会诸侯于会稽,执以礼山神而埋之。其璧今犹有在也。'"②由此可知,南朝宋时曾经修禹庙,得圭璧百余,至唐时尤在。现存南朝时两篇禹庙祭文,谢惠连的《祭禹庙文》和梁王僧孺武帝《祭禹庙文》,可证南朝贵族对禹庙祭祀颇为重视。据《南史》记载,竟陵文宣王萧子良于昇明三年任会稽太守,"夏禹庙盛有祷祀,子良曰:'禹泣辜表仁,菲食旌约,服玩果粽,足以致诚。'使岁献扇簟而已"③。越州禹庙厚祭之风盛行,以至于太守萧子良对此颇为不满,改为只用扇簟进行祭祀。

隋朝立国,于禹庙立碑。《金石录》卷二二《隋禹庙残碑》跋云:"其文字磨灭十五六,而其末隐隐可辨,云会稽郡(下缺三字)史陵书,笔法精妙,不减欧虞,案张怀瓘书断云:'褚遂良尝师史陵。'盖当时名笔也。今此碑磨灭,而仅存世之藏书者皆未尝有。非余收录之富,则遂不复见于世矣。"④《隋禹庙碑》为著名书法家史陵书写,史陵为褚遂良之师,不过此碑至北宋时多数文字已经磨灭不清。

唐大历三年,崔巨撰《禹庙碑》。《金石录》卷八载:"第一千四百二十五《唐禹庙碑》,崔巨撰,段季展行书。大历三年十一月。"⑤此碑欧阳修《集古录》卷八亦有记载:"《唐禹庙碑》,大历三年段季展书。"且云:"崔巨文传于今者绝少,皆不及此碑。季展他所书亦不伟于此。治平二年上元日书。右真迹。"⑥

禹庙祭祀在唐代是浙东地方官府的文化大事。宋之问任越州长史期间,祭祀禹庙,其《祭禹庙文》云:"维大唐景龙三年岁次己酉月日,越州长史宋之问,谨以清酌之奠,敢昭告于夏后之灵。"⑦薛苹任浙东观察使期间,加禹衮冕并修缮禹庙,《嘉泰会稽志》卷十六载:"《复禹衮冕并修庙记》,元和三年十月,崔及撰,马积正书,篆

① 郦道元:《水经注》卷四十,《四部丛刊初编》,上海商务印书馆1919年版,第11页。
② 司马迁:《史记》卷一,中华书局1959年版,第25页。
③ 李延寿:《南史》卷四四,中华书局1975年版,第1102页。
④ 赵明诚、李清照:《金石录》卷二二,《四部丛刊续编》,商务印书馆1934年版,第12页。
⑤ 赵明诚、李清照:《金石录》卷八,《四部丛刊续编》,商务印书馆1934年版,第2页。
⑥ 欧阳修:《集古录》卷八,《景印文渊阁四库全书》第681册,台湾商务印书馆1982年版,第1页。
⑦ 陶敏、易淑琼:《宋之问集校注》卷八,中华书局2001年版,第747页。

额十二字,在禹庙。今名告成观。"①薛苹诗题自云:"禹庙神座,顷服金紫,苹自到镇,申牒礼司,重加衮冕,今因祈雨,偶成八韵。"②孟简任浙东观察使期间祭祀禹庙,其《题禹庙》诗云:"质明箫鼓作,通昔礼容修。驿牢设旧物,洿水配庶羞。"③李绅任浙东观察史,赴任期间逢浙江雨患,先遣属下祭祀禹庙,其《渡西陵十六韵》序云:"(大和)七年冬,十有三日,早渡浙江,寒雨方霖,军吏悉在江次,越人年谷未成,霪雨不止,田亩浸溢,水不及穗者数寸。余至驿,命押衙裴行宗先赍祝辞,东望拜大禹庙,且以百姓请命。雨收云息,日朗者三旬有五日。刈获皆毕,有以见神之不欺也。"④大和八年,李绅再次祭祀禹庙,《登禹庙回降雪五言二十韵》序云:"此诗一首,在越所作,今编入卷内。大和八年十月,冬暄无雪,自访禹庙所祷,其日回舟至湖半,阴云四合,飞霰大降者三日。积雪盈尺,浙江中流,乃分阴雪,杭州并无所沾。"⑤也反映越州重视禹庙祭祀与东南地区多水患有关。

二、纪功颂德与酒杯浇垒:唐代古圣贤祭庙文

唐前禹庙文学,汉窆石铭与隋碑均已不存,现存最早与禹庙相关的文章即南朝宋谢惠连的《祭禹庙文》和梁王僧孺武帝的《祭禹庙文》。

《艺文类聚》卷三十八载谢惠连《祭禹庙文》,全文如下:

> 谨遣左曹掾奉水土之羞,敬荐夏帝之灵,咨圣继天,载诞英徽。克明克哲,知章知微,运此宏谟,邺彼民忧。身劳五岳,形疲九州,呱呱弗顾,虔虔是钦。物贵尺璧,我重寸阴,乃锡玄圭,以告成功。虞数既改,夏德乃隆,临朝总政,巡国观风。淹留稽岭,乃徂行宫,恭司皇役,敬属晖融。神且略荐,乃昭其忠。⑥

同书载梁王僧孺武帝《祭禹庙文》,全文如下:

> 惟帝禀图上昊,贻则下民。五声穷听,四乘兼往。轻璧借景,既舍冠履,爱人忘我,不顾胼胝。下车以泣,事深罪己,凭舟靡惧,义存拯物。盛业方来,遗神如在。爱彼昆虫,理有好生之德;事安菲素,固无厚味之求。是用黍稷,非馨

① 施宿:《嘉泰会稽志》卷一六,《宋元方志丛刊》第七册,中华书局 1990 年版,第 7020 页。
② 孔延之编,邹志方点校:《会稽掇英总集》点校》卷八,人民出版社 2006 年版,第 116 页。
③ 孔延之编,邹志方点校:《会稽掇英总集》点校》卷八,人民出版社 2006 年版,第 121 页。
④ 彭定求等:《全唐诗》卷四八一,中华书局 1960 年版,第 5475 页。
⑤ 彭定求等:《全唐诗》卷四八一,中华书局 1960 年版,第 5480 页。
⑥ 欧阳询:《宋本艺文类聚》卷三八,上海古籍出版社 2013 年版,第 1058 页。

蘋繁,以荐克诚,斯飨凭心可答。①

这两篇祭禹文均以颂禹德、纪禹功为主题。禹庙祭祀文按其类属言,为古圣贤庙祭文。唐代自上古以来古圣祠庙众多,上至名王圣帝,下至贤臣烈士,著名的帝王圣贤庙如孔庙、舜庙、禹庙等,而舜和禹兼有古帝王与古圣贤的双重身份。唐太宗曾经下诏致祭古圣贤陵墓,《全唐文》载其《致祭古圣贤陵墓诏》云:"朕丕承先绪,积庆累仁,上缵鸿基,克隆宝祚,钦若稽古,缅想往册,英声茂实,志深褒尚。始兹巡省,眺瞩中涂,汉氏诸陵,北阜斯托,寂寥千载,邈而无祀。揽辔兴怀,慨然追念。开辟以降,肇有司牧,历选列辟,遗迹可观,良宰名卿,清徽不灭,宜令所司,普加研访。爰自上古,泊于隋室,诸有名王圣帝,盛德宠功,定乱弭灾,安民济物,及贤臣烈士,立言显行,纬武经文,致君利俗,邱垄可识,茔兆见在者,各随所在,条录申奏,每加巡守,简禁刍牧,春秋二时,为其致祭。若有隳坏,即宜修补,务令周尽,以称朕意。"②可见朝廷对古圣贤陵墓祭祀颇为重视,祭祀古圣贤陵墓是唐人政治社会生活中的大事。

唐代古圣贤庙祭文因主祭者身份的不同可以分为公祭文与私祭文,公祭文为朝廷官府主持的祭祀撰写的祭文,私祭文为私人祭祀撰写的祭文。公祭文如唐高宗的《祭告孔子庙文》,陈子良任相如县令时所撰的《祭司马相如文》,张说任荆州长史时所撰的《祭殷仲堪羊叔子文》,宋之问的《为兖州司马祭王子乔文》、《为宗尚书祭梁宣王文》、《祭禹庙文》,张九龄任桂州经略使时所撰的《祭舜庙文》,陆贽任宰相时所撰的《祭大禹庙文》。私祭文如唐太宗的《祭比干文》、《祭魏太祖文》,王绩的《祭处士仲长子光文》、《祭关龙逢文》、《登箕山祭巢许文》、《祭杜康新庙文》,韩愈的《祭田横墓文》、刘禹锡的《祭梁鸿墓文》。唐代古圣贤祠庙虽多,但相比山川神祇祭文、去世亲友祭文,古圣贤庙祭文的数量实际并不多。

唐代古圣贤公祭文又可以分为朝廷公祭文与地方文官公祭文。高宗的《祭告孔子庙文》与陆贽为唐德宗所撰的《祭大禹庙文》为朝廷公祭文。朝廷公祭文的对象多为明王圣帝,非常典型的就是陆贽的《祭大禹庙文》,此禹庙为陕州禹庙,非越州禹庙。全文如下:

维贞元元年某月某日,皇帝遣某官,以牢醴之奠,敬祭于大禹之灵。惟王

---

① 欧阳询:《宋本艺文类聚》卷三八,上海古籍出版社 2013 年版,第 1059 页。
② 《全唐文》卷五,中华书局 1983 年版,第 61 页。

德配乾坤，智侔造化，拯万类于昏垫，分九州于洪波。经启之功，于今是赖。巍巍荡荡，无得而名。顾以眇身，辱承大宝，时则异于今古，道宁间于幽明。虽依圣垂休，谅非可继，而勤人励己，窃有所希，迨兹八年。理道犹昧，沴气郁结，降为凶灾。拜无宿储，野有饿殍，上愧明哲，下惭生灵，夙夜忧惕，如蹈泉谷。所资漕运，用拯困穷，底柱之间，河流迅激，舟楫所历，罕能获全。爰命工徒，凿山开道，避险从易，涉安代危。嗷嗷烝人，俟此求济。仰祈幽赞，以集丕功，享于克诚，庶答精意。①

陆贽此篇先赞大禹之功德，次叙德宗自责自己继承帝位但百姓凶灾不断，再云目前河流迅激，漕运困难，朝廷拟疏通河道，最后祈请禹灵赞成其功。在纪功颂德方面，这篇祭文与其他祭文并无二致，不过陆贽的祭禹文与南朝两篇大禹祭文相比，显然更多与民为政之诚意。

与纪功颂德的公祭文相比，唐代古圣贤的私祭文则个性化较强，作者多以古人之酒杯浇一己之块垒，抒发胸中的抑郁不平之气。非常典型的就是王绩的《登箕山祭巢许文》与韩愈的《祭田横墓文》。王绩《登箕山祭巢许文》云："怀二子之高烈，背嵩岳而来游。挹千载之遐轨，登箕峰而少留。昔时慷慨，神轻九州，今来寂寞，魂辞一邱。英踪落落而犹在，精诚冥冥而遂幽。山荒庙僻，地古松秋。吾鄙怀之有素，仰前哲之清猷，同声必感，异代相求。如至诚之见接，庶蘋蘩之可羞，伏惟尚飨。"②王绩通过对隐士巢父和许由的寂寞的感慨，表达自己仕途落寞的情怀。

韩愈《祭田横墓文》云："贞元十一年九月，愈如东京，道出田横墓下，感横义高能得士，因取酒以祭，为文而吊之，其辞曰：事有旷百世而相感者，余不自知其何心；非今世之所稀，孰为使余歔欷而不可禁？余既博观乎天下，曷有庶几乎夫子之所为？死者不复生，嗟余去此其从谁？当秦氏之败乱，得一士而可王；何五百人之扰扰，而不能脱夫子于剑铓？抑所宝之非贤，亦天命之有常。昔阙里之多士，孔圣亦云其遑遑。苟余行之不迷，虽颠沛其何伤？自古死者非一，夫子至今有耿光。踽陈辞而荐酒，魂仿佛而来享。"③韩愈此文也是一篇借古人之酒杯浇自己之块垒的文章，通过歌颂田横的义气，表达对朝廷不能任用贤能的不满。私祭文的对象多不取名王圣帝，而是个性张扬的风流名士。

---

① 《全唐文》卷四七五，中华书局 1983 年版，第 4858 页。
② 《全唐文》卷一三二，中华书局 1983 年版，第 1328 页。
③ 马其昶校注：《韩昌黎文集校注》卷五，上海古籍出版社 1986 年版，第 300 页。

此外,唐太宗的两篇祭文,《祭魏太祖文》颂扬曹操于艰危之际救难拯溺的功业,《祭比干文》表达对忠臣义士的渴望,虽然是帝王祭文,但更多私祭文的特征,尤其是《祭魏太祖文》,文云:"夫大德曰生,资二仪以成化,大宝曰位,应五运而递昌,贵贱废兴,莫非天命。故龙颜日角,显帝王之符,电影虹光,表乾坤之瑞。不可以智竞,不可以力争。昔汉室豆分,群雄岳立,夫民离政乱,安之者哲人,德丧时危,定之者贤辅。伊尹之臣殷室,王道昏而复明,霍光之佐汉朝,皇纲否而还泰。立忠履节,爰在于斯。帝以雄武之姿,当艰难之运,栋梁之任,同乎曩时。匡正之功,异于往代。观沉溺而不拯,视颠覆而不持,乖徇国之情,有无君之迹。既而三分肇庆,黄星之应久彰,卜主启期,真王之运斯属,其天意也,岂人事乎。"①该文的叙述方式不同于一般的祭文,没有一开始就歌颂曹操的功德,而是先发一番帝王之姿源自天命的议论,表现唐太宗对自己帝王身份与能力的自信,再叙汉末战乱,曹操以雄武之姿匡乱救时,功绩赫赫。这篇祭文实则是唐太宗自己在隋唐之际展示雄图大略,匡定乱世的写照,即曹操所处之时代、所建之功业与自己所处之时代、所建之功业引发了李世民的共鸣。

三、儒臣身份与越州禹庙文学

唐代的古圣贤地方文官公祭文有不同于朝廷公祭文与私人祭文的特征。宋之问任越州刺史期间所作《祭禹庙文》,是一篇地方文官公祭文:

> 维大唐景龙三年岁次己酉月日,越州长史宋之问,谨以清酌之奠,敢昭告于夏后之灵。昔者巨浸横流,下人交丧,惟后得流星贯昴之梦,受括地理水之符。底定九州,弼成五服,遂类上帝,乃延群公。自有生灵,树之司牧,大灾莫踰于尧日,勤人不越于夏君。向微随山奠川之功,苍生为鱼,至今二千九百年矣。肇为父子,始生君臣,兴用天之道,广分地之利者,呜呼,皆后之功也!之问移班会府,出佐计乡,遂得载践遗尘,远探名穴。朝玉帛于斯地,声存而处亡;留精灵于此山,至诚而响发。悲夫!井家相连,于今几年。当其葬也,上不通臭,下不及泉,棺绞葛兮坟收壤,鸟耘荒兮象耕田。先王为心,享是明德;后之从政,忌斯奸慝。酌镜水而励清,援竹箭以自直,谒上帝之休祐,期下人之苏息。日之吉,神之歆;激楚舞,奏越吟;芳俎溢,醇罍深。遗羞厌于鱼鸟,余沥醉

---

① 《全唐文》卷十,中华书局 1983 年版,第 130—131 页。

于山林，忽云摇兮凤举，空寿堂兮阴阴。①

该文先是纪禹功颂禹德，自"之问移班会府"始，则发思古之幽情。应该说，宋之问的这篇公祭文更多文人化色彩，地方文官的身份特征并不明显，"期下人之苏息"的儒臣责任感在这篇祭文中只是一笔带过。而张九龄的《祭舜庙文》更具地方儒臣祭文的特征和代表性，文云：

> 维某月朔日，中［散］大夫、使持节都督桂州诸军事、守桂州刺史、兼当管经略使、岭南道按察使、摄御史中丞、借紫金鱼袋、上柱国、曲江县开国男张某，敢昭告于大舜之灵：惟神以大孝而崇德，以大圣而奋庸，以至公而有天下，以至均而一海内。故不以荒服之外，不以黄屋之尊，巡守而来，殂落于此。勤俭之造，永结于黎庶；惠怀之尊，长存于寿宫。载祀虽遐，威灵如在。今圣朝绍兴至道，憨兹远人，爰遣使臣，按理边俗，惟神幽鉴，愿表微诚。若私僻为谋，公忠有替，明鉴是殛，俾无远图。如悉心在公，惟力是视，当福而不福，为善者惧矣！今至止之日，辄诣陈诚，伏惟神道聪明，亮斯钦到，愿俯垂冥祐，俾输力明时。尚飨！②

这是一篇非常典型的地方儒臣公祭文。先是颂舜功纪舜德，从"今圣朝绍兴至道"句始，由舜之功德转入当今朝廷绍兴至道，由古转今，承接自然。然后从当今朝廷转入自己作为使臣按理边俗，重点在表达自己为政一方，赏罚分明、输力明时的责任感与使命感，这就将自身的功业追求与古圣帝王的至公之道承接起来。全文古人今人的精神递接，一气呵成。张九龄，一位有着强烈责任感的地方儒臣，其身份特征与精神气质得到了充分的体现。

宋之问在任越州刺史期间，与禹庙相关的文学作品除了《祭禹庙文》之外，还有一篇古体长诗《谒禹庙》：

> 夏王乘四载，兹地发金符。峻命终不易，报功畴敢踰。先驱总昌会，后至伏灵诛。玉帛空天下，衣冠照海隅。旋闻厌黄屋，便道出苍梧。林表祠转茂，山阿井诖枯。舟迁龙负壑，田变鸟耘芜。旧物森如在，天威肃未殊。玄夷届瑶席，玉女侍清都。奕奕闾阖遝，轩轩仗卫趋。气青连曙海，云白洗春湖。猿啸有时答，禽言常自呼。灵歆异蒸糈，至乐匪笙竽。茅殿今文袭，梅梁古制无。

---

①　陶敏、易淑琼：《宋之问集校注》卷八，中华书局 2001 年版，第 747—748 页。

②　熊飞：《张九龄集校注》卷一七，中华书局 2008 年版，第 928—929 页。

运逢日崇丽，业盛答昭苏。伊昔力云尽，而今功尚敷。揆材非箭美，精享愧生刍。郡职昧为理，拜空宁自诬。下车霰已积，摄事露行濡。人隐冀多祐，曷难沾薄躯。①

这首诗可以分为四段，起首颂禹之功德，自"旧物森如在"，描述禹庙景色，发怀古之情思，自"灵歆异蒸糈"，写禹庙祭祀之事，自"伊昔力云尽"，表达自己并非美箭之才，恐昧于郡职的担忧，貌似谦逊，实则为政恭谨，体现的是一位地方长官的担当精神。

宋之问之后，无独有偶，中唐几位浙东长官也有禹庙诗，即薛苹的《禹庙神座，顷服金紫，苹自到镇，申牒礼司，重加衮冕，今因祈雨，偶成八韵》、孟简的《禹庙诗》与元稹的《拜禹庙》，薛苹与孟简先后于元和三年、元和九年、大和三年任越州刺史、浙东观察使。薛苹《禹庙诗》云：

> 玉座新规盛，金章旧制非。列城初执礼，清庙重垂衣。不睹千箱咏，翻愁五稼微。只将苹藻洁，宁在饩牢肥。徒市行应谬，焚巫事亦违。至诚期必感，昭报意犹希。海日明朱槛，溪烟湿画旗。回瞻郡城路，未欲背山归。②

孟简《题禹庙》诗云

> 九土昔沦垫，八方抱殷忧。哲王受《洪范》，群物承天休。源委有所在，勤劳会东州。稽山何峻极，清庙居上头。律度非外事，辛壬宁少留。歌谣自不去，覆载将何求。灵长表远绩，经启著宏猷。孰敢备佐命？天吴与阳侯。元功余玉帛，茂实结松楸。盖影庇风雨，湖光摇冕旒。质明箫鼓作，通昔礼容修。驿牢设旧物，湾水配庶羞。深沉本建极，傲很亦思柔。阴怪尚奔走，灵徒如献酬。恍疑仙驾动，静见宿云收。竹树依积润，菰蒲托清流。谬兹领百越，忽复历三秋。丹恩谅可荐，庶几无年尤。③

元稹《拜禹庙》诗云：

> 恢能咨岳日，悲慕羽山秋。父陷功仍继，君名礼不仇。洪水襄陵后，玄圭菲食由。已甘鱼父子，翻荷粒咽喉。古庙苍烟冷，寒亭翠柏稠。马泥真骨动，龙画活睛留。祀典稽千圣，孙谋绝一丘。道虽污世载，恩岂酌沉浮。洞穴探常

---

① 陶敏、易淑琼：《宋之问集校注》卷三，中华书局 2001 年版，第 507 页。
② 孔延之编，邹志方点校：《〈会稽掇英总集〉点校》卷八，人民出版社 2006 年版，第 116 页。
③ 孔延之编，邹志方点校：《〈会稽掇英总集〉点校》卷八，人民出版社 2006 年版，第 121 页。

近,图书即可求。德崇人不惰,风在俗斯柔。芰色湖光上,泉声雨脚收。歌诗呈志义,箫鼓渎清猷。史亦明勋最,时方怒校雠。还希四载术,将以拯虔刘。①

宋之问、薛苹、孟简、元稹的四首禹庙诗在内容、结构、所用诗体、表达方式等方面极为相似。四首诗均为古体长篇。宋《谒禹庙》、孟《题禹庙》与元《拜禹庙》均有对大禹功德的颂赞。宋《谒禹庙》、薛《禹庙诗》与孟《题禹庙》均有对禹庙祭祀的描述,宋诗云"灵歆异蒸糈,至乐匪笙竽",薛诗云"只将苹藻洁,宁在饩牢肥",孟诗云"骍牢设旧物,洿水配庶羞"。更为重要的是,四位诗人在禹庙诗中均表达了自己作为越州长官理政惠民的使命感与责任感,宋诗云"郡职昧为理,拜空宁自诬。下车曛已积,摄事露行濡",薛诗云"不睹千箱咏,翻愁五稼微",孟诗云"谬兹领百越,忽复历三秋。丹恳谅可荐,庶几无年尤",元诗云"还希四载术,将以拯虔刘"。这是一种儒臣精神。

宋之问在任越州长史期间颇自力为政,薛苹任浙东观察使期间以理行,孟简任浙东观察使期间,兴修水利,重儒学尊孝行,元稹在任越州刺史、浙东观察使期间亦颇有惠政。章孝标有《上浙东元相》,诗云:"婺女星边喜气频,越王台上坐诗人。雪晴山水勾留客,风暖旌旗计会春。黎庶已同猗顿富,烟花却为相公贫。何言禹迹无人继,万顷湖田又斩新。"②章孝标以继承"禹迹"歌颂元稹在越州的惠政,而元稹在越州期间确实勉力为民,如他上书《浙东论罢进海味状》:"浙江东道都团练观察处置等使当管明州,每年进淡菜一石五斗、海蚶一石五斗……臣昨之任,行至泗州,已见排比递夫。及到镇询问,至十一月二十日方合起进,每十里置递夫二十四人。明州去京四千余里,约计排夫九千六百余人……每年常役九万余人,窃恐有乖陛下罢荔枝减常贡之盛意……如蒙圣慈特赐允许,伏乞赐臣等手诏勒停,仍乞准元和九年敕旨,宣下度支、盐铁,所在勒回。实冀海隅苍生,同沾圣泽。"③这是一项减轻浙东百姓负担的重要惠政,后附中书门下牒云:"牒浙东观察使:当道每年供进淡菜一石五斗,海蚶一石五斗。牒:奉敕:'如闻浙东所进淡菜、海蚶等,道途稍远,劳役至多。起今已后,并宜停进,其今年合进者,如已发在路,亦宜所在勒回。'牒至,准敕故牒。"④朝廷最终遵从元稹所请,减轻了越州人民的劳役。

---

① 元稹:《元稹集》外集卷七,中华书局 1982 年版,第 704 页。
② 彭定求等:《全唐诗》卷五〇六,中华书局 1960 年版,第 5748 页。
③ 元稹:《元稹集》卷三九,中华书局 1982 年版,第 440 页。
④ 元稹:《元稹集》卷三九,中华书局 1982 年版,第 441 页。

　　宋之问、薛苹、孟简、元稹等浙东长官,他们积极惠民的人生态度契合了古圣帝大禹勤政为民的精神,因此在拜禹、祭禹的过程中,激发了他们作为一方长官的责任感与使命感,由此成就了越州禹庙诗系列。他们借禹庙诗表达自己积极为政的人生态度,禹庙文学是这些地方儒臣心志的言说。

　　宋之问、薛苹、孟简、元稹之外的其他越州长官,尽管未必有完整的禹庙祭文或者禹庙诗,但也常常将惠政态度与禹庙精神相连结。李绅赴浙东观察使途中作《渡西陵十六韵》,诗云:"雨送奔涛远,风收骇浪平。截流张旆影,分岸走鼙声。兽逐衔波涌,龟艨喷棹轻。海门凝雾暗,江渚湿云横。雁翼看舟子,鱼鳞辨水营。骑交遮戍合,戈簇拥沙明。谬履千夫长,将询百吏情。下车占黍稷,冬雨害粢盛。望祷依前圣,垂休冀厚生。半江犹惨澹,全野已澄清。爱景三辰朗,祥农万庾盈。浦程通曲屿,海色媚重城。弓日鞬囊动,旗风虎豹争。及郊挥白羽,入里卷红旌。恺悌思陈力,端庄冀表诚。临人与安俗,非止奉师贞。"[①]这并不是一首直接书写禹庙的诗,李绅在赴任途中遇浙东大雨,因此先遣佐吏祭祀禹庙,前半首铺叙水患之状,这与宋之问等人的禹庙祭祀诗也不同。但是诗歌的后半首充满了对水患的担忧,"望祷依前圣,垂休冀厚生",祈请禹灵降福于百姓,这与宋、薛等人祭庙诗的主体精神并无二致。而且,诗人表达了自己作为"千夫长""恺悌思陈力"的决心与意志,在浙东百姓遭受水患之际,一位儒臣心忧民瘼、勤力为政的拳拳之意在这首诗中实则表现得更为剀切。

　　欧阳修《集古录跋尾》卷九在品评"唐薛苹唱和诗"时云:"右薛苹《唱和诗》,其间冯宿、冯定、李绅皆唐显人,灵澈以诗名后世,皆人所想见者。然诗皆不及苹,岂唱者得于自然,和者牵于强作邪?"[②]冯宿、冯定、李绅、灵澈等人的禹庙唱和诗均已不存,而这几位诗人确如欧阳修所言,均为唐代名人,无论是冯宿、冯定还是李绅、灵澈,诗名均在薛苹之上,然而他们的禹庙诗据欧阳修所言,均不及薛苹。这不仅仅是"唱者得于自然,和者牵于强作",更为深层的原因,是僚佐身份限制了此类题材表达的域界。因为只有地方长官的身份才能与惠政一方的表达相契应,才能够在禹庙书写中,一面颂扬大禹精神,一面挥洒自如。在唐代诗人中,除了上述诸位越州长官、浙东观察使,一般文人很少创作禹庙诗。

　　宋之问的《祭禹庙文》、张九龄的《祭舜庙文》,与宋之问、薛苹、孟简的禹庙诗,

---

　　①　彭定求等:《全唐诗》卷四八一,中华书局 1960 年版,第 5475 页。
　　②　欧阳修:《欧阳修全集》卷一四二,中华书局 2001 年版,第 2289 页。

虽然属于不同类型的文体,一为祭文,一为诗,但就内在而言,是同一主体精神的产物,即均为古圣贤勤政为民精神与地方儒臣惠政一方理想契合下的产物,诗人以不同的文体表达同一性质的内容。这两种文体当然有各自的特点,祭文更适合纪功颂德,而诗歌更长于表达心志,因此中唐以后的越州儒臣更倾向于用古体长诗书写禹庙精神。

四、文人禹庙怀古诗

越州地方长官的禹庙诗文,如果与一般文人的禹庙诗相比较,其特质则更为凸显和清晰。在《全唐诗》中,除了越州长官的禹庙诗其他诗人的禹庙诗,可见者只有三首。

一首为盛唐崔词的《谒禹庙》:"惟舜禅功始,惟尧锡命初。九州方奠画,万壑遂横疏。受箓尝开洞,过门不下车。诸侯会玉帛,沧海荐图书。玄默将遗世,崇高亦厌居。耘田自有鸟,浚泽岂为鱼?家及三王嗣,殷囚百代如。灵容肃清宇,衮服闭荒墟。枣径愁云暮,松扉撤祭余。叨荣陵寝邑,怀古益踟蹰。"①这首诗前半首赞禹之功德,后半首发思古之幽情。

一首是徐浩的《谒禹庙》:

> 畎浍敷四海,川源涤九州。既膺玄圭锡,乃建洪范畴。鼎革固天启,运兴匪人谋。肇开宅土业,永庇昏垫忧。山足灵庙在,门前清镜流。象筵陈玉帛,容卫俨戈矛。探穴图书朽,卑宫堂殿修。梅梁今不坏,松祏古仍留。负责故乡近,揭来申俎羞。为鱼知造化,叹凤仰徽猷。不复闻夏乐,唯余奏楚幽。婆娑非舞羽,锽鞈异鸣球。盛德吾无间,高功谁与俦。灾淫破凶慝,祚圣拥神休。出谷莺初语,空山猿独愁。春晖生草树,柳色暖汀州。恩贳题舆重,荣殊衣锦游。宦情同械系,生理任桴浮。地极临沧海,天遥过斗牛。精诚如可谅,他日寄冥搜。②

据《旧唐书·代宗纪》:"(大历八年)二月甲子,御史大夫李栖筠弹吏部侍郎徐浩……五月乙酉,贬吏部侍郎徐浩明州别驾,薛邕歙州刺史,京兆尹杜济杭州刺史,皆坐典选也。"③徐浩赴明州别驾任,须经越州,《谒禹庙》当作于是时。徐浩的这首

---

①　孔延之编,邹志方点校:《〈会稽掇英总集〉点校》卷八,人民出版社 2006 年版,第 120 页。

②　孔延之编,邹志方点校:《〈会稽掇英总集〉点校》卷八,人民出版社 2006 年版,第 122 页。

③　刘昫:《旧唐书》卷十一,中华书局 1975 年版,第 301—302 页。

《谒禹庙》在诗体上与宋之问、薛苹、孟简、元稹等人的禹庙诗均为古体长诗,但是徐诗的内在精神却不同于上述诸人。该诗起首先赞禹之功德,从"山足灵庙在"至"柳色暖汀州",书写禹庙风景,意在怀古,从"恩贷题舆重"至"他日寄冥搜"则发宦海浮沉之感。其主旨在发思古之幽情与仕途被贬之心态,这与越州诸位长官的禹庙诗主旨在于勤政为民的精神截然不同。

另外一首是严维的《陪皇甫大夫谒禹庙》:"竹使羞殷荐,松龛拜夏祠。为鱼歌德后,舞羽降神时。文卫瞻如在,精灵信有期。夕阳陪醉止,塘上鸟咸迟。"①这首诗的书写方式与宋之问、孟简、元稹等人的禹庙诗也同样不同,仅是一首普通的怀古诗。

而在唐人诗中涉及越州禹庙的文人诗也很少,仅有三首。

　　白居易《答微之见寄》:可怜风景浙东西,先数余杭次会稽。禹庙未胜天竺寺,钱湖不羡若耶溪。摆尘野鹤春毛暖,拍水沙鸥湿翅低。更对雪楼君爱否,红栏碧甃点银泥。②

　　元稹《送王十一郎游剡中》:越州都在浙河湾,尘土消沉景象闲。百里油盆镜湖水,千峰钿朵会稽山。军城楼阁随高下,禹庙烟霞自往还。想得玉郎乘画舸,几回明月坠云间。③

　　温庭筠《江上别友人》:秋色满蒹葭,离人西复东。几年方暂见,一笑又难同。地势萧陵歇,江声禹庙空。如何暮滩上,千里逐离鸿?④

古典诗歌地理书写的方式,是选取代表性地理意象或者典型性地理意象建构某地的整体面貌。而在唐人越州诗中,镜湖、若耶溪等地理意象出现的频率要远远高于禹庙,这说明禹庙这一意象在唐人的越州地理意识中并不具有代表性和典型性。越州与大禹相关的重要地理意象有两个,一是禹庙,另一个是禹穴。在唐人诗中,禹穴出现的频率要远远高于禹庙,本书"大历联唱与越州地域书写的三个面向"一节有详述,此处略。

宋人题写禹庙多于唐人,仅《会稽掇英总集》所载就有以下诸首:

　　钱倧《题禹庙》:千古英灵孰令论?西来神宇压乾坤。尘埃共镞梅梁在,星斗俱分剑独存。蟾殿夜寒摇翠幌,麝炉春暖醉琼樽。会稽山下秋风里,长放松

①　彭定求等:《全唐诗》卷二六三,中华书局 1960 年版,第 2921 页。
②　谢思炜:《白居易诗集校注》卷二三,中华书局 2006 年版,第 1809—1810 页。
③　元稹:《元稹集》卷一八,中华书局 1982 年版,第 206 页。
④　刘学锴:《温庭筠全集校注》卷九,中华书局 2007 年版,第 806 页。

声入庙门。[①]

　　张伯玉《题禹庙》：宝穴千峰下，严祠一水傍。夜声沧海近，秋势越山长。薄葬超前古，贻谋启后王。万灵何以报，终古咏怀襄。[②]

　　蒋白《题禹庙》：大禹归天后，南惟此庙存。屋腥龙挂影，岩黑电烧痕。夜祭云间火，春礜浪里门。到今疏凿水，敢不向东奔。[③]

　　潘阆《泊禹祠》：禹庙高高万木齐，蟾蜍影里月光低。山中不惯闻寒漏，一夜猿惊与鸟啼。[④]

　　潘阆《癸未岁秋七月祷禹庙》：万古稽山下，森森大禹祠。幽人来暗祷，灵魄望潜知。帝虑河频决，民忧业旋移。自惭无异策，载拜泪双垂。[⑤]

　　齐唐《题禹庙》：削断龙门剑力闲，遗祠终古鉴湖边。昆墟到海曾穷地，石穴藏书不记年。春色门墙花滴雨，晓光台殿水浮烟。涂山万国梯航集，告禅灵坛岂偶然。[⑥]

　　这些诗以写景、怀古、咏史、议论为主，偶有"帝虑河频决，民忧业旋移"等忧民之句。同时就诗体而言，这些禹庙游览诗与唐代越州地方长官禹庙诗也不同，后者多为古体诗，篇幅较长，而禹庙游览诗多为律体，或者五律，或者七律，篇幅较短。总而言之，唐代越州地方长官的禹庙诗是礼仪之文、儒臣之文，而文人的禹庙诗则是咏史怀古诗。

结　语

　　禹庙祭祀是唐代浙东地方官府的文化大事，越州历任地方长官如宋之问、薛苹、孟简、元稹、李绅均有创作禹庙祭文或禹庙诗，主旨为表达他们身为一方长官积极为政的儒臣精神与人生态度，由此形成了越州禹庙文学传统，在唐代古圣贤公祭文中自成一体。另外，文人禹庙游览诗多为咏史怀古诗，两相对比，唐代越州地方长官群体的禹庙文学特征更为明显，其所作是礼仪之文、儒臣之文。

---

①　孔延之编，邹志方点校：《〈会稽掇英总集〉点校》卷八，人民出版社 2006 年版，第 117 页。
②　孔延之编，邹志方点校：《〈会稽掇英总集〉点校》卷八，人民出版社 2006 年版，第 118 页。
③　孔延之编，邹志方点校：《〈会稽掇英总集〉点校》卷八，人民出版社 2006 年版，第 118 页。
④　孔延之编，邹志方点校：《〈会稽掇英总集〉点校》卷八，人民出版社 2006 年版，第 118 页。
⑤　孔延之编，邹志方点校：《〈会稽掇英总集〉点校》卷八，人民出版社 2006 年版，第 118 页。
⑥　孔延之编，邹志方点校：《〈会稽掇英总集〉点校》卷八，人民出版社 2006 年版，第 118 页。

第三章　元稹浙东幕府文学与文人心态研究

第一节　元稹浙东幕诗酒文会活动考论

中唐著名诗人元稹于长庆三年(823)至大和二年(828)任浙东观察使兼越州刺史,在此期间他广辟文士幕僚,游赏山水,举诗酒文会,《旧唐书·元稹传》载:"会稽山水奇秀,稹所辟幕职,皆当时文士,而镜湖、秦望之游,月三四焉。而讽咏诗什,动盈卷帙。"[①]文人入幕及幕府文学创作是中晚唐文学的一大特色,它改变了盛唐到中唐的文坛格局,呈现出新的特点和风貌。就地域而言,各地幕府文学创作的活跃程度并不平衡,元稹所镇的越州,有着久远的诗酒宴集传统,为唐代诗酒文会活跃之地。元稹以著名诗人和地方长官的双重身份组织诗酒文会,其规模之大、影响之广,堪称一时之盛,在中晚唐幕府文学中极具典型性和代表性。但迄今为止,这一活动的内涵和意义尚未得到充分挖掘,本节试从各种文献资料中钩稽出元稹浙东幕府诗酒文会活动的盛况,分析其独有的时代特色与文化内蕴,并进一步探讨其所反映的社会风尚和文人心态。

一、元稹浙东诗会钩稽

唐代越州地区经济繁荣,山水奇秀,又有着深厚的文化传统,大量文人墨客或仕宦,或漫游于此,在明山丽水之间,追踪东晋王羲之兰亭宴集的风流雅韵,频繁而广泛地开展诗酒文会活动,形成了一个个诗会联句唱和的高潮,如大历年间鲍防主持的联唱、元和年间薛苹主持的唱和等,而这其中又以元稹长庆至大和年间的诗酒文会活动最具代表性。元稹观察浙东六年,是在唐代后期的浙东观察使中任职时间最长的一位,地方首脑与诗人的双重身份使他在诗酒文会活动中居于领袖地位。唐张固《幽闲鼓吹》有这样一则记载:

> 元稹在鄂州,周复为从事。稹尝赋诗,命院中属和,复乃簪笏见稹曰:"某

---

① 刘昫:《旧唐书》卷一六六,中华书局1975年版,第4336页。

偶以大人往还,谬获一第,其实诗赋皆不能。"稹嘉之曰:"质实如是,贤于能诗者矣。"①

这件事虽然不是发生在元稹观察浙东时,并且周复最终也没有唱和,但是从另一个角度看,这恰恰反映出元稹对诗酒文会的热衷程度:唱和几乎成了僚佐们的任务。浙东诗酒文会活动的兴盛,与元稹的努力和倡导是分不开的。

在州府内部,元稹广辟文士为幕僚,这些文士或诗文兼擅,如卢简求、郑鲂、周元范,或能文工书,如韩杼材、陆泞、刘蔚、王璹等。掌书记卢简求,《旧唐书》载其致仕后在东都"有园林别墅,岁时行乐,子弟侍侧,公卿在席,诗酒赏咏,竟日忘归"②。观察判官郑鲂,新出土《郑鲂墓志》云其"为诗七百篇,及陈许行营功状,思理宏博,识者见其焉"③。观察判官周元范,张为《诗人主客图》置其于白派"及门"人中,现在可以看到的周元范诗尚有七绝一首、七律一首、断句四联。观察推官韩杼材,《墨池编》云:"元稹观察浙东,幕府皆知名士,梓(当作'杼')材其一也。笔迹希颜鲁公、沈传师而加遒丽,披沙见金,时有可宝。"④从事陆泞,《嘉泰会稽志》载:"禹穴碑,郑昉(鲂)撰,元稹铭,韩杼材行书,陆泞篆额。"⑤从事刘蔚,《书史会要》载:"唐,刘蔚,……善篆书。"⑥从事王璹,据《宝刻丛编》:"《唐春分投简阳明洞天并继作》,唐元威明、白居易撰,王璹分书,刘蔚篆额。"⑦元稹喜爱文士,与这些僚佐们相处甚洽,如郑鲂,字嘉鱼,白居易酬元稹诗《和酬郑侍御东阳春闷放怀追越游见寄》谓"君得嘉鱼置宾席,乐如南有嘉鱼时。劲气森爽竹竿竦,妍文焕烂芙蓉披"⑧;周元范,张籍《送浙东周元范判官》诗云"吴越主人偏爱重,多应不肯放君闲"⑨。僚佐诗人们围绕在元稹周围,成为浙东诗酒文会活动的主体。

元稹在广辟幕僚的同时还广泛结交当地的文士和佛道人物,以其地位和影响吸引了诸多名士参与其使府的唱和,这些本土文士和佛道人物成为浙东唱和活动的另一生力军。当时与元稹交往的浙东文士有:徐凝,睦州人,有《奉酬元相公上

---

① 李昉等:《太平广记》卷四九八,中华书局 1961 年版,第 4085 页。
② 刘昫:《旧唐书》卷一六三,中华书局 1975 年版,第 4272 页。
③ 赵君平、赵文成:《河洛墓刻拾零》,北京图书馆出版社 2007 年版,第 557 页。
④ 朱长文:《墨池编》卷三,《景印文渊阁四库全书》第 812 册,台湾商务印书馆 1983 年版,第 748 页。
⑤ 施宿:《嘉泰会稽志》卷一六,《宋元方志丛刊》第七册,中华书局 1990 年版,第 7021 页。
⑥ 陶宗仪:《书史会要》,上海书店 1984 年版,第 449 页。
⑦ 陈思:《宝刻丛编》卷一三,《丛书集成初编》,商务印书馆 1937 年版,第 335 页。
⑧ 白居易著,谢思炜校注:《白居易诗集校注》卷二二,中华书局 2006 年版,第 1752 页。
⑨ 张籍著,徐礼节、余恕诚校注:《张籍集系年校注》卷四,中华书局 2011 年版,第 570 页。

元》、《酬相公再游云门寺》、《春陪相公看花宴会》等诗,曾自谓"一生所遇唯元白"①。章孝标,睦州人,作有《上浙东元相》。赵嘏,字承祐,楚州山阳人,游历浙东时犹未进士及第,作有《九日陪越州元相燕龟山寺》、《浙东陪元相公游云门寺》等。另外有韩秀才、卢秀才等,名字待考。与元稹交往的佛道人物有:冯惟良,《嘉定赤城志》载:"冯惟良,相人,字云冀,修道衡岳。元(大)和中,入天台,廉使元稹闻其风,常造请方外事。"②徐灵府,据元稹《重修桐百观记》:"岁大和己酉,修桐柏观讫事,道士徐灵府以其状乞文于余。"③僧直言(一作直玄或亘玄、真元),作有《观元相公花饮》。另外还有范处士、郭虚州、刘道士、王炼师等。这些人或应元稹所邀,参与唱和,或慕名而来,投诗献赠,其中多能诗善文者,为元稹所器重。他们与元稹及其幕僚往来唱和,谈禅论道,在生活态度和创作风格上相互影响、相互渗透。

尤其值得称道的是,长庆四年春,时任杭州刺史的白居易与任湖州刺史的崔玄亮曾共赴越州,与元稹一起游赏赋诗。白居易《会二同年》诗云"照湖澄碧四明寒"④,"照湖"即"镜湖",在越州。"二同年"指的是元稹和崔玄亮,白居易《得湖州崔十八使君书喜与杭越邻郡因成长句代贺兼寄微之》自注云:"贞元初同登科,崔君名最在后。"⑤崔、白二人的到来为越州诗会增添了一番热闹,他们与元稹共同游览了镜湖、法华山、云门山等地,留下了不少诗篇,如元稹《春分日投简阳明洞天作》、《题法华山天衣寺》、《游云门》,白居易《和春分日投简阳明洞天作》、《题法华山天衣寺》、《宿云门寺》等,浙东诗酒文会活动因而增色不少。

以元稹及其幕僚为主体,以浙东本土文士和佛道人物为生力军,并有邻郡府主诗友的参与,在元稹的努力和倡导下,浙东诗酒文会活动达到了相当的规模,前后参与者仅现在可考的就接近三十余人,而实际人数当不止如此。

元稹浙东诗会作品可考者有:元稹《酬郑从事四年九月宴望海亭次用旧韵》,郑从事即郑鲂,郑鲂原作佚。元稹《春分日投简阳明洞天作》,白居易《和春分日投简阳明洞天作》。元稹《题法华山天衣寺》七绝一首,白居易《题法华山天衣寺》七律一首。元稹《游云门》七绝一首,白居易《宿云门寺》五古一首。白居易《会二同年》。元稹《正月十五夜呈幕中诸公》,徐凝和《奉酬元相公上元》。徐凝《春陪相公看花宴

---

① 彭定求等:《全唐诗》卷四七四,中华书局 1979 年版,第 5384 页。
② 陈耆卿:《嘉定赤城志》卷三五,《宋元方志丛刊》第七册,中华书局 1990 年版,第 7556 页。
③ 元稹:《元稹集》外集卷八,中华书局 1982 年版,第 712 页。
④ 白居易著,谢思炜校注:《白居易诗集校注》外集卷上,中华书局 2006 年版,第 2916 页
⑤ 白居易著,谢思炜校注:《白居易诗集校注》卷二三,中华书局 2006 年版,第 1814 页。

会二首》。徐凝《酬相公再游云门寺》,元稹原唱佚。元稹《醉题东武亭》。元稹《拜禹庙》。元稹《酬周从事望海亭见寄》,周从事即周元范,周元范原唱佚。元稹《赠刘采春》。元稹《修龟山鱼池示众僧》。赵嘏《浙东陪元相公游云门寺》。赵嘏《九日陪越州元相燕龟山寺》。章孝标《上浙东元相》。僧直言《观元相公花饮》。计二十一首。另有元稹佚诗两首:《新楼北园偶集从孙公度周巡官韩秀才卢秀才范处士小饮郑侍御判官周刘二从事皆先归》、《朝回与王炼师游南山下》,二诗皆据白居易《和微之诗二十三首》。

元稹浙东诗会留存下来的诗作是极少的,如果说唐诗所存十不一二,那么浙东诗会所留存的恐怕远远低于这个比例。我们只能从目前可考知的有限材料里略窥浙东诗会当年的规模及盛况。从内容看,浙东诗会所表现的主题范围是相当广泛的,有宴集、登游、访道、送别、禅悟、隐逸等等。其中游赏宴集诗所占的比重较大。元日观灯,春日赏花,端午竞渡,重九登高,春秋佳日,无不大摆酒宴,献酬唱和。有几位好友相聚小饮时所作,如《新楼北园偶集从孙公度周巡官韩秀才卢秀才范处士小饮郑侍御判官周刘二从事皆先归》;有于宏大场面间所作,如赵嘏《浙东陪元相公游云门寺》"松下山前一径通,烛迎千骑满山红"①,徐凝《酬相公再游云门寺》"远羡五云路,逶迤千骑回"②,二人皆云"千骑",未免有些夸张,但其场面之宏大却可以想见。就体裁而言,元稹浙东幕府中的文学创作,以诗歌酬唱居多,这与大历年间鲍防集团偏重联句有所不同。"大约是联句之诗,需众人合作,既可逞才使气,亦需雕章琢句,故拘束与限制颇多。而唱和之诗,既能表现群体的氛围,又能发挥自己的个性,因而颇受元稹等人的喜爱。"③

二、浙东诗会特征之一:世俗性

由于社会政治背景的变化与时代风尚的影响,元稹浙东诗酒文会活动表现出与前此浙东、浙西联唱不同的特色。首先,元稹幕府诗酒文会活动文人雅趣的淡逸色彩消减了,而以歌舞侑酒、放逸娱游的世俗性特征增强了。

出于娱乐和政治的需要,唐代幕府大多置放大量的饮妓、歌伎。《唐会要》卷三四载,宝历二年京兆府奏:"伏见诸道方镇,下至州县军镇,皆置音乐以为欢娱,岂惟

---

① 彭定求等:《全唐诗》卷五四九,中华书局 1979 年版,第 6353 页。
② 彭定求等:《全唐诗》卷四七四,中华书局 1979 年版,第 5376 页。
③ 胡可先:《唐代越州文学试论》,《陆游与越中山水》,人民出版社 2006 年版,第 554 页。

夸盛军戎,实因接待宾旅。"①幕府举凡活动皆有乐,大到庆典,小到私宴。到中晚唐,官伎制度进一步普及,好声妓、频宴饮是当时方镇幕府的普遍风气,听歌看舞成为诗人日常生活的一部分。元稹浙东幕府当然也不例外,更何况浙东地区风景优美、物产丰富,有更多的物质基础蓄置歌伎,举办各种大型的游赏宴会。白居易《霓裳羽衣歌》云:"今年五月至苏州……不听笙歌直到秋。秋来无事多闲闷,忽忆霓裳无处问。闻君部内多乐徒,问有霓裳舞者无?"②可见元稹幕内确实有许多歌伎,以至白居易都要向元稹讨要霓裳舞者。

元稹幕府中的歌伎不仅能歌善舞,有的还能诗善词,可考者如刘采春。《云溪友议》卷下《艳阳词》载:"乃廉问浙东,别涛已逾十载。方拟驰使往蜀取涛,乃有俳优周季南、季崇及妻刘采春,自淮甸而来。善弄陆参军,歌声彻云,篇韵虽不及涛,容华莫之比也。元公似忘薛涛,而赠采春诗曰:'新妆巧样画双蛾,幔裹恒州透额罗。正面偷轮光滑笏,缓行轻踏皱文靴。言辞雅措风流足,举止低回秀媚多。更有恼人肠断处,选辞能唱望夫歌。'……采春所唱一百二十首,皆当代才子所作。其词五、六、七言,皆可和矣。……彩春一唱是曲,闺妇行人莫不涟泣。"③可见刘采春是著名的歌者,所唱之曲皆为当代文人才子所制,且甚为元稹所重。《全唐诗》卷八〇二收《啰唝曲》六首,即"望夫歌",以刘采春为作者,虽尚有疑窦,但这六首诗是刘采春所唱,则无可疑。无论如何,刘采春其人才貌兼擅是可以肯定的。

幕府文人与歌伎交往密切,可以说举凡接待宾旅,迎来送往,游赏宴饮,无不活跃着歌伎们的舞姿歌态:"雁思欲回宾,风声乍变新。各携红粉妓,俱伴紫垣人。"④"妆梳妓女上楼榭,止欲欢乐微茫躬。"⑤元稹及其幕僚们就这样在歌舞酒色之中诗酒狂放、纵情欢乐。元稹《酬郑从事四年九月宴望海亭次用旧韵》:"兴余望剧酒四坐,歌声舞艳烟霞中。酒酺从事歌送我,歌云此乐难再逢。"⑥《酬白乐天杏花园》:"刘郎不用闲惆怅,且作花间共醉人。"⑦赵嘏《浙东陪元相公游云门寺》:"小槛宴花容客醉,上方看竹与僧同。"⑧《九日陪越州元相燕龟山寺》:"佳晨何处泛花游,丞相

---

① 王溥:《唐会要》卷三四,上海古籍出版社 2006 年版,第 736 页。
② 白居易著,谢思炜校注:《白居易诗集校注》卷二一,中华书局 2006 年版,第 1669 页。
③ 范摅:《云溪友议》卷下,上海古典文学出版社 1957 年版,第 63—64 页。
④ 元稹著,杨军笺注:《元稹集编年笺注》,三秦出版社 2002 年版,第 902 页。
⑤ 元稹著,杨军笺注:《元稹集编年笺注》,三秦出版社 2002 年版,第 910 页。
⑥ 元稹著,杨军笺注:《元稹集编年笺注》,三秦出版社 2002 年版,第 910 页。
⑦ 元稹著,杨军笺注:《元稹集编年笺注》,三秦出版社 2002 年版,第 924 页。
⑧ 彭定求等:《全唐诗》卷五四九,中华书局 1979 年版,第 6353 页。

筵开水上头。"①徐凝《春陪相公看花宴会》:"丞相邀欢事事同,玉箫金管咽东风。百分春酒莫辞醉,明日的无今日红。"②

　　歌舞酒宴之间,幕府文人与歌伎一方面是欣赏者与表演者的关系,听歌看舞是文人的娱乐方式,但是另一方面,随着日日听歌看舞,朝夕相处,文人与歌伎的关系往往变得丰富而复杂。这首先是由于"才色兼擅"的歌伎与"才情并茂"的文人较之其他人群更容易相互沟通而产生内心情感上的共鸣。且不说白居易与琵琶女"同是天涯沦落人,相逢何必曾相识"式的同病相怜,单就元稹与刘采春而言,也已经超越了一般的欣赏者与表演者的关系,而更进一步,心灵相通,臻于"才才相惜"之境。元稹对刘采春的赏识不仅在于她的容貌,更在于她的才情,"更有恼人肠断处,选词能唱《望夫歌》"③,才情过人才是刘采春深深打动元稹的原因。关于元稹与刘采春另有一段有趣的故事:"元稹相廉问东浙七年,因题东武亭曰:'役役闲人事,纷纷碎薄书。功夫两衙尽,留滞七年余。病痛梅天发,亲情海岸疏。因循未归得,不是恋鲈鱼。'卢简夫(求)侍御曰:'丞相不恋鲈鱼,为好鉴湖春色。'春色谓刘采春。"④可以看出刘采春是深受元稹青睐的。

　　幕府文人与歌伎关系密切的另一个重要原因是歌伎们把文人创作的诗歌拿来演唱,他们之间同时也是一种创作者与歌唱者的关系,歌伎成为文人诗歌传播的重要途径。如上述刘采春,《云溪友议》云其"所唱一百二十首,皆当代才子所作"⑤,这其中定有不少"元才子"元稹的诗作。《诗话总龟》前集卷四二"乐府门"云:"商玲珑,余杭之歌者。……元微之在越州闻之,厚币来邀,乐天即时遣去,到越州,住月余,使尽歌所唱之曲,即赏之。后遣之归,作诗送行兼寄乐天曰:'休遣玲珑唱我词,我词都是寄君诗。却向江边整回棹,月落潮平是去时。'"⑥商玲珑是杭州歌伎,从这段记载来看,她非常熟悉元稹的诗歌,所唱之曲多有元稹的作品,至于元稹幕下的歌伎演唱元稹等人的诗作也就可想而知了。

　　以诗入乐,供歌伎演唱,文人们的诗歌通过歌者得到广泛传播,这一方面扩大了诗人的知名度,激发了诗人们的创作热情,另一方面,诗人诗歌创作的内容、风格

---

① 彭定求等:《全唐诗》卷五四九,中华书局 1979 年版,第 6348 页。
② 彭定求等:《全唐诗》卷四七四,中华书局 1979 年版,第 5382 页。
③ 元稹著,杨军笺注:《元稹集编年笺注》,三秦出版社 2002 年版,第 935 页。
④ 阮阅:《诗话总龟》卷一六,人民文学出版社 1987 年版,第 185 页。
⑤ 范摅:《云溪友议》卷下,上海古典文学出版社 1957 年版,第 61 页。
⑥ 阮阅:《诗话总龟》卷四二,人民文学出版社 1987 年版,第 408 页。

也必然随之发生变化。筵席之间写给妓人演唱的诗不同于一般的言志抒情诗,因为要入乐,这类诗就特别注重诗体的协律可歌性,而内容往往以风情为主,风格清怨婉媚。元稹深谙歌法,擅长风致宕逸的艳丽小诗,作诗有意追求"韵律调新,属对无差,而风情宛然"①。元稹在浙东时期留下来的艳丽小诗很少,可见者仅《赠采春》一首:"新妆巧样画双蛾,漫裹常州透额罗。正面偷匀光滑笏,缓行轻踏破纹波。言辞雅措风流足,举止低回秀眉多。更有恼人肠断处,选词能唱《望夫歌》。"②对妇女容貌、服饰的描写极为细致,含情婉转,风格柔媚清怨。

三、浙东诗会特征之二:佛教文化色彩

元稹浙东诗酒文会活动的另一个显著特征是带有浓郁的佛教文化色彩。

浙东是一个有着浓厚佛教文化底蕴的地区,自东晋南渡以来,佛教发展迅速,寺院林立,名僧辈出。隋唐时期,中国佛教走向了它的繁荣期,而浙东地区的佛教尤为繁盛,中国佛教的两大重要宗派华严宗及天台宗即发源于此。元稹本身有着很深的佛学造诣,一生喜游佛寺,结交僧禅人物。在任浙东观察使期间,屡经宦海沉浮的元稹利用职权之便,更加频繁地与幕僚们游历佛寺,结交僧禅人物,并兴修佛寺,经营佛藏,促进了浙东佛教文化的发展。

浙东幕府重要的佛教活动可考者有:(一)长庆四年,元稹与白居易、崔玄亮等九刺史资助杭州永福寺石壁刻经,元稹为该寺作《永福寺石壁法华经记》。(二)大和二年春,为白寂然卜筑沃洲山禅院。白居易《沃洲山禅院记》载:"大和二年春,有头陀僧白寂然来游兹山,见道猷、支、竺遗迹,泉石尽在,依依然如归故乡,恋不能去。时浙东廉使元相国闻之,始为卜筑,次廉使陆中丞知之,助其缮完。三年而禅院成,五年而佛事立。"③(三)大和二年九月,元稹僚佐韩杼材为慈溪清泉寺撰《清泉寺大藏经记》,刘蔚篆。《金石录》卷九载:"第一千七百八十五,《唐清泉寺大藏经记》,韩杼(杼)材撰并行书,刘蔚篆,太和二年九月。"④(四)修筑龟山寺鱼池。《会稽掇英总集》卷九:"(龟山寺鱼池)此池微之所修,戒其僧以护生之意。"⑤元稹有诗《修筑龟山寺鱼池》:"劝尔诸僧好护持,不须垂钓引青丝。云山莫厌看经坐,便是浮

---

① 元稹著,杨军笺注:《元稹集编年笺注》,三秦出版社2002年版,第935页。
② 元稹著,杨军笺注:《元稹集编年笺注》,三秦出版社2002年版,第935页。
③ 白居易著,朱金城笺注:《白居易集笺校》卷六八,上海古籍出版社1988年版,第3685页。
④ 赵明诚、李清照:《金石录》卷九,《四部丛刊续编》,上海商务印书馆1934年版,第15页。
⑤ 孔延之编,邹志方点校:《〈会稽掇英总集〉点校》,人民出版社2006年版,第126页。

生得道时。"①

　　佛寺是元稹及其僚佐们游赏唱和的重要场所。唐代寺院在某种程度上具有公共游赏场所的性质,会稽地区佛寺众多,元稹浙东幕府的诗酒文会活动大多是在寺院中举行的,如云门寺、法华山天衣寺、龟山寺等。我们现在所能见到的浙东诗会作品,有接近半数是关于佛寺游赏或佛寺宴饮的。这一方面是由于佛寺大多依山傍水,环境清幽,为游赏佳境;另一方面,在佛寺举行活动又可与高僧大德谈禅论道,修身养性。

　　寺院题材的诗歌内容一般以描绘寺院风光或者阐发佛理为主,而艺术风格则主要表现为清幽静谧。浙东诗会佛寺题材的诗歌也离不开山寺幽静风光的描写和诗人方外之思的抒发,并且不乏这方面的佳作。如元稹的《游云门》:"遥泉滴滴度更迟,秋夜霜天入竹扉。明月自随山影去,清风长送白云归。"②这首七绝情景兼备、意境浑融,明月青山、清风白云,动中见静,忙中有闲,自然而流畅,淡泊而爽丽,表现出诗人从容不迫、豁达闲适的超然心境。但是浙东诗会的寺院唱和之作与一般的寺院游赏诗歌又有一个很大的不同,那就是热闹与清幽并存。之所以热闹,是因为诗会唱和属群体活动而且又多以歌舞侑酒;之所以清幽,是由于佛寺本是参禅论道的寂静之所。浙东诗会的许多诗作都集中表现了这一特点,如《九日陪越州元相燕龟山寺》:"双影旆摇山雨霁,一声歌动寺云秋。林光静带高城晚,湖色寒分半槛流。"一面是歌舞侑酒的欢娱,一面是参禅悟道的清寂,而这两点正是当时知识分子普遍的生活情趣。因此,可以说浙东诗会所表现出来的歌舞佐欢和参禅悟道的文人风尚是带有时代普遍性的。

结　语

　　歌舞侑酒和参禅悟道,看似矛盾,实际上都是中晚唐之际的时代风尚及士人心态变化的反映。安史之乱给李唐王朝带来了巨大的破坏,整个帝国由盛转衰,一蹶不振。尽管代宗、德宗、顺宗等人即位之初,也有过重振朝纲、中兴王室的抱负和一些相应的措施,如削藩、平边、抑制宦官等,一些进步的改革家也曾励精图治,拯民于水火,但这些都不过是昙花一现。随着宦官专权、藩镇跋扈、朋党倾轧愈演愈烈,唐王朝的政治统治日趋黑暗腐败。在这种政治背景下,士人们对前途、理想丧失了

　　①　元稹著,杨军笺注:《元稹集编年笺注》,三秦出版社 2002 年版,第 934 页。
　　②　元稹著,杨军笺注:《元稹集编年笺注》,三秦出版社 2002 年版,第 937 页。

信心,心态渐趋内敛、消极。几经宦海沉浮的元稹哀叹着"莫学州前罗刹石,一生身敌海波澜",几乎不再参与朝政,白居易走上了"吏隐"的道路,就连中兴名臣裴度晚年也为自安之计,沉浮以避祸。中晚唐之际的士人们对现实感到失望,对理想感到幻灭,从政热情和谋求功名事业的进取心大大衰退,他们已经无复致君尧舜的进取豪情,而是在另一个天地里寻求心灵的安慰和精神的寄托。元稹浙东幕府的诗酒文会活动,正是这种时代心理的反映。士人们或者沉醉在歌舞酒色之中,逃避现实政治的迫害,尽欢纵情,狂放不羁;或者参禅悟道,逃避现实,以忘怀得失,获得暂时的苟安与满足。

总而言之,元稹浙东幕府的诗酒文会活动,既是东晋兰亭宴集传统的延续,也是中晚唐之际时代政治的折射,更是东南地域文化精神的表现,它已经超越了集会本身而具有更为广远的价值。以越州为中心的诗酒文会活动,不仅集结了当地著名的诗人文士,而且扩展到杭州白居易、湖州崔玄亮等文士群体。诗酒文会活动的领袖人物元稹,在长庆中曾入朝为相,但不久即遭排挤被外放为地方官,他在镇守越州期间纵情山水,饮宴赋诗,未尝不是政治失意的表现。诗会活动所呈现出的处于精英阶层的文人士大夫的特殊心态,与穆宗以后日趋衰微的政治局势密切相关,而这种心态又惟妙惟肖地映射于存留至今的集会诗文当中。这些珍贵的诗文作品,是我们了解中晚唐之交文学多元发展演变的重要线索。通过元稹浙东幕府诗酒文会活动的考索,尽可能地还原集会的原生状态,或许能够找到进一步解读中晚唐之际政治、文化与文学既互相影响又各显个性的发展规律的独特视角。

第二节　元稹幕府僚佐生平考

元稹任越州刺史兼浙东观察使期间,"所辟幕职,皆当时文士,而镜湖、秦望之游,月三四焉。而讽咏诗什,动盈卷帙"①。据《嘉泰会稽志》:"禹穴碑,郑昉(鲂)撰,元稹铭,韩杼材行书,陆浐篆额,宝历景午秋九月作。"②又云:"禹穴碑阴,元稹并僚属十一人官位名氏,并拜禹庙诗一首,后有章草一行。"由此可知,时元稹所辟幕僚至少有十一人,今可考者有卢简求、郑鲂、韩杼材、陆浐、周元范等,他们或工诗,或工书。本节试对元稹僚佐的生平作一大体勾勒,以便深入了解以元稹为首的浙东诗酒文会活动。

---

① 刘昫:《旧唐书》卷一六六,中华书局 1975 年版,第 4336 页。
② 施宿:《嘉泰会稽志》卷十六,《宋元方志丛刊》第七册,中华书局 1990 年版,第 7021 页。

一、位至高官的卢简求

卢简求字子臧,范阳人,大历十才子之一卢纶子,两唐书有传。在元稹浙东幕僚中,卢简求是唯一一个做到高官而厚禄者。

《旧唐书》载卢简求,"长庆元年登进士第,释褐江西王仲舒从事。又从元稹为浙东、江夏二府掌书记"①。参戴伟华《唐方镇文职僚佐考》,王仲舒于元和十五年(820)至长庆三年(823)任江西都团练观察处置等使兼洪州刺史。据韩愈《唐故江南西道观察使中大夫洪州刺史兼御史中丞上柱国赐紫金鱼袋赠左散骑常侍太原王公神道碑铭》载"仲舒,字弘中……长庆三年十一月十七日,薨于洪州,年六十二",又元稹于长庆三年八月授浙东观察使,卢简求可能于此时或者在王仲舒卒后入元稹幕。元稹镇江夏,卢简求继任掌书记,元稹卒后,卢简求两为裴度所聘,又"佐牛僧孺镇襄阳,入迁户部员外郎。会昌中,讨刘稹,以忠武节度使李彦佐为招讨使,各选简求副之,俾知后务"②。后历苏、寿二州刺史,拜泾原渭武节度使,充河东等节度观察使。咸通初,以太子少师致仕,五年卒,年七十六,赠尚书左仆射。

卢简求工诗,"辞翰纵横,长于应变"③。致仕后还于东都,"都城有园林别墅,岁时行乐,子弟侍侧,公卿在席,诗酒赏咏,竟日忘归,如是者累年"④。惜其无诗作传世,《全唐文》存其文两篇,《杭州盐官县海昌院禅门大师塔碑》与《禅门大师碑阴记》,又《六艺之一录》卷七十八引《墨池编》载:"延祚寺禅门大德无积碑,卢简求书。"⑤从其存作看,卢简求对佛教怀有浓厚的兴趣,有着深厚的禅学修养。在越期间,卢简求与赵嘏游,赵嘏有《山中寄卢简求》。

二、流转幕府的下层文吏韩杼材等

韩杼材,字利用,据宋朱长文《墨池编》:"唐韩梓材,字利用。"⑥京兆人,据《宝庆四明志》卷十七:"定水寺……有大藏经殿唐京兆韩杼材记。"⑦定水寺,即清泉寺。

《宝刻丛编》卷十三有《唐南镇会稽山神永兴公祠堂碣》:"唐试左威卫兵曹参军

---

①　刘昫:《旧唐书》卷一六三,中华书局 1975 年版,第 4271—4272 页。

②　欧阳修、宋祁:《新唐书》卷一七七,中华书局 1975 年版,第 5284 页。

③　刘昫:《旧唐书》卷一六三,中华书局 1975 年版,第 4272 页。

④　刘昫:《旧唐书》卷一六三,中华书局 1975 年版,第 4272 页。

⑤　倪涛:《六艺之一录》卷七八,《景印文渊阁四库全书》第 831 册,台湾商务印书馆 1983 年版,第 735 页。

⑥　朱长文:《墨池编》卷三,《景印文渊阁四库全书》第 812 册,台湾商务印书馆 1983 年版,第 748 页。

⑦　罗濬:《宝庆四明志》卷十七,《宋元方志丛刊》第五册,中华书局 1990 年版,第 5218 页。

羊士谔撰,试太子正字韩杼材书,韩芳明篆额。唐封会稽山神为永兴公,贞元年奉诏祷祠作此铭,无刻石年月。"①考羊士谔《南镇永兴公祠堂碑》:"贞元九年夏四月,连率安定皇甫公,以前月丁酉诏旨,奉元玉制币,祷于灵坛。"②知刻石年月当为贞元九年四月。又皇甫公指皇甫政,参《唐方镇文职僚佐考》,贞元三年至贞元十三年皇甫政任浙东观察使兼越州刺史,正与羊碑"贞元九年"合。时韩杼材或以试太子正字为浙东从事。《嘉泰会稽志》卷十六《南镇会稽山神永兴公祠堂碣》作"贞元元年四月羊士谔撰,韩杼材书,韩方明篆额"③,贞元"元年"当为"九年"之讹。

《宝刻丛编》卷十三《唐移州城记》:"唐韩杼材撰,韩泉正书并篆,长庆二年岁次壬寅立。"④关于长庆年间明州移州城,《唐会要》卷七十一《州县改置下·江南道》载:"长庆元年三月,浙东观察使薛戎上言:'明州北临鄞江,城池卑隘,今请移明州於鄞县置,其旧城近南高处置县。'从之。"⑤《宝庆四明志》与《延祐四明志》从之。

《宝庆四明志》卷十一《移城记》:"唐推官韩杼材撰,在签厅。"⑥《移城记》即为《移州城记》,根据此处所载官职与《宝刻丛编》所载时间,韩杼材长庆二年当在浙东幕任推官。据《嘉泰会稽志》卷二载,薛戎于元和十二年正月自常州刺史授浙东观察使,长庆元年九月因疾病去官,丁公著继薛戎自礼部尚书翰林侍读学士授,长庆三年九月追赴阙。⑦那么长庆二年韩杼材应为丁公著所聘,此前或许也曾为薛戎所聘,材料不详,姑作推测。长庆三年元稹替丁公著,韩杼材何时为元稹所聘已不可考,据《嘉泰会稽志》:"禹穴碑,郑昉(鲂)撰,元稹铭,韩杼材行书,陆涥篆额,宝历景午秋九月作。"知韩杼材宝历二年已在元稹浙东幕。又《宝刻丛编》载《唐清泉寺大藏经记》:"唐韩抒材撰并行书,刘蔚篆额,大和二年九月立。"⑧可见到太和二年,韩杼材仍在元稹幕。从以上材料来看,韩杼材似乎一直活动在浙东一带,先后曾为皇甫政、丁公著、元稹所聘,前后时间跨度接近二十年,现在尚未找到韩杼材入朝为官的任何记录。

韩杼材工书,以书法见长。宋朱长文《墨池编》:"元稹观察浙东,幕府皆知名

① 陈思:《宝刻丛编》卷十三,《丛书集成初编》本,商务印书馆 1937 年版,第 334 页。
② 《全唐文》卷六一三,中华书局 1983 年版,第 6189 页。
③ 施宿:《嘉泰会稽志》卷十六,《宋元方志丛刊》第七册,中华书局 1990 年版,第 7020 页。
④ 陈思:《宝刻丛编》卷十三,《丛书集成初编》本,商务印书馆 1937 年版,第 345 页。
⑤ 王溥:《唐会要》卷七一,上海古籍出版社 2006 版,第 1507 页
⑥ 罗濬:《宝庆四明志》卷十一,《宋元方志丛刊》第五册,中华书局 1990 年版,第 5139 页。
⑦ 施宿:《嘉泰会稽志》卷二,《宋元方志丛刊》第七册,中华书局 1990 年版,第 6750 页。
⑧ 陈思:《宝刻丛编》卷十三,《丛书集成初编》本,商务印书馆 1937 年版,第 346 页。

士,梓(当作'杼')材其一也。笔迹希颜鲁公、沈传师而加遒丽,披沙见金,时有可宝。是时羊士谔同在越州,亦以文翰称云。"①又《延祐四明志》卷十八称:"韩杼材,唐之名儒也,尝为清泉寺作轮藏。"②由此可知,韩杼材在当时颇有才名,但其一生辗转幕府,名高而位卑,既不同于卢简求的高官厚禄,亦不同于陆洿之归隐。

郑　鲂

郑鲂,字嘉鱼,从事。《全唐文》卷七四○郑鲂《禹穴碑铭序》:"唐兴二百八祀,宝历庚午秋九月,予从事于是邦,感上圣遗轨,而学者无述,作禹穴碑,廉察使旧相河南公见而铭之。"③据元稹《酬郑从事四年九月宴望海亭次用旧韵》,郑鲂入元稹幕当在长庆四年九月之前。

白居易《和酬郑侍御东阳春闷放怀追越游见寄》:"君得嘉鱼置宾席,乐如南有嘉鱼时。劲气森爽竹竿竦,妍文焕烂芙蓉披。载笔在幕名已重,补衮于朝官尚卑。一缄疏入掩谷永,三都赋成排左思……"④极赞郑鲂的文才。戴伟华据此诗题中的"郑侍御"推论:"鲂在幕带监察御史或殿中侍御史衔。"⑤但是从题目看,白居易此诗是和元稹《酬郑侍御东阳春闷放怀追越游见寄》而作,而元稹的诗又是酬和郑鲂的,郑鲂的原题该是《东阳春闷放怀追越游》,从郑鲂的诗题看,"追越游"应当是追怀当年在越之游,那么郑鲂此时应该不在越,不然何以在越又"追越游"? 又白居易在诗中说郑鲂"载笔在幕名已重,补衮于朝官尚卑……自言拜辞主人后,离心荡飏风前旗。东南门馆别经岁,春眼怅望秋心悲",又"昨日嘉鱼来访我,方驾同出何所之。乐游原头春尚早,百舌新语声稗稗",郑鲂与白居易同游乐游原,那么此时郑鲂很可能已经离越而在京任监察御史或殿中侍御史,而不是"在幕带监察御史或殿中侍御史"。另外,从白居易此诗中还可以看出郑鲂离越到京任职后并不得意。

孟郊工诗,与元稹、白居易都有唱和,惜其诗作无一留存,孟郊有《赠郑夫子鲂》。《嘉泰会稽志》卷十六:"禹穴碑,郑昉(鲂)撰,元稹铭,韩杼材行书,陆洿篆额,宝历景午秋九月作。后有太和元年八月三日中山刘蔚续记二行,在龙瑞宫。"据《唐尚书省郎官石柱题名考》,郑鲂曾做过仓部郎中,时间待考。

---

①　朱长文:《墨池编》卷三,《景印文渊阁四库全书》第 812 册,台湾商务印书馆 1983 年版,第 748 页。
②　袁桷:《延祐四明志》卷十八,《宋元方志丛刊》第六册,中华书局 1990 年版,第 6402 页。
③　《全唐文》卷七四○,中华书局 1983 年版,第 7656 页。
④　白居易著,谢思炜校注:《白居易诗集校注》,中华书局 2006 年版,第 1752 页。
⑤　戴伟华:《唐方镇文职僚佐考》,天津古籍出版社 1994 年版,第 419 页。

刘　蔚

刘蔚,刘禹锡侄,郡望中山。刘禹锡《犹子蔚适越戒》云:"犹子蔚晨跪于席端曰:'……前日不自意,有司以名污贤能书;又不自意,被丞相府召为从事,重竞累愧,惧贻叔父羞。今当行,乞辞以为戒。'余曰:'……迟汝到丞相府,居一二日,袖吾文入谒,以取质焉。丞相,吾友也。汝事所从,如事诸父。借有不如意,推起敬之心以奉焉,无忽!'"①丞相,即元稹。《嘉泰会稽志》卷十六云:"禹穴碑……宝历景午秋九月作。后有太和元年八月三日中山刘蔚续记二行,在龙瑞宫。"②知刘蔚大和元年八月前已至越州。

刘蔚工篆。《宝刻类编》卷五云:"《清泉寺大藏经记》,韩杼材撰并行书,篆额,大和二年九月立,明。"③又云:"《春分投简阳明洞天并继作》,元威明白居易撰,王璹分书,蔚篆额,太和三年正月十五日立,越。"

王　璹

王璹,文宗时人,工八分书。《嘉泰会稽志》卷十六云:"《元威明春分投简阳明洞天诗》,王璹分书,……太和三年正月十五日立石龙瑞宫。……《白居易继春分投简阳明洞天诗》,王璹分书,太和三年八月十五日。"④

刘蔚与王璹生平资料甚少,亦无诗作传世。

韦繇

韦繇,《全唐诗》卷五一四载朱庆馀《送韦繇校书赴浙东幕》云:"丞相辟书新,秋关独去人。官离芸阁早,名占甲科频。水驿迎船火,山城候骑尘。湖边寄家久,到日喜荣亲。"⑤又据《唐会要》卷七六,宝历元年四月,韦繇登贤良方正能直言极谏科,⑥又《册府元龟》卷六百四十四云:"贤良方正、能直言极谏科……第四次等韦繇……。"韦繇及第后授校书郎,官满后入浙东幕约在大和年间。

周元范

周元范,郡望汝南,里籍句曲,白居易有《予以长庆二年冬十月到杭州明年九月始与范阳卢贾汝南周元范……》,又《唐诗纪事》卷五十六载:"元范,句曲人。"⑦周

①　陶敏、陶红雨:《刘禹锡全集编年校注》卷十七,岳麓书社 2003 年版,第 1092 页。
②　施宿:《嘉泰会稽志》卷十六,《宋元方志丛刊》第七册,中华书局 1990 年版,第 7021 页。
③　撰人未详:《宝刻类编》卷五,《丛书集成初编》本,商务印书馆 1936 年版,第 168 页。
④　施宿:《嘉泰会稽志》卷十六,《宋元方志丛刊》第七册,中华书局 1990 年版,第 7021 页。
⑤　彭定求等:《全唐诗》卷五一四,中华书局 1979 年版,第 5869 页。
⑥　王溥:《唐会要》卷七六,上海古籍出版社 2006 年版,第 1646 页。
⑦　计有功撰,王仲镛校笺:《唐诗纪事校笺》卷三七,中华书局 2007 年版,第 1535 页。

元范为长庆、大和间人。白居易刺苏杭、元稹任浙东观察使时,元范皆为从事,曾任判官、协律之职。据白居易《岁假内命酒赠周判官萧协律》:"脚随周叟行犹疾,头比萧翁白未匀。岁酒先拈辞不得,被君推作少年人。"周当年长于白。

周元范工诗,张为的《诗人主客图》置其于白派"及门"人中。周元范诗今仅存两首,一为七绝《奉和白舍人游镜湖夜归》:"风前酒醒看山笑,湖上诗成共客吟。画烛满堤烧月色,澄江绕树浸城阴。"一为七律《和白太守拣贡橘》:"离离朱实绿丛中,似火烧山处处红。影下寒林沈绿水,光摇高树照晴空。银章自竭人臣力,玉液谁知造化功。看取明朝船发后,馀香犹尚遂仁风。"白居易原诗《拣贡橘书情》作于宝历元年:"洞庭贡橘拣宜精,太守勤王请自行。珠颗形容随日长,琼浆气味得霜成。登山敢惜驽骀力,望阙难伸蝼蚁情。疏贱无由亲跪献,愿凭朱实表丹诚。"周元范另有断句四联,《投白公》:"谁云嵩上烟,随云依碧落。"《贺朱庆馀及第》:"莫怪西陵风景别,镜湖花草为先春。"《和白舍人泛湖早发洞庭诗》:"路出胥门深浅浪,月残吴苑两三星。"《寄白舍人兼鹤林招隐二长老》:"石桥路上千峰月,山殿云中半夜钟。"除《贺朱庆馀及第》,均为与白居易交往寄和之作。而白居易集中与其交往之诗达二十一首,在白居易与他人之交往诗中,其数量名列前茅。

元稹集中与周元范交往之诗有两首,即《酬周从事望海亭见寄》《余杭周从事以十章见寄词调清婉难于遍酬聊和诗首篇以答来贶》。贾岛有《送周判官元范赴越》,张籍有《送浙西周判官》,朱庆馀有《送浙东周判官》。从以上提到的这些交往诗看,周元范在当时诗坛中曾十分活跃,可惜的是,今其存诗数量之少,已很难重现其诗歌创作的全貌。

三、隐居终老的陆涥

据《唐文粹》卷八十九欧阳秬遗陆涥书《移陆司勋沔书》知,陆涥,字沔。关于陆涥籍贯,《云溪友议》卷中云:"(陆畅)初为江西王大夫仲舒从事,终日长吟,不亲公牍。府公微言,拂衣而去。辞曰:'不可偶为大夫参佐,而妨志业耶!'王乃固留不已,请举自代,然后登舟,曰:'涥予侄得耳,渠曾数辟不就,畅召必来。'"[1]由此可知,一,陆涥经陆畅举荐,曾入江西王仲舒幕;二,陆涥籍贯吴郡,《姑苏志》卷五十四《人物十三·儒林·陆畅传》:"陆畅,字达夫,吴郡人。"陆涥既为陆畅之侄,当亦为吴郡人。这与后来陆涥弃官隐吴中正相合。

---

① 范摅:《云溪友议》卷中,古典文学出版社1957年版,第29页。

由上文已知，王仲舒自元和十五年至长庆三年任江西观察使，陆洿当于长庆三年之前入幕。《资治通鉴》卷二四三"长庆四年四月"云："乙未，以布衣姜洽为补阙，试大理评事陆洿、布衣李虞、刘坚为拾遗。"①陆洿或于王仲舒卒后入朝试大理评事，长庆四年四月授拾遗。《嘉泰会稽志》卷十六云："禹穴碑，郑昉（鲂）撰，元稹铭，韩杼材行书，陆洿篆额。宝历景午秋九月作。"陆洿入元稹幕当在长庆四年（824）四月到宝历二年（826）九月之间。按：卢简求与陆洿都曾入江西王仲舒幕，王仲舒卒后，二人先后入元稹幕。

大和三年九月，元稹招为尚书左丞，陆洿入朝为右补阙，据《宝刻丛编》有唐右补阙陆洿题名，"自称麋鹿臣，字为篆书，大和三年，题在茅山"。《新唐书·欧阳詹传》："陆洿自右拾遗除司勋郎中，弃官隐吴中。"②"右拾遗"当为"右补阙"之误。陆洿归隐之前终官确为司勋郎中，但是陆洿是否自右补阙除司勋郎中仍有疑问，因为据《朗官石柱题名》，陆洿曾任祠部员外郎，陆洿是在任右补阙之前还是之后任祠部员外郎有待详考。杜牧有《送陆洿郎中弃官东归》，陆洿弃官后居苏州原戴颙宅，《姑苏志》卷三十一《第宅》："戴颙宅，今北禅寺，唐司勋郎中陆洿尝居之，有花桥水阁。"后捐宅为寺。

陆洿之归隐，并非其本意。据《旧唐书·杨嗣复传》，开成三年八月，杨嗣复奏曰："圣人在上，野无遗贤。陆洿上疏论兵，虽不中时事，意亦可奖。闲居苏州累年，宜与一官。"③又《新唐书·欧阳詹传》："从子秬，字降之，亦工为文。陆洿自右拾遗除司勋郎中，弃官隐吴中，诏召之，既在道，秬遗书让出处之遽，洿不至，还。"④朝廷因杨嗣复举荐而下诏召陆洿，陆洿则因欧阳秬之书而终不赴召。李郁《吊欧阳秬》有"名高因让陆洿书"⑤之句，可为证。

结　语

综上所考，在元稹浙东幕僚佐中，除卢简求外，大多沉沦下僚，流转幕府，如韩杼材，或以隐居终老，如陆洿。诚如傅璇琮在《唐方镇文职僚佐考》序言中所说："我这里提到的唐代社会两类知识分子，一属于知识分子的高层，即翰林学士……而另

---

① 司马光：《资治通鉴》卷二四三，中华书局 1956 年版，第 7835 页。
② 欧阳修、宋祁：《新唐书》卷二〇三，中华书局 1975 年版，第 5787 页。
③ 刘昫：《旧唐书》卷一七六，中华书局 1975 年版，第 4557 页。
④ 欧阳修、宋祁：《新唐书》卷二〇三，中华书局 1975 年版，第 5787 页。
⑤ 彭定求等：《全唐诗》卷七九五，中华书局 1979 年版，第 8947 页。

一类在节镇幕府任职的文士,则是数量众多,情况复杂。他们有的后来也跻升庙堂,但大部分则浮沉世俗,是在当时很有代表性的知识分子群体。"①

第三节　元稹的政治品格与浙东诗研究

在唐诗发展史上,元稹是与白居易齐名的中唐重要诗人,世称"元白"。《旧唐书》评其云:"元和主盟,微之、乐天而已。"②白居易有诗赞元稹云:"海内声华并在身,箧中文字绝无伦。"元稹以其创作成就在中国诗歌史上占据着重要的地位。

元稹的一生却是屡遭贬谪,沉浮动荡,大部分时间是在逆境中度过的。唐德宗贞元九年(793),元稹十五岁以明经擢第,二十五岁中评判科,署秘书省校书郎。宪宗元和元年(806)四月,以制举登科,授左拾遗。同年九月,即因勇于言事,为执政者所忌,出为河南尉。元和四年(809),除监察御史,出使东川,劾奏故剑南节度使违法加税,平反冤狱,回朝后,未蒙奖励,反而被命分司东都。元和五年(810),又劾奏河南尹房式,并将其停职,朝廷以为失当,被召回。回京途中,即发生宦官争厅,击伤元稹事。结果,宪宗包庇宦官,将本来无罪的元稹贬为江陵府士曹参军。后曾从事唐州,元和十年(815)自唐州召回,不一月,又出为通州司马。元和十三年(818),移虢州长史,元和十四年(819),方才召还,授膳部员外郎。穆宗朝,元稹历任祠部郎中、知制诰、中书舍人、翰林承旨学士。长庆二年(822)自工部侍郎拜相,仅三月,出为同州刺史。长庆三年(823),转浙东观察使兼越州刺史。大和三年(829),召为尚书左丞,数月之后,又除武昌军节度使。文宗大和五年(831),卒于武昌任所。

自元和元年拜左拾遗至大和五年的二十六年间,元稹多次被贬下迁,前后断断续续共二十多年的贬谪生涯,在朝中供职的时间不过五六年,这在中唐诗人中是不多见的。

长庆三年八月,元稹自同州刺史转越州刺史兼浙东观察使。在越期间,元稹整理诗集,与周围及远方的文友寄赠酬答,广辟文士幕僚,盛办诗酒文会,创作了大量表现浙东山水及风土人情的诗歌,留下了许多脍炙人口的写景佳作。可以说浙东时期是元稹继元和创作高潮之后的又一个丰收期。本节选取浙东时期的元稹诗歌作为研究对象,在重新厘清元稹政治品格的基础上,探讨元稹的心性世界及其在浙

---

① 戴伟华:《唐方镇文职僚佐考》序,天津古籍出版社1994年版,第2页。
② 刘昫:《旧唐书》卷一六六,中华书局1975年版,第4360页。

东诗中的体现,分析元稹浙东山水诗的特色及艺术价值。

一、元稹的政治品格

穆宗一朝,元稹在经历了十多年的贬谪生涯之后走向了其一生仕宦的顶峰。自元和十四年冬入为膳部员外郎起,元和十五年迁祠部郎中知制诰,长庆元年迁中书舍人、翰林承旨学士、赐紫金鱼袋,"一日之中,三加新命",其仕途可谓一路顺畅,节节攀升。然而随登高位、享殊荣而来的是险境丛生,在朝中供职期间,元稹不止一次遭到诋毁、打击,终于在长庆二年拜相不到三个月后就被排挤出朝,出为同州刺史,一年后转为浙东观察使,自此在越期间几乎不再参与朝政。

元稹一生沉浮动荡、大起大落,落魄时是被贬嶂乡十余载,几于丧身、"发斑白而归来"的贬官逐臣,得意时是"侍御皇座,口含生杀机"的翰苑宰辅。可以说生活在中唐时期的元稹本是一个复杂的历史人物,而后世对于元稹的评价更是众说纷纭,毁誉不一,其人其诗都曾受到后人颇多的非议与指责,尤其是关于元稹晚年的政治品格,自新、旧《唐书》看来,元稹一直背负着政治变节、依附宦官的历史骂名。

二十世纪以来,有不少学者开始以翔实的资料、审慎的辨析重新考证元稹其人,对传统的说法提出了许多异议。本节在前人研究的基础上,试从人、事两条线索厘清元稹晚年的政治品格与处世态度,即一、元稹与时人之交往,如元稹与宦官,元稹与裴度等;二、元稹对重大政治事件之态度及元稹晚年的重要政绩。

先看元稹与时人之交往,元稹与宦官。

从《旧唐书》、《新唐书》到《资治通鉴》,均有记载元稹结交宦官以求高位,这是元稹受后世非议的根本原因所在。从这些史料来看,事情的关键不外乎两个问题:一、元稹结交宦官崔潭峻以迁祠部郎中、知制诰;二、元稹结交中人魏弘简以求相位。

《旧唐书》关于元稹结交崔潭峻以迁祠部郎中、知制诰的记载如下:"穆宗皇帝在东宫,有妃嫔左右尝诵稹歌诗以为乐曲者,知稹所为,尝称其善,宫中呼为元才子。荆南监军崔潭峻甚礼接稹,不以掾吏遇之,常征其诗什讽诵之。长庆初,潭峻归朝,出稹《连昌宫辞》等百余篇奏御,穆宗大悦,问稹安在? 对曰:'今为南宫散郎。'即日转祠部郎中、知制诰。"[①]《新唐书》的记载与之相似而略有不同:"稹之谪江陵,善监军崔潭峻。长庆初,潭峻方亲幸,以稹歌词数十百篇奏御,帝大悦。问稹

---

① 刘昫:《旧唐书》卷一六六,中华书局 1975 年版,第 4333 页。

今安在,曰:'为南宫散郎。'即擢祠部郎中,知制诰。"①又《资治通鉴》"元和十五年"云:"初,膳部员外郎元稹为江陵士曹,与监军崔潭峻善。上在东宫,闻宫人诵稹歌诗而善之;及即位,潭峻归朝,献稹歌诗百余篇。上问:'稹安在?'对曰:'今为散郎。'夏,五月,庚戌,以稹为祠部郎中、知制诰。"②

关于这段记载的错谬之处研究者已多有指出。

首先,崔潭峻归朝不在长庆初。陈寅恪在《唐代政治史述论稿》中指出:"据新唐书李训传明言崔潭峻为元和逆党,但宪宗于元和十五年正月二十七日被弑,则旧唐书元稹传'长庆初潭峻归朝'之语微有未妥,故新唐书元稹传改作'长庆初潭峻方亲幸'也。"③考之《新唐书·李训传》:"始,宋申锡谋诛守澄不克,死,宦尹益横,帝愈愤耻。而宪祖之弑,罪人未得,虽外假借,内不堪,欲夷绝其类。……宦人陈弘志时监襄阳军,训启帝召还,至青泥驿,遣使者杖杀之。复以计白罢守澄观军容使,赐鸩死。又逐西川监军杨承和、淮南韦元素、河东王践言于岭外,已行,皆赐死。而崔潭峻前物故,诏剖棺鞭尸。元和逆党几尽。"④唐宣宗朝诛除谋害宪宗的"元和逆党",时崔潭峻已死,而犹"剖棺鞭尸",惩罚如此之严厉,可见崔必定是参与谋害唐宪宗的重要人物。既然如此,崔潭峻归朝应在唐宪宗被弑之前,而不是长庆初。

其次,元稹迁祠部郎中、知制诰的时间亦不在长庆初,而是元和十五年五月。《资治通鉴》卷二四一"元和十五年"云:"夏,五月,庚戌,以稹为祠部郎中、知制诰。"⑤这一点还可由元稹所作多篇制诰得证。新、旧《唐书》云元稹长庆初因崔潭峻擢祠部郎中、知制诰显然有误。

再次,元稹迁祠部郎中、知制诰之前曾任祠曹员外、试知制诰,并非由膳部员外郎直迁祠部郎中、知制诰。白居易《元稹除中书舍人翰林学士赐紫金鱼袋制》云:"尚书祠部郎中、知制诰、赐绯鱼袋元稹,去年夏,拔自祠曹员外、试知制诰。"⑥"去年夏"即元和十五年夏,时元稹自"祠曹员外、试知制诰"迁祠部郎中、知制诰。考之元稹所作制诰,有《李逢吉等加阶制》云:"某官李逢吉,是朕皇子时侍读也。忠孝之训,何尝忘之! 惟秘泊瑾,实惟藩臣。克壮威猷,用以垣翰。杨造等祗事内外,夙夜

①　欧阳修、宋祁:《新唐书》卷一七四,中华书局 1975 年版,第 5228 页。
②　司马光:《资治通鉴》卷二四一,中华书局 1956 年版,第 7779—7780 页。
③　陈寅恪:《唐代政治史述论稿》,生活·读书·新知三联书店 2004 年版,第 299 页。
④　欧阳修、宋祁:《新唐书》卷一七九,中华书局 1975 年版,第 5310 页。
⑤　司马光:《资治通鉴》卷二四一,中华书局 1956 年版,第 7780 页。
⑥　朱金城:《白居易集笺校》卷五〇,上海古籍出版社 1988 年版,第 2954 页。

惟寅,并沐前恩,递升荣级。"①唐穆宗于元和十五年二月初五发布《登极德音》:"东宫官及侍读,普恩之外,赐爵加阶,仍并于进改。"可见此制应作于元和十五年二月初五稍后。又有《追封李逢吉母王氏等》、《赠韦审规父渐等》、《追封李逊母崔氏博陵郡太君》等并作于此一时期,可见元稹确曾任祠曹员外、试知制诰一职。两《唐书》及《资治通鉴》谓元稹借助崔潭峻由"南宫散郎"直迁祠部郎中、知制诰显然有违事实。

不仅如此,其他史书的相关记载也颇多矛盾之处。如《唐会要》卷五五《省号下》云:"稹常通结内官魏弘简,约车仆,自诣其家,不由宰臣,而得掌诰。"②两《唐书》及《资治通鉴》皆云元稹由崔潭峻而得掌诰,此处又言由魏弘简,究竟孰是孰非,还是诬妄之辞?

中晚唐史料之不可靠已是学界公认的事实,然而短短的一段记载竟然留下了如此之多的错误与矛盾,也着实令人惊讶。我们又如何能以此漏洞百出之史料来判定元稹由结交宦官而得掌诰并一笔抹杀元稹的政治品格呢?

就元稹与崔潭峻的关系而言,崔潭峻是元稹谪居江陵期间的监军使,二人确曾有过来往,但是考之元稹的仕宦历程,二者的关系实在一般,也无法得出元稹借助崔的力量而得掌诰的结论。

元和九年,元稹随荆南节度使严绥征讨淮西吴元济叛乱,朝廷却突然将其调离前线,命其返回京城,使元稹失去了为国立功的机会,时监军使崔潭峻未曾一伸援手。元稹在转任通州司马、虢州长史的五年谪居时间里,与崔潭峻不曾有来往,也不曾借助崔的力量改变其贬谪处境。元和十四年,唐宪宗"御丹凤楼,大赦天下",元稹始得还朝任膳部员外郎,并非借助崔潭峻的力量。长庆元年以后,元稹在朝中供职期间曾多次遭到排挤打击,亦未见崔氏等一伸援手。

崔潭峻向唐穆宗献元稹诗或有之,说元稹因之而掌诰则未必。

元和十四年七月,元稹在唐宪宗"大赦天下"之际得以结束其十多年的贬谪生涯,还朝为膳部员外郎。元和十五年正月二十七日,宪宗暴病身亡,唐穆宗闰正月初三登位,并于二月初五发布《登极德音》,大赦天下,晋升百僚(据《唐大诏令集》、《旧唐书·穆宗纪》),元稹也得以膳部员外郎迁祠曹员外、试知制诰。五月九日,元稹又被拔为祠部郎中、知制诰。

---

① 元稹:《元稹集》卷四九,中华书局 1982 年版,第 535 页。
② 王溥:《唐会要》卷五五,上海古籍出版社 2006 年版,第 1111 页。

穆宗朝前期,元稹之所以得以步步高升,就大的政治环境而言,唐穆宗因宦官王守澄一派的拥戴而登帝位,政局因此而大变,穆宗登位后杀反对拥立自己的宦官头目吐突承璀,而重用元和年间受到吐突承璀一派排挤打击的官员,崔群、李绛、李德裕、李绅、白居易、庾敬休、李景俭、韩愈等都在这时相继回朝起用。元稹曾两次遭到吐突承璀集团的打击与排斥,外贬江陵、通州长达十多年,自然会受到穆宗的提拔与任用。而元稹自身的文学与政治才能更是受到唐穆宗青睐的重要原因。元稹在元和末尚未回朝之前,已是诗名籍籍,"传道讽诵,流闻阙下,里巷相传,为之纸贵"①,"好文"的唐穆宗对此早已有所知赏,"尝称其善","宫中呼为元才子"。又元稹在《连昌宫词》及其他策文中提出的"努力庙谋休用兵"的政治主张正迎合穆宗登位后"销兵"的施政意图。陈寅恪《唐代政治史述论稿》在论及长庆一朝之国策时说:"元才子连昌宫词全篇主旨所在之结句'努力庙谋休用兵'一语,实关涉当时政局国策,世之治史读诗者幸勿等闲放过也。"②再者,宰相段文昌等的提名与推荐也起了重要作用。段文昌与元稹早年同受知于裴垍,元稹自撰之《叙奏》云:"穆宗初,宰相更用事,丞相段公一日独得对,因请亟用兵部郎中薛存庆、考功员外郎牛僧孺,予亦在请中,上然之。不十数日,次用为给舍。"③

元稹与魏弘简。魏弘简是元稹任翰林学士时的枢密使,河北平叛期间,二者有过职事上的正常往来。长庆二年,裴度上疏弹劾元稹结交魏弘简阻挠河朔用兵。

元稹与裴度。元稹与裴度本有很深的渊源,但是长庆年间两人关系恶化:长庆元年,裴度上疏弹劾元稹结交宦官,元稹被罢翰林学士;长庆二年,有人诬告元稹杀害裴度,导致元稹罢相并再度被贬出朝。元稹于长庆年间的两次起落均与裴度有直接的关系,要了解元稹长庆年间的政治遭遇,不得不将二者交往的来龙去脉、是非曲直详为析论。

元稹与裴度早年俱受知于裴垍,元和元年九月,元稹因屡次上书言事,为执政所忌,出为河南尉,当时裴度亦被贬为河南府功曹参军,二人曾同赴洛阳。元和十三年,宪宗颁行《平淮西大赦文》:"左降官及流人移隶等,并与量移近处;别敕因责降授正员官,所司亦与处分。"元稹在通州致书裴度,要求任用:"况当今陛下在宥四海,与人为天,特降含垢弃瑕之书,且授随才任能之柄于阁下。阁下若能荡涤痕累,

---

①　刘昫:《旧唐书》卷一六六,中华书局 1975 年版,第 4332 页。
②　陈寅恪:《唐代政治史述论稿》,生活·读书·新知三联书店 2004 年版,第 299 页。
③　元稹:《元稹集》卷三二,中华书局 1982 年版,第 368 页。

洞开嫌疑,弃仇如振尘,爱士如救馁,使恃才薄行者自赎于烦辱,以能见忌者骋力于通衢,上以副陛下咸与惟新之怀,次有以广阁下常善救人之道……"①书中责望之意多而乞援之辞少,可见当时两人仍然交好。

长庆元年二月,元稹自祠部郎中、知制诰迁中书舍人、翰林学士,赐紫金鱼袋,"一日之中,三加新命"。长庆元年七月,朱克融、王廷凑自幽州、镇州起兵叛唐,李唐王朝开始召集各道军队征讨河朔叛乱。时元稹任翰林学士,在朝中掌制诰,裴度任河东节度使,手握重兵,二人都是唐穆宗倚重的大臣,"皆有宰相望"。然而,裴度在八月二十六日至十月十四日之间连上三疏,弹劾元稹结交宦官,延误河朔用兵。十月十九日元稹被罢学士,出为工部侍郎。

穆宗朝河北用兵一事是蠡测裴、元二人矛盾的关纽。《资治通鉴》"长庆元年"云:"翰林学士元稹与知枢密魏弘简相结,求为宰相,由是有宠于上,每事咨访焉。稹无怨于裴度,但以度先达重望,恐其复有功大用,妨己进取,故度所奏画军事,多与弘简从中沮坏之。"②又《旧唐书·裴度传》:"及元稹为相,请上罢兵,洗雪廷凑、克融,解深州之围,盖欲罢度兵柄故也。"③皆云元稹为争相位而结交宦官阻挠裴度河朔兵事。更有甚者,将穆宗朝河北用兵失败的历史责任加在元稹头上:"微之始为谏官,号敢言,后晚节不终,由中人荐为宰相。至与裴晋公为难,阻挠其兵计,使元勋重望无功,而河北遂不可问,则微之亦适成为半截人矣。"

长庆元年七月,朱克融囚幽州节度使张弘靖,王廷凑杀镇州节度使田弘正,联兵叛唐,当时局势,"两镇并力,讨除虑难应接"④,唐穆宗召集朝臣商议讨伐策略。

《旧唐书·王廷凑传》载东川节度使王涯献状曰:"常山、蓟郡、虞、虢相依,一时兴师,恐费财力。罪有轻重,事有后先,譬之攻坚,宜从易者。……幽蓟之众,可示宽刑;镇冀之戎,可资先讨。况廷凑阘茸,不席父祖之资;成德分离,又多迫胁之势。今以魏博思复仇之众,昭义愿尽敌之师,参之晋阳,辅以沧德,掎角而进,实若建瓴。尽屠其城,然后北首燕路,在朝廷不为失信,于军势实得机宜,臣之愚诚,切在于此。臣又闻用兵若斗,先扼其喉。今莫瀛郑、易定,两贼之咽喉也。诚宜假之威柄,戍以重兵,俾其死生不相知,间谍无所入;而以大军先进冀、赵,次临井陉,此一举万全之

① 元稹:《元稹集》卷三二,中华书局1982年版,第364页
② 司马光:《资治通鉴》卷二四二,中华书局1956年版,第7801页。
③ 刘昫:《旧唐书》卷一七〇,中华书局1975年版,第4424页。
④ 刘昫:《旧唐书》卷一四二,中华书局1975年版,第3885页。

势也。"①

唐穆宗采纳了王涯的征讨策略,一面命易定节度使开境以抗朱克融,令魏博、昭义、晋阳、沧德诸军从三面进讨王廷凑,先后授田布为魏博节度使、牛元翼为深冀节度使,加横海节度使乌重胤为检校司徒,元稹撰有《授田布魏博节度使制》《授牛元翼深冀州节度使制》《加乌重胤检校司徒制》等。一面诏谕各道军队兵次成德,以保万全,元稹撰《招讨镇州制》:"宜令魏博、横海、昭义、河东、义武等军,各出全军,以临界首。……如王廷凑遂迷不悟,诸道宜便进军,以时翦灭,苟不得已,至于用师。"②又令殿中侍御史温造历泽潞、河东等道,谕以军期。八月二十七日,任命裴度为幽、镇两道招抚使,元稹撰有《加裴度幽镇两道招抚使制》。概言之,北拒克融,以三道军力进讨王廷凑,加之以大军临境,辅之以相臣招抚(时裴度带宰相之衔),可谓软硬兼施,恩威并用。元稹曾在制诰中总结当时唐廷对河朔用兵的策略:"今上台居镇,算画无遗。操晋阳之利兵,驱屈产之良马。举河东义成之众,合沧景泽潞之师。当元翼授命之初,乘田布雪冤之忿,举毛拾芥,其易可知,兼用恩威,尚存招致。"③

可以说,从朝廷招讨朱、王伊始,元稹一直积极配合唐穆宗征讨河朔的方略,在此期间任命边将、招讨镇州的大批书诏都是元稹撰写的。然而,由于贼势强盛,将骄士惰,王军讨伐不力,王廷凑引诱幽州兵围深州,节度使牛元翼被围,"自领深冀,殷然雷霆,居四战之中,坚一城之守"。④

裴度上疏穆宗指责元稹延误河朔用兵:"或令两道招抚,逗留旬时,或遣他州行营,拖曳日月。但欲令臣失所,使臣无成,则天下理乱,山东胜负,悉不顾矣。"⑤

事实上,当初朝廷任命裴度为招抚使,是在以三道兵力进攻王廷凑的同时兼用怀柔,目的是动摇敌心,不战而屈人之兵,实为保全之策,并不是裴度所说"令两道招抚,逗留旬时"。而"他州行营,拖曳日月",诸军之所以讨伐不力,实际上另有原因:

> 左领军大将军杜叔良,以善事权幸得进;时幽、镇兵势方盛,诸道兵未敢

① 刘昫:《旧唐书》卷一四二,中华书局 1975 年版,第 3885—3886 页。
② 元稹:《元稹集》卷四一,中华书局 1982 年版,第 451 页。
③ 元稹:《元稹集》卷四二,中华书局 1982 年版,第 464 页。
④ 元稹:《元稹集》卷四四,中华书局 1982 年版,第 481 页。
⑤ 《全唐文》卷五三七,中华书局 1983 年版,第 5458 页。

进,上欲功速成,宦官荐叔良,以为深州诸道行营节度使。①

横海节度使乌重胤将全军救深州,诸军倚重胤独当幽、镇东南,重胤宿将,知贼未可破,按兵观衅。②

魏与幽、镇本相表里,及幽、镇叛,魏人固摇心。布以魏兵讨镇,军于南宫,上屡遣中使督战,而将士骄惰,无斗志,又属大雪,度支馈运不继。③

由此可见,一方面"贼势方盛",而另一方面将骄士惰,粮运不继,这才是"他州行营,拖曳日月"的真正原因,如何能说是元稹的责任?

又,裴度在给唐穆宗的疏文中指责元稹在制诏中抑损自己:"臣自兵兴以来,所陈章疏,事皆切要,所奉书诏,多有参差。蒙陛下委寄之意不轻,被奸臣抑损之事不少。"④然而考之元稹《加裴度幽镇两道招抚使制》,其中称赞裴度云:"厥初图征,疑议满野,不惧不惑,挺然披攘。苟无司南,允罔能济,佑我宪考,为唐神宗。实惟股肱,运用忠力。……国有元老,夫何患焉。"⑤书诏中不但不见对裴度片言只语的抑损,相反对裴度的评价远远高于元稹在同期制诰中对他人的赞扬。

裴度之所以如此诋毁元稹,实际上另有原因。

据元稹自作《叙奏》:"是时,裴太原亦有宰相望,巧者谋欲俱废之,乃以予所无构于裴。裴奏之,验之皆失实。上以裴方握兵,不欲校曲直,出予为工部侍郎,而相裴之期亦衰矣。不累月,上尽得所构者,虽不能暴之,遂果初意,卒命予与裴俱宰相。"⑥(吴伟斌推测"巧者"可能是王播,参吴文《元稹与唐穆宗》,《贵州文史丛刊》1988年第1期。此处暂不详考)裴度实受"巧者"的挑拨而弹劾元稹,而"巧者"的手段非常高明,利用元稹与裴度已有之矛盾与平叛过程中的争端,"谋欲俱废之",一箭双雕,得鹬蚌之利。

长庆元年二月的科举舞弊案中,裴度的儿子裴譔在重试中被覆落,而元稹是促成这次科考覆试的重要人物之一。(科考案一事详参下文"长庆元年科考案"一节)《资治通鉴》"长庆元年"载:"文昌言于上曰:'今岁礼部殊不公,所取进士皆子弟无艺,以关节得之。'上以问诸学士,德裕、稹、绅皆曰:'诚如文昌言。'上乃命中书舍人

---

① 司马光:《资治通鉴》卷二四二,中华书局 1956 年版,第 7800 页。
② 司马光:《资治通鉴》卷二四二,中华书局 1956 年版,第 7802 页。
③ 司马光:《资治通鉴》卷二四二,中华书局 1956 年版,第 7806 页。
④ 《全唐文》卷五三七,中华书局 1983 年版,第 5457 页。
⑤ 元稹:《元稹集》卷四二,中华书局 1982 年版,第 462 页。
⑥ 元稹:《元稹集》卷三二,中华书局 1982 年版,第 368 页。

王起等覆试。"①尽管后来唐穆宗特赐裴譔及第,裴度还是对赞同覆试之元稹等怀有些许不满。裴度《论元稹魏弘简奸状疏》指责元稹:"又与翰苑近臣,结为朋党,陛下听其所说,则必访于近臣,不知近臣已先私相计会,更唱迭和,蔽惑聪明。"②所谓"翰苑近臣",即与元稹共同促成覆试之李德裕、李绅,时三人同在翰林。而二李与裴度实无其他过节,裴度攻击元稹兼及二李,可见其对科考案犹未释怀。

河北平叛中,元稹谋划掌诰于内,裴度将兵御敌在外,二人在平叛策略上或有参差。元稹撰制诰以裴度为幽、镇两道招抚使,裴度则上疏责元稹"或令两道招抚,逗留旬时"。自元稹言,招怀抚谕是与三军进讨同时的一个策略,"兼用恩威,尚存招致"③,示以朝廷仁怀"以动其心,必未及诛夷,自生变故"④;自裴度言,"令两道招抚,逗留旬时"是延误战机之举。二人的矛盾实际上是政见策略的不同,元稹的抚谕并不是不用兵,裴度的用兵亦不是不用抚谕。就平叛而言,招抚与用兵各有利弊,难论孰是孰非,但这种政见的不同很容易被政敌利用并挑起争端。裴疏:"但欲令臣失所,使臣无成,则天下理乱,山东胜负,悉不顾矣。为臣事君一至于此。"⑤裴度如此愤慨元稹"不为国计,且为身计"⑥,恰恰说明狡诈的"巧者"就是利用裴元的矛盾,将二者的政见之争诬为权利之争而加以挑拨的。在这种情况下,元稹虽是无端遭诬,却也有口难辩。事实上,真正不顾"天下理乱,山东胜负"的不是元稹,而是挑起朝廷重臣争端的"巧者"。

裴度,史称"忠义",威望德业,为后世所重,被称为"中兴"功臣,"侔于郭子仪,出入中外,以身系国之安危、时之轻重者二十年"⑦。那么裴度又是为何轻信谗言挑拨而弹劾元稹的呢?

考之史册,裴度所为后世称道者,莫过于两大功绩:一是坚决打击藩镇割据势力,裴度执政后"以平贼为己任",辅佐宪宗平定淮西叛乱,战绩卓著;二是反对和打击宦官势力,长庆二年,裴度坚决要求穆宗严惩恃宠骄恣、欺凌主将的昭义监军刘承偕:"陛下必欲收天下心,止应下半纸诏书,具陈承偕骄纵之罪,令悟集将士斩之,

---

①　司马光:《资治通鉴》卷二四一,中华书局1956年版,第7790页。
②　《全唐文》卷五三七,中华书局1983年版,第5457页。
③　元稹:《元稹集》卷四二,中华书局1982年版,第464页。
④　司马光:《资治通鉴》卷二四二,中华书局1956年版,第7805页。
⑤　《全唐文》卷五三七,中华书局1983年版,第5458页。
⑥　《全唐文》卷五三七,中华书局1983年版,第5457页。
⑦　刘昫:《旧唐书》卷第一七〇,中华书局1975年版,第4433页。

则藩镇之臣，孰不思为陛下效死！"①由此可见，藩镇叛乱、宦官专权为裴度平生所最恨者，而"巧者"正是利用了裴度的这种心理诬元于裴：延误河朔用兵，结交宦官魏弘简。以裴度平生所最恶者构之，裴焉能不怒？明乎此，也就无怪于裴疏辞情激切了："逆竖构乱，震惊山东。奸臣作朋，挠乱国政。陛下欲扫荡幽镇，先宜肃清朝廷。"②

再看裴度指责元稹结交宦官魏弘简一段："其第一表第二状，伏恐圣意含宏，留中不行，臣谨再写重进。伏乞圣恩宣出，令文武百官于朝堂集议，必以臣表状虚谬，抵牾权幸，伏望更加谴责，以谢弘简、元稹；如弘简、元稹等实为朋党，实蔽圣聪，实是奸邪，实作威福，伏望议事定刑，以谢天下。"③虽情辞恳切，却无真凭实据，语多空言，这是不是也可以说明裴度其实并不知道真相，而是受人挑拨的一时义愤呢？

元稹究竟有没有阻挠河北平叛，唐穆宗当然是清楚的。但是当国家用兵之际，裴度又重兵在握，为顾全大局，穆宗不得不将元稹出为工部侍郎："裴奏至，验之皆失实。上以裴方握兵，不欲校曲直，出予为工部侍郎，而相裴之期亦衰矣。"④元稹无辜遭诬，却有口难辩，不得不为平叛大局含冤隐忍：

> 为国谋羊舌，从来不为身。此心长自保，终不学张陈。
> 自笑心何劣，区区辨所冤。伯仁虽到死，终不向人言。
> 富贵年皆长，风尘旧转稀。白头方见绝，遥为一沾衣。⑤

后来真相大白，长庆二年二月十九日，唐穆宗拜元稹为宰相："不累月，上尽得所构者，虽不能暴扬之，遂果初意，卒用予与裴俱为宰相。"⑥

署名李恒的《元稹平章事制》云："刚而有断，忠不近名，……不自饰以取容，不苟安而回虑，处直忘屈，在屯若夷，卓然怀陶铸之心，豁尔见江湖之量。……心唯体国，义乃忘身。……尔率于正，则不正者知惧；尔进于善，则不善者必悛。惟直道可以事君，惟至公可以格物，秉是数德，毗予一人，永孚于休，以底于道。""除官之制，例有夸饰，但此制除一般任命制诏中对被任命者才能的夸饰外，格外强调元稹'忠不近名'、'处直忘屈'、'江湖之量'、'义乃忘身'、'直道'等，似乎是对裴度上疏论元

---

① 司马光：《资治通鉴》卷二四二，中华书局 1956 年版，第 7814 页。
② 《全唐文》卷五三七，中华书局 1983 年版，第 5457 页。
③ 《全唐文》卷五三七，中华书局 1983 年版，第 5458 页
④ 刘昫：《旧唐书》卷一六六，中华书局 1975 年版，第 4338 页。
⑤ 元稹著，杨军笺注《元稹集编年笺注》，三秦出版社 2002 年版，第 855—856 页。
⑥ 刘昫：《旧唐书》卷一六六，中华书局 1975 年版，第 4338 页。

积与魏弘简交通导致元稹解翰林学士之任而使元稹蒙受冤屈的肯定与赞扬。"①

长庆二年二月,河朔讨伐无功,唐穆宗被迫罢兵,赦免朱克融,洗雪王廷凑。二月五日任命王廷凑为成德节度使,但是王廷凑仍然不解深州之围。三月,韩愈冒险宣慰王廷凑,不久,牛元翼终于得以突围。

关于此次罢兵,《旧唐书》及《资治通鉴》皆云元稹为罢裴度兵权而劝穆宗罢兵。

《旧唐书·裴度传》云:"元稹为相,请上罢兵,洗雪廷凑、克融,解深州围,盖欲罢度兵柄故也。"②但是实际上,朝廷在元稹拜相之前已经洗雪王廷凑:"(长庆二年二月)王庭凑围牛元翼于深州,官军三面救之,皆以乏粮不能进。……深州围益急,朝廷不得已,二月,甲子(初二),以庭凑为成德节度使,军中将士官爵皆复其旧。"③又:"(长庆二年二月)辛巳(十九日),中书侍郎、同平章事崔植罢为刑部尚书,以工部侍郎元稹同平章事。"④可见《旧唐书·裴度传》谓"元稹为相,请上罢兵,洗雪廷凑",显然有误。

《资治通鉴》是编年体历史著作,按照时间顺序依次叙述,在时间上存在矛盾和漏洞的可能性最小,故《资治通鉴》不及元稹为相,仅云:"元稹怨裴度,欲解其兵柄,故劝上雪廷凑而罢兵。"

自长庆元年七月"幽、镇逆命,朝廷征诸道兵,计十七八万,四面攻围,已逾半年,王师无功,贼势犹盛"⑤,直到长庆二年二月,"虽以诸道十五万之众,裴度元臣宿望,乌重胤、李光颜皆当时名将,讨幽、镇万余之众,屯守逾年,竟无成功,财竭力尽"⑥。

唐穆宗由是不得已而罢兵。关于史载元稹劝穆宗罢兵一事,史学家吕思勉云:"当时河北形势,用兵实难坚持,究因欲罢度兵柄而罢兵?抑因罢兵而罢度兵柄?殊难质言。"(吕思勉《隋唐五代史》第七章第五节)诚有以也!

长庆二年五月,离元稹拜相尚不足三个月,李赏诬告元稹欲结客刺杀裴度,宦官上奏唐穆宗,穆宗诏韩皋、郑覃、李逢吉按验,无状,而元稹与于方合谋"反间而出"牛元翼事因之公开。六月初五,元稹与裴度俱被罢相,元稹出为同州刺史。

① 周相录:《元稹年谱新编》,上海古籍出版社 2004 年版,第 288 页。
② 刘昫:《旧唐书》卷一七〇,中华书局 1975 年版,第 4424 页。
③ 司马光:《资治通鉴》卷二四二,中华书局 1956 年版,第 7807—7808 页。
④ 司马光:《资治通鉴》卷二四二,中华书局 1956 年版,第 7809 页。
⑤ 司马光:《资治通鉴》卷二四二,中华书局 1956 年版,第 7805 页。
⑥ 司马光:《资治通鉴》卷二四二,中华书局 1956 年版,第 7808 页。

《旧唐书·元稹传》载:"时王廷凑、朱克融连兵围牛元翼于深州,朝廷俱赦其罪,赐节钺,令罢兵,俱不奉诏。稹以天子非次拔擢,欲有所立以报上。有和王傅于方者,故司空顗之子,干进于稹,言有奇士王昭、王(于)友明二人,尝客于燕、赵间,颇与贼党通熟,可以反间而出元翼,仍自以家财资其行,仍略兵、吏部令史为出告身二十通,以便宜给赐,稹皆然之。有李赏者,知于方之谋,以稹与裴度有隙,乃告度云:'于方为稹所使,欲结客王昭等刺度。'度隐而不发。及神策军中尉奏于方之事,乃诏三司使韩皋等讯鞫,而害裴事无验,而前事尽露,遂俱罢稹、度平章事,乃出稹为同州刺史,度守仆射。"①

元稹与于方反间而出牛元翼事,史学家吕思勉于《隋唐五代史》第七章第五节云:"案于方之计,元稹所以然之者,《旧书》云:以天子非次拔擢,欲有所立以报上;《新书》云:稹之相,朝野杂然轻笑,私立奇节报天子,以厌人心。二者俱可有之。深州之围,岂可不解?欲解围而不能用兵,不得已而思用间,虽云无策,亦不为罪。"

又元稹被罢相后作《同州刺史谢上表》云:"臣忝有肺肝,岂并寻常宰相?况当行营退散之后,牛元翼未出之间,每闻陛下轸念之言,微臣恨不身先士卒。所以问计策,遣王(于)友明等救解深州,盖欲上副圣情,岂是别怀他意?不料奸臣疑臣杀害裴度,妄有告论,尘黩圣聪,愧羞天地。"②

元稹于二月十九日拜相,牛元翼于三月突围,元稹与于方合谋反间而出牛元翼应该在二月到三月之间。李赏五月诬告元稹时,反间之事已经过去两个多月。又反间之事与裴度没有任何关系,而李赏告度云"于方为稹所使,欲结客王昭等刺度"纯为子虚乌有之事。这又是一次利用裴、元二人的矛盾以一石击二鸟的阴谋。

据《旧唐书·李德裕传》:"三月,裴度自太原复辅政。是月,李逢吉亦自襄阳入朝,乃密赂纤人,构成于方狱。"③《旧唐书·李绅传》:"俄而稹作相,寻为李逢吉教人告稹阴事。"④又《旧唐书·裴度传》:"度与李逢吉素不协,度自太原入朝,而恶度者以逢吉善于阴计,足能构度,乃自襄阳召逢吉入朝,为兵部尚书。度既复知政事,而魏弘简、刘承偕之党在禁中。逢吉用族子仲言之谋,因医人郑注与中尉王守澄交结,内官皆为之助。五月,左神策军奏告事人李赏称和王府司马于方受元稹所使,

---

① 刘昫:《旧唐书》卷一六六,中华书局 1975 年版,第 4334 页。
② 元稹:《元稹集》卷三三,中华书局 1982 年版,第 384 页。
③ 刘昫:《旧唐书》卷一七四,中华书局 1975 年版,第 4510 页。
④ 刘昫:《旧唐书》卷一七三,中华书局 1975 年版,第 4497 页。

结客欲刺裴度。诏左仆射韩皋、给事中郑覃与李逢吉三人鞫于方之狱。"①由此可见,李赏实际上是受李逢吉的指使诬告元稹,李逢吉才是这场阴谋的真正导演。

李逢吉同时构陷元稹与裴度,手段高明,的确是"善于阴计"。李逢吉之所以指使李赏告诉裴度"于方为稹所使,欲结客王昭等刺度",是为了利用裴度与元稹的矛盾激怒裴度。如果裴度相信了李赏的诬告,一怒而上奏唐穆宗,李逢吉可以同时达到两个目的:其一,元稹本无害裴度之事,裴度将因诬告元稹而罢相;其二,元稹与于方反间而出牛元翼事暴露,元稹将因"行兹左道"、"体涉异端"而罢相。结果,裴度不相信李赏的话,"度闻之,隐而不发,盖亦知其不足信"。李逢吉于是与宦官勾结,借宦官之力继续打击陷害元稹:"五月,左神策军奏告事人李赏称和王府司马于方受元稹所使,结客欲刺裴度。诏左仆射韩皋、给事中郑覃与李逢吉三人鞫于方狱。"而这又是一个处心积虑的安排:韩皋,元和五年元稹惩办过的违制决杀县令的方镇(事见元稹《论浙西观察使封杖决杀县令事》);郑覃,长庆元年科试舞弊案中被覆落子弟郑朗之兄;李逢吉,阴谋的幕后策划者。整个构陷阴谋环环相扣,滴水不漏。

元稹的命运也就可想而知了。

元稹及裴度罢相,李逢吉奸人得利:"(长庆二年六月)甲子,司徒、平章事裴度守尚书右仆射,工部侍郎、平章事元稹为同州刺史,以正议大夫、守兵部尚书、轻车都尉李逢吉为门下侍郎、同中书门下平章事。"②

新、旧《唐书》及《资治通鉴》皆云元稹结交宦官以求高位,而事实是李逢吉勾结宦官陷害元稹,裴度弹劾元稹结交宦官,撰史者不加考辨轻信了裴度的奏疏,使元稹千百年来背负着依附宦官、政治变节的历史骂名。为史者,可不慎欤! 元稹生前有诗:

> 如何至近古,史氏为闲官? 但令识字者,窃弄刀笔权。
>
> 由心书曲直,不使当世观。贻之千万代,疑言相并传。
>
> 人人异所见,各各私所偏。以是日褒贬,不如都无焉!③

呜呼,微之!

长庆元年二月,元稹迁中书舍人、翰林承旨学士,赐紫金鱼袋,元稹开始改革制

---

①　刘昫:《旧唐书》卷一七〇,中华书局 1975 年版,第 4425 页。
②　刘昫:《旧唐书》卷一六,中华书局 1975 年版,第 497—498 页。
③　元稹著、杨军笺注:《元稹集编年笺注》,三秦出版社 2002 年版,第 330 页。

诏,文格高古,卓尔不群,深得唐穆宗激赏。三月,发生科考舞弊一案。

《资治通鉴》卷二四一"长庆元年"载:"文昌言于上曰:'今岁礼部殊不公,所取进士皆子弟无艺,以关节得之。'上以问诸学士,德裕、稹、绅皆曰:'诚如文昌言。'上乃命中书舍人王起等覆试。夏,四月,丁丑,诏黜朗等十人,贬徽江州刺史,宗闵剑州刺史,汝士开江令。"①

这次进士考试,由钱徽、李宗闵、杨汝士主持,录取了李宗闵婿苏巢、杨汝士弟杨隐士、裴度子裴譔、郑覃弟郑朗等亲故及势门子弟,而曾为宰相、时已出镇西川的节度使段文昌及翰林学士李绅所托举子却被榜落,引发矛盾。《旧唐书·钱徽传》:"长庆元年,为礼部侍郎。时宰相段文昌出镇蜀川,文昌好学,尤喜图书古画。故刑部侍郎杨凭兄弟以文学知名,家多书画。……凭子浑之求进,尽以家藏书画献文昌,求致进士第。文昌将发,面托钱徽,继以私书保荐。翰林学士李绅亦托举子周汉宾于徽。及榜出,浑之、汉宾皆不中选。……杨汝士与徽有旧,是岁,宗闵子婿苏巢及汝士季弟殷士俱及第。故文昌、李绅大怒。文昌赴镇,辞日,内殿面奏,言徽所放进士郑朗等十四人,皆子弟艺薄,不当在选中。穆宗以其事访于学士元稹、李绅,二人对与文昌同。遂命中书舍人王起、主客郎中知制诰白居易,于子亭重试,内出题目孤竹管赋、鸟散余花落诗,而十人不中选。"②

又《旧唐书·王起传》:"长庆元年,迁礼部侍郎。其年,钱徽掌贡士,为朝臣请托,人以为滥。诏起与同职白居易覆试,覆落者多。徽贬官,起遂代徽为礼部侍郎,掌贡二年,得士尤精。先是,贡举猥滥,势门子弟,交相酬酢,寒门俊造,十弃六七。及元稹、李绅在翰林,深怒其事,故有覆试之科。"③

当时元稹并无举子托于钱徽,而且与段文昌、李绅及举子父兄如郑朗父郑珣瑜(元稹吏部试座师)、苏巢岳父李宗闵、裴譔父裴度等俱有交谊。但是面对科场请托、贡举舞弊的恶习,元稹并不考虑自身的利害得失,毅然赞同覆试。此后,元稹又为唐穆宗起草《戒励风俗德音》,严厉抨击科场舞弊、朋比结党之风,结果树敌满朝,"制出,朋比之徒,如挞于市,咸睚眦于绅、稹"④。

科考案中,元稹秉公执法,不徇私情,可见其绝非虚与委蛇、圆滑世故于官场之徒。然而元稹正直之举的结果却是结怨于裴度、郑覃、李宗闵等人,为其仕途带来

---

① 司马光:《资治通鉴》卷二四一,中华书局1956年版,第7790—7791页。
② 刘昫:《旧唐书》卷一六八,中华书局1975年版,第4383—4384页。
③ 刘昫:《旧唐书》卷一六四,中华书局1975年版,第4278页。
④ 刘昫:《旧唐书》卷一六八,中华书局1975年版,第4386页。

了重重障碍,一次次地遭到诬陷打击。"直躬易媒孽,浮俗多瑕疵",在皇帝昏庸、宦官弄权、朋比结党的政治气候下,在你争我夺、尔虞我诈的黑暗官场上,越是想有所作为,就越容易被政敌抓住把柄,越快遭到打击排挤。元稹长庆年间的政治遭遇就证明了这一点:长庆元年三月发生科场舞弊案,十月裴度即上书弹劾元稹;长庆二年二月元稹欲以反间计解深州之围,五月即被李逢吉构陷罢相。

尽管屡遭诬陷打击,元稹晚年在同州及越州刺史任上仍能忠于职守,不堕改革之志,均定税籍,兴修水利,施惠于民,政绩卓著,体现出一个政治家的才干与智慧,这在中唐的政坛上是不多见的。

长庆三年于同州刺史任均定同州税籍,元稹此举得到当代著名史学家范文澜的充分肯定:"两税法代替租庸调法,实在是自然的趋势。陆贽、白居易等人指出两税法量出制入、巧取豪夺等种种弊害,确是同情民众的正论,但主张恢复租庸调法不免是一种迂论。……唐穆宗时元稹在同州均田,应是较为切实可行的办法。……元稹所说均田,是均田赋,与唐前期的均田制名同实异。按田亩实数和田地好坏均摊两税原额,朝廷收入照旧,纳税人负担算是比较均平些,这就成为元稹的著名政绩。"①元稹均定税籍可谓切中时弊,抑制了当地豪富巧取豪夺、逃避田税的行为,真正地减轻了农民的负担。元稹也因此得到了百姓的爱戴,据白居易《唐故武昌军节度处置等使正议大夫检校户部尚书鄂州刺史兼御史大夫赐紫金鱼袋赠尚书右仆射河南元公墓志铭》(以下简称《元稹墓志》)载,元稹自同州刺史改御史大夫、浙东观察使时,"将去同,同之耆幼鳏独、泣恋如别慈父母,遮道不可遏,送诏使导呵挥鞭有见血者,路辟而后得行"②。其语或有所夸大,但是元稹以己之政治才干有惠于民而得民之爱戴、留恋却是不争之事实。

长庆三年八月,元稹拜越州刺史兼御史大夫、浙东观察使。行至泗州,得知管内明州每年进淡菜、海蚶,役使民力至万,民不堪其苦。元稹到越州后即上《浙东论罢进海味状》,奏罢明州岁贡海味。《旧唐书·穆宗纪》云:"(长庆三年十一月)停浙东贡甜菜、海蚶。"③白居易《元稹墓志》云:"先是,明州岁进海物,其淡蚶非礼之味尤速坏,课其程,日驰数百里。公至越,未下车,趋奏罢。自越抵京师,邮夫获息肩者万计,道路歌舞之。"④

①　范文澜:《中国通史简编》(修订本)第三编第一册,人民出版社 1965 年版,第 232 页。
②　朱金城:《白居易集笺校》卷七〇,上海古籍出版社 1988 年版,第 3737 页。
③　刘昫:《旧唐书》卷一六,中华书局 1975 年版,第 503 页。
④　朱金城:《白居易集笺校》卷七〇,上海古籍出版社 1988 年版,第 3737 页。

长庆四年,元稹在浙东观察使任效仿其在同州时的做法,均定浙东税籍。白居易《元稹墓志》云:"明年,辨沃瘠,察贫富,均劳逸,以定税籍,越人便之,无流庸,无逋赋。"①

宝历元年,元稹在越州兴修水利。白居易《元稹墓志》载:"又明年,命吏课七郡人,冬筑陂塘,春贮雨水,夏溉旱苗,农人赖之,无凶年,无饿殍。"②章孝标有诗赞元稹在浙东兴修水利、造福百姓事:"婺女星边喜气频,越王台上坐诗人。雪晴山水勾留客,风暖旌旗计会春。黎庶已同猗顿富,烟花却为相公贫。何言禹迹无人继,万顷湖田又崭新。"③

元稹是中唐历史舞台上一位活跃而有影响的人物,他兼具文人的气质和政治家的才干,怀抱着入世济人的人生理想,一生务于进取,不同于白居易"达则兼济,穷则独善",具有更执著的入世观念和进取精神。元稹早年因得罪宦官而被贬近十载,回朝后对宦官的态度有所改变,没有再发生直接冲突。这在当时的政治形势下,本是不得已而为之的无可奈何之事,我们当然不能据此而认为元稹丧失了自己的政治品格。事实上,元稹后期并没有为追名逐利而依附宦官,而是仍旧秉承着自己年轻时的心性品质,秉公执法,不徇私情,并因此而得罪权贵,再度被诬出朝。

白居易在《元稹墓志》中总结元稹一生云:"予尝悲公始以直躬律人,勤而行之,则坎壈而不偶。谪瘴乡凡十年,发斑白而归来。次以权道济世,变而通之,又龃龉而不安。居相位仅三月,席不暖而罢去。通介进退,卒不获心。是以法理之用,止于举一职,不布于庶官,仁义之泽,至于惠一方,不周于四海。故公之心不足也。逢时与不逢时同,得位与不得位同,贵富与浮云同。何者?时行而道不行,身遇而心不遇也。挚友居易,独知其心。"④白可谓深知稹者,亦深悲稹者也!

二、元稹的心性世界

由于史籍对元稹政治品格的错误记载,导致了人们对元稹心性品质的误读,虽然"元白"并称,但是人们一般认为白优元劣,元稹不如白居易那么高洁自守、始终如一。实际上,元稹有着自身的鲜明个性,他对仕与隐及人生的出处有着自己独到的看法,同时,元稹有着很深的佛学造诣,而且见解独到,领悟深刻。可以说,元稹

---

① 朱金城:《白居易集笺校》卷七〇,上海古籍出版社 1988 年版,第 3737 页。
② 朱金城:《白居易集笺校》卷七〇,上海古籍出版社 1988 年版,第 3737 页。
③ 彭定求等:《全唐诗》卷五〇六,中华书局 1979 年版,第 5748 页。
④ 朱金城:《白居易集笺校》卷七〇,上海古籍出版社 1988 年版,第 3738 页。

是一个既执著又洒脱、通达的人。

元稹一生屡遭贬谪,仕途坎坷,大部分时间是在贬所度过的。但是无论面对怎样的挫折与困难,他从来都没有走向消极一途,也没有放弃自己"兼济天下"的人生理想。元稹是一个执著型诗人,他比白居易具有更执著的入世观念和进取精神。不否认,这里有元稹自己"显身扬名"的个人打算,但是元稹不同于追名逐利之徒,而且他也从来没有为追求名利而丧失自己的政治品格。

元稹十五岁明经及第,二十八岁以第一名登制举,授左拾遗,"性锋锐,见事风生。既居谏垣,不欲碌碌自滞,事无不言,即日上书论谏职"①。青年元稹心性激切、峻直,任心而行,肆志而言,举奏不避权势,正如白居易所言"直躬律人",而元稹也为这四个字付出了沉重的代价:自元和五年被贬为江陵府士曹参军,直至元和十四年底被召回长安,这一贬就是十年。

元稹被贬江陵时三十二岁,到元和十四年被召回长安时已是四十一岁。这十年本是人生大有作为之时,而元稹虽负卓荦才华,却不为世所用,流贬瘴乡,废弃十载,在孤独、寂寞、苦闷中度日。这对于怀有远大抱负的元稹来说是何等的沉重、悲凉,"壮年等闲过,过壮年已五。华发不再青,劳生竟何补"。

江南瘴疠之地,生存条件极端恶劣,尤其是通州,"通之地,湿垫卑褊,人士稀少,近荒札死亡过半,邑无吏,市无货,百姓茹草木,刺史以下,计粒而食。大有虎貘之患,小有浮尘蜘蛛蜂之类,皆能钻啮肌肤,使人疮,夏多阴霾,秋为痢疟,地无巫医药石,万里病者,有百死一生之虑"②。元稹到了通州之后便"染瘴危重"、"疟病将死",后又"病疟二年"。"雨滑危梁性命愁,差池一步一生休。黄泉便是通州郡,渐入深泥渐到州",元稹一度认为通州就是自己的葬身之地。

然而,尽管艰难困苦如此,与政敌一次次的打击和迫害,元稹始终没有放弃自己的初衷,也没有像白居易那样走入消极避世一途。

元白为挚友,但是二人在人生出处的选择上并不相同。早在贞元十九年,元稹的《韦居守晚岁常言退休之志因署其居曰大隐洞命予赋诗因赠绝句》一诗已经表现出与众不同的看法:"谢公潜有东山意,已向朱门启洞门。大隐犹疑恋朝市,不如名作罢归园。"可见元稹对所谓的"大隐隐于市"不以为然,他认为仕即仕,隐即隐,既然归隐就不要再存市朝之念。

---

① 刘昫:《旧唐书》卷一六六,中华书局 1975 年版,第 4327 页。
② 元稹著,杨军笺注:《元稹集编年笺注》,三秦出版社 2002 年版,第 800 页。

元稹的《四皓庙》也迥出常格,与人们称赞四皓的高风亮节不同,元稹讽刺四皓为个人安危而弊居深山,天下太平坐享其成:

> 茅焦脱衣谏,先生无一言。赵高杀二世,先生如不闻。刘项取天下,先生游白云。海内八年战,先生全一身。汉业日已定,先生名亦振。不得为济世,宜哉为隐沦。如何一朝起,屈作储二宾。安存孝惠帝,摧悴戚夫人。①

元稹于《酬翰林白学士代书一百韵并序》自注:"予途中作《青云驿》诗,病其云泥一致;作《四皓庙》,讥其出处不常。"②

《和乐天赠樊著作》也表现出与白居易不同的旨趣:"况乃丈夫志,用舍贵当年。顾予有微尚,愿以出处论。出非利吾己,其出贵道全。全道岂虚设,道全当及人。全则富与寿,亏则饥与寒。遂我一身逸,不如万物安。解悬不泽手,拯溺无折旋。神哉伊尹心,可以冠古先。其次有独善,善己不善民。天地为一物,死生为一源。合杂纷万变,忽若风中尘。抗哉巢由志,尧舜不可迁。舍此二者外,安用名为宾。"③

总之,元稹在这些诗中所表现出的旨趣与"达则兼济天下,穷则独善其身"的传统儒家观念不同,他认为仕即仕,隐即隐。非仕非隐,即仕即隐,非元稹所尚。

无罪被贬,蒙冤受屈,遭受打击,不仅没有使元稹改变自己最初的志向,相反使元稹对社会和人生有了更清醒的认识,也进一步明确了自己的人生目标。元和九年,元稹在给李致用的诗中表达了自己"达则济亿兆,穷亦济毫厘。济人无大小,誓不空济私"的人生理想,这个时候元稹被贬江陵已经四年了。

有论者认为通州时期是元稹思想转变的过渡时期,事实上,尽管通州的条件极端恶劣,元稹于这一时期的诗中也颇多穷苦之辞,但是元稹并没有改变自己的心性,也没有放弃自己的平生抱负,如《酬独孤二十六送归通州》:

> 我有平生志,临别将具论。十岁慕偶倪,爱白不爱昏。宁爱寒切烈,不爱旸温暾。二十走猎骑,三十游海门。憎兔跳趯趯,恶鹏黑翻翻。鳌钓气方壮,鹘拳心颇尊。下观狰狞辈,一扫翼不存。明冠壮士籍,功酬明主恩。不然合身弃,何况身上痕。金石有销烁,肺腑无寒温。分画久已定,波涛何足烦。尝希苏门啸,讵厌巴树猿。瘴水徒浩浩,浮云亦轩轩。长歌莫长叹,饮斛莫饮樽。

---

① 元稹著,杨军笺注:《元稹集编年笺注》,三秦出版社 2002 年版,第 254 页。
② 元稹著,杨军笺注:《元稹集编年笺注》,三秦出版社 2002 年版,第 309 页。
③ 元稹著,杨军笺注:《元稹集编年笺注》,三秦出版社 2002 年版,第 331 页。

生为醉乡客,死作达士魂。①

又如《酬刘猛见送》:

> 伊余狷然质,谬入多士朝。任气有憃戆,容身寡朋曹。愚狂偶似直,静僻非敢骄。一为毫发忤,十载山川遥。烁铁不在火,割肌不在刀。险心露山岳,流语翻波涛。六尺安敢主,方寸由自调。神剑土不蚀,异布火不燋。虽无二物姿,庶欲效一毫。②

这两首诗均作于元和十二年,这个时候元稹被贬已经八年了。元稹在诗中表现出一种"宁为玉碎,不为瓦全"的勇气和决心,体现了诗人不肯变志从俗、狷介刚直的独立心性和战胜困境的坚强品格。

元稹经常用玉、石来形容自己坚贞的心性,如《思归乐》云"我心终不死,金石贯以诚",《分水岭》云"易时不易性,改邑不改名",《酬别致用》云"玉色深不变,井水挠不移"。在元稹看来,既然已经出仕,"分画已定",那么无论遇到怎样的艰难困苦,即使是粉身碎骨也不应放弃自己的初衷。面对种种打击和磨难,其志愈坚,守道愈笃。

再者,元稹一生中最辉煌、最有代表性的诗作和诗歌理论大都是在通州完成的,现在可以见到的元稹在通州所作的诗歌有 180 余首,约占其现存全部诗作的五分之一。元稹在通州创作了《连昌宫词》这样的传世名篇,与白居易一起倡导新乐府运动,主张诗歌应反映现实,揭露和讽刺当时腐败的社会现象,反映民生疾苦和愿望。

韩愈称赞元稹"子真安而乐之者",刘禹锡评价元稹"多节本怀端直性,露青犹有岁寒心",杨巨源赞元稹"一枝寒玉任烟霜",并非过论。只是由于后世对元稹政治品格的误解,导致了对元稹个性和心性品质认识的偏差和不足。

长庆年间,元稹回朝后也没有改变自己做人的原则。尽管他不像年轻时那样"直躬律人",锋芒毕露,咄咄逼人,但是长庆元年的科举案,元稹打击朋比结党、科场舞弊之风,不避党仇,一并得罪了朝中许多权贵,大历三年,回朝一上任就"出郎官颇乖公议者七人",仍是一副不识时务的耿直性格。元稹始终抱着自己心中的"道",不顾忌自己的利害得失,只要是理所当为、义所当为的,他都义无反顾。

---

① 元稹著,杨军笺注:《元稹集编年笺注》,三秦出版社 2002 年版,第 738 页。
② 元稹著,杨军笺注:《元稹集编年笺注》,三秦出版社 2002 年版,第 740 页。

人们多以为白居易晚年受佛教思想的影响,在"兼济"与"独善"间进退裕如,随缘自适,而元稹为浮荣虚相、功名利禄所迷,急功近利。殊不知,元稹有着很深的佛学造诣,而且见解独到,领悟深刻。在元稹的心性世界中另有一番天地,正是所谓"微之得处,岂乐天所及哉?"

元稹很早即接触佛教,和唐代的其他文人一样,有着与僧人交往的习惯。随着人生阅历的增加,元稹对佛教思想的领悟也越深。

作于元和五年的《梦游春七十韵》是了解元稹以佛学的思辨性智慧感悟人生的重要材料:

> 昔岁梦游春,岁游何所遇。梦入深洞中,果遂平生趣……梦魂良易惊,灵境难久寓。夜夜望天河,无由重沿沂。结念心所期,返如禅顿悟。觉来八九年,不向花回顾。……浮生转经历,道性犹坚固。[1]

白居易在《和梦游春一百韵》的序言中说:"予辱斯言,三复其旨,大抵悔既往而悟将来也……反于彼而悟于妄,则宜归于真也。况与足下外服儒风、内宗梵行者有日矣。而今而后,非觉路之返也,非空门之归也,将安反乎?将安归乎?今所和者,其卒章指归于此。夫感不甚则悔不熟,感不至则悟不深;故广足下七十韵为一百韵,重为足下陈梦游之中,所以甚感者;叙婚仕之际,所以至感者;欲使曲尽其妄,周知其非,然后反乎真,归乎实。亦犹《法华经》序火宅、偈化城,《维摩经》入淫舍、过酒肆之义也。"[2]

不悔则不悟。爱恨恩怨、生离死别、荣辱得失,当经历人生的种种痛苦后,回首处,翻成顿悟。元稹深受佛教的影响,接受了佛教即世求解脱的思想,"佛法在世间,不离出世间"。"欲离烦恼三千界,不在禅门八万条。心火自生还自灭,云师无路与君消",若向空门求,空空无所得,只有自度、自省、自悟才能求得人生真谛。

佛教思想不仅仅是元稹失意时的镇痛剂,而且佛教的思辨智慧已经深深地扎根到元稹人生哲学的深处。元稹对佛教思想的接受与感悟,与他自身的心性特征密切相关。元才子是一个性情中人,他敢爱敢恨,对生离死别、悲欢合散都有彻骨的感受,正因为感受如此深刻才悟得透彻。在元稹的心性中既有执著的一面,又有通达、洒脱的一面,这两面并不矛盾,而是相互表里。元稹执著地固守着自己的信

---

① 元稹著,杨军笺注:《元稹集编年笺注》,三秦出版社 2002 年版,第 337 页。
② 朱金城:《白居易集笺校》卷一四,上海古籍出版社 1988 年版,第 863 页。

念与理想,无论面对怎样的痛苦与磨难他都不逃避、不退缩,他把人生的种种经历看作是求得人生真谛所需经的种种磨练,在苦难中净化自己的心灵。可以说,元稹正是因了心性的执著而实现了心境的豁达。

历尽人世沧桑的元稹对佛的真谛和佛的境界的理解要深刻许多:"莫笑风尘满面颜,此生元在有无间。卷舒莲叶终难湿,去住云心一种闲。"①诗人以自身的经历感悟佛理,从尘世苦累中历练心境的空明,不以物喜,不以己悲,从容淡定,豁达闲适,有如庭前看花,宠辱不惊。

再如《酬知退》:"终须修到无修处,闻尽声闻始不闻。莫著妄心销彼我,我心无我亦无君。"②佛法只是一种手段,而不是最终的目的,所以连它也要舍弃。只要一念清静,则无我无彼,若要有心销彼我,反是徒增妄心。又如《游云门》:"遥泉滴滴度更迟,秋夜霜天入竹扉。明月自随山影去,清风长送白云归。"③明月、清风各得其所,来也罢,去也罢,我依然是我。诗歌平稳自如,韵度飘扬,动中见静,从容不迫。

长庆二年,元稹罢相,出为同州刺史,一年后改越州刺史兼浙东观察使。"羸骨欲销犹被刻,疮痕未没又遭弹",在朝中屡遭打击、诬陷的元稹心灰意冷,"老大哪能更争竞,任君投募醉乡人"。尤其是长庆四年唐穆宗死后,元稹自知回朝无望,更是灰心:"残历半张余十四,灰心雪鬓两凄然。定知新岁御楼后,从此不名长庆年。""年历复年历,卷尽悲且惜。历日何足悲,但悲年运易。年年岂无叹,此叹何喞喞。所叹别此年,永无长庆历。"

这也正说明了元稹仍旧希图能够回朝继续效力,不甘心就此放弃,"由来鹏化便图南,浙右虽雄我未甘。早渡西江好归去,莫抛舟楫滞春潭"。元稹始终怀抱兼济天下的人生理想,回想二十年来,在朝中供职的时间前后不到三年,平生抱负,未得一展,这对于自负才华的元稹来说怎能不是一个遗憾。此外,元稹也一直在利用手中的职权力所能及地实施自己的政治抱负,于同州及浙江东时期颇多惠政。

元稹一生都执著于自己的理想,可惜他空有一腔济世的热情,却没有实现的谋略。元稹自始至终都务求进取,也自始至终不合时务,至死都为没能实现自己济世的理想而遗恨。

---

①　元稹著,杨军笺注:《元稹集编年笺注》,三秦出版社 2002 年版,第 611 页。

②　元稹著,杨军笺注:《元稹集编年笺注》,三秦出版社 2002 年版,第 761 页。

③　元稹著,杨军笺注:《元稹集编年笺注》,三秦出版社 2002 年版,第 937 页。

"致君尧舜"、"兼济天下"是大多数唐代文人追求的人生理想,从盛唐到中唐莫不如此。若就人生境界而言,成其大者则首推杜甫。杜甫是元稹生前最推崇的一个诗人,也许元稹没有杜甫那样悲天悯人的博大胸怀和崇高境界,但是他始终把"兼济天下"作为一生的理想追求并守志不移。千百年来,人们一直为元白二人孰优孰劣而聚讼不已,也许重要的不是分一个孰优孰劣,而是给予这些命运多舛的古人以充分的理解。

三、元稹浙东诗研究

元稹在越期间,大辟文士幕僚,结交文士与道流,徜徉于越州的明山丽水之间,举办诗酒文会,又与周围的白居易、李德裕等往来唱和,写下了许多脍炙人口的写景佳作。可以说,浙东时期是元稹诗歌创作的最后一个丰收期,其成就主要表现在以下几个方面。

第一,哀而不伤的暮年情怀。

浙东地区山明水丽,经济富庶,元稹身为浙东观察使、越州刺史,手握财政大权,生活舒适安逸,当然不似于江陵、通州时的那般苦境:"我是玉皇香案吏,谪居犹得住蓬莱。"然而,远守浙东并非元稹所愿,他始终希望自己能够重回朝廷,一展抱负,所谓"由来鹏化便图南,浙右虽雄我未甘。早渡西江好归去,莫抛舟楫滞春潭"[1]。

但是环顾当时朝局,牛李党争加剧,统治阶级内部争权夺利的斗争愈演愈烈,唐廷的中央统治越来越黑暗,元稹已经没有多少实现自己抱负的可能了。长庆四年,穆宗去世之后,元稹自知回朝的希望渺茫,其《题长庆四年历日尾》诗云:"残历半张余十四,灰心雪鬓两凄然。定知新岁御楼后,从此不名长庆年。"[2]《长庆历》诗云:"年历复年历,卷尽悲且惜。历日何足悲,但悲年运易。年年岂无叹,此叹何唧唧。所叹别此年,永无长庆历。"[3]

远赴浙东时,元稹已是年近半百之人。屡经宦海沉浮的元稹,此时已经无复年轻时的激切情怀,心境渐趋消沉、淡泊,"休学州前罗刹石,一生身敌海波澜","别无远近皆难见,老减心情各自知","老大哪能更争竞,任君投募醉乡人"。

元稹在浙东时期的诗歌中颇多叹老嗟衰、伤悼往昔之作,如"催身易老缘多事,

---

① 元稹著,杨军笺注:《元稹集编年笺注》,三秦出版社 2002 年版,第 895 页。
② 元稹著,杨军笺注:《元稹集编年笺注》,三秦出版社 2002 年版,第 914 页。
③ 元稹著,杨军笺注:《元稹集编年笺注》,三秦出版社 2002 年版,第 914 页。

报主深恩在几时","自惊身上添年纪,休系心中小是非","垂老相逢渐难别,白头期限各无多","去日渐加余日少,贺人虽闹故人稀","白头徒侣渐稀少,明日恐君无此欢","椒花丽句闲重检,艾发衰容惜寸辉","我今贺尔亦自多,尔得老成余白首","白头辞北阙,沧海是东邻","胜事无穷境,流年有限身"。

　　青春已逝,而来日无多,久谪浙东的元稹感叹着自己白发空添,功业无成。《寄乐天》诗云:"闲夜思君坐到明,追寻往事倍伤情。同登科后心相合,初得官时髭未生。二十年来谙世路,三千里外老江城。犹应更有前途在,知向人间何处行。"①

　　元稹一生积极入世,锐意进取,固然有追求功名富贵的个人打算,但也不乏超越有限人生、实现不朽价值的理想追求。然而在当时黑暗腐朽的政治背景下,元稹的理想抱负只能归于破灭:"忆年十五学构厦,有意盖覆天下穷。安知四十虚富贵,朱紫束缚心志空。"②又《题法华山天衣寺》诗云:"马踏红尘古塞平,出门谁不为功名。到头争似栖禅客,林下无言过一生。"③这首小诗可以说是元稹一生的写照,诗中浸透着追求无望的悲哀与感伤,理想破灭的沉痛与无奈。元稹后期的诗歌表现出一种深深的幻灭感,"蹇驴瘦马尘中伴,紫绶朱衣梦里身","近来章奏小年诗,一种成空尽可悲","一日今年始,一年前事空。凄凉百年事,应与一年同"。人生无常,世情多变,年华空过,功业无成,这一切都让元稹觉得人生空幻如梦。

　　叹老嗟衰也罢,理想幻灭也罢,几经宦海沉浮、人事代谢的元稹,毕竟无复年轻时的激切凌厉。种种悲慨虽深,感情的基调却是平淡自然的,哀而不伤,诗歌的用语亦浅切平易。九折回肠,百般伤感,诗人以平易流畅的语言出之,娓娓道来,似不着力却感人至深。

　　第二,婉丽清疏的山水诗创作。

　　唐时越州经济富庶,山水奇佳,佛教及道教兴盛。白居易《沃州山禅院记》云:"东南山水,越为首,剡为面,沃州、天姥为眉目。"④越州山水清秀空明,阴阳和静,南朝孔灵符《会稽记》说:"会稽境特多名山水。峰崿隆峻,吐纳云雾。松栝枫柏,擢干竦条。潭壑镜澈,清流泻注。王子敬见之,曰:'山水之美,使人应接不暇。'"⑤

　　元稹谪居浙东,没有什么机会参与朝政,遂寄情山水,放意遨游,又与白居易等

①　元稹著,杨军笺注:《元稹集编年笺注》,三秦出版社 2002 年版,第 886 页。
②　元稹著,杨军笺注:《元稹集编年笺注》,三秦出版社 2002 年版,第 910 页。
③　元稹著,杨军笺注:《元稹集编年笺注》,三秦出版社 2002 年版,第 938 页。
④　朱金城:《白居易集笺校》卷六八,上海古籍出版社 1988 年版,第 3684 页
⑤　孔灵符:《会稽记》,《鲁迅辑录古籍丛编》第 3 册,人民文学出版社 1999 年版,第 310 页。

往来唱和,创作了大量表现越州秀美山水的写景佳作。会稽山,越王台,镜湖水,五云溪,湖光山色,水云潋滟,无不在元稹的笔下婉丽生辉。其中两首状写越州州宅的诗尤为后人称道。《以州宅夸于乐天》:"州城回绕拂云堆,镜水稽山满眼来。四面常时对屏障,一家终日在楼台。星河似向檐前落,鼓角惊从地底回。我是玉皇香案吏,谪居犹得住蓬莱。"①《重夸州宅旦暮景色兼酬前篇末句》:"仙都难画亦难书,暂合登临不合居。绕郭烟岚新雨后,满山楼阁上灯初。人声晓动千门辟,湖色宵涵万象虚。为问西州罗刹岸,涛头冲突近何如?"②

宋代王十朋《会稽三赋·蓬莱阁赋》云"昔元微之作《州宅》诗,世称绝唱","诗章一出,遂能发秦望之精神,增鉴湖之风采,兰亭绝唱,亘古今而莫拟也"③。《唐诗别裁》云:"州宅即越王台,在卧龙山上,人民城郭皆在其下。"④元稹第一首诗描写越州州宅背山面水,地势高峻,星河在檐,鼓角在地,银河好像落在屋檐前,城中的鼓角如在地底下回响,二者极言其高。通首境界清朗开阔,韵度飘扬,光彩流利。第二首首联"仙都"接第一首"蓬莱"而来,谓其可以暂临登望,不适宜做人世之居所,极力形容州宅之妙。颔联两句实写旦暮景色,雨后烟岚,灯初楼阁,诗中有画,景色可想;颈联两句从虚处着墨,人声晓动,湖色宵涵,空际写照,非画笔所能及。

其中"绕郭烟岚新雨后,满山楼阁上灯初"一句尤得历代诗评家的激赏。《小清华园诗谈》卷下云:"唐人佳句,有可以照耀古今者,脍炙人口者。……元微之之'绕廓烟岚新雨后,满山楼阁上灯初'……此等句当与日星河岳同垂不朽。"⑤《诗境浅说》:"上句谓山当雨后,则湿云半收,苍翠欲滴,胜于晴霁时之山容显露,所谓'雨后山光满郭清'也。下句谓群山入夜,则楼台隐入微茫,迨灯火齐张,在林霭中见明星点点。乐天诗云:'楼阁参差倚夕阳',乃言向晚之景;此言夜景,各极其妙。凡远观灯火,最得幽静之致。'两三星火是瓜州'与此诗之'满山灯火',虽多少不同,皆绝妙夜景,为画境所不到。此二句之写景,胜于前诗《夸州宅》之'四面常时对屏障,一家终日在楼台'句也。"⑥

元稹的山水诗创作注重刻画炼饰,善于运用各种艺术表现手法描绘越州秀丽

① 元稹著,杨军笺注:《元稹集编年笺注》,三秦出版社 2002 年版,第 881 页。
② 元稹著,杨军笺注:《元稹集编年笺注》,三秦出版社 2002 年版,第 883 页。
③ 王十朋:《王十朋全集》卷一六,上海古籍出版社 1998 年版,第 845 页。
④ 陈伯海:《唐诗汇评》,浙江教育出版社 1995 年版,第 2008 页。
⑤ 陈伯海:《唐诗汇评》,浙江教育出版社 1995 年版,第 2009 页。
⑥ 陈伯海:《唐诗汇评》,浙江教育出版社 1995 年版,第 2009 页。

的山水景色,虚实相间,动静结合,取景布局颇得画家妙谛。如《寄乐天》:"莫嗟虚老海墙西,天下风光数会稽。灵氿桥前百里镜,石帆山掩五云溪。冰销田地芦锥短,春入枝条柳眼低。安得故人生羽翼,飞来相伴醉如泥。"①中间两联《唐诗笺注》卷五评云:"中四句皆是夸会稽,'灵氿'一联,天然图画之山水也。而'冰消'一联,又就眼前景色言之,造句新颖,画工布景,俱有经营匠心,不是一味铺写。"

元稹的写景抒情小诗向以"流丽曲尽"著称,正如白居易所说"声声丽曲敲寒玉,句句妍辞缀色丝"。元稹的律诗创作讲究声色、辞采,有意追求韵律调新,语言力求流利晓畅,圆润婉转,写景状物极重色泽,如"雪花布遍稻陇白,日脚插入秋波红","浅碧鹣新卵,深黄鹅嫩雏",以红白相对,黄绿相对,冷暖色调搭配,色泽明丽,敷腴鲜亮,展现出一幅幅优美清丽的图画。总而言之,元稹的山水诗设色明丽而又声调悠扬,好比画笔精工,敷色鲜丽,线条疏朗流畅,从而形成了婉丽清疏的山水诗艺术风貌。

再看《和乐天早春见寄》:"雨香云淡觉微和,谁送春声入棹歌? 萱近北堂穿土早,柳偏东面受风多。湖添水色消残雪,江送潮头涌漫波。同受新年不同赏,无由缩地欲如何?"②首起雨香云淡,天气微和,似觉春意渐临,次写春声棹歌,耳畔又响起早春消息,而萱近北堂,柳偏东面,已是满眼春色了,雪消水添,更是春色融融,让人兴起临渡泛舟之欲与故人同赏之意,潮涌漫波,又不得已而作罢。诗人写早春景致,渐渐由微而著,次序井然,颇见匠心。"雨香云淡"一词可谓新颖别致,构思新奇。诗歌意象清淡,语句鲜活,情思灵动而流畅婉转,正所谓"思深语近,韵律调新,属对无差,而风情宛然"。

元稹的越州山水诗中还有一些情景兼备、意境浑融的佳作,如《游云门》:"遥泉滴滴度更迟,秋夜霜天入竹扉。明月自随山影去,清风长送白云归。"③明月青山,白云悠悠,动中见静,忙中有闲,从容不迫,豁达闲适。景即情语,情即景语,自然而流畅,淡泊而爽丽,言有尽而意无穷。

---

① 元稹著,杨军笺注:《元稹集编年笺注》,三秦出版社 2002 年版,第 896 页。
② 元稹著,杨军笺注:《元稹集编年笺注》,三秦出版社 2002 年版,第 898 页。
③ 元稹著,杨军笺注:《元稹集编年笺注》,三秦出版社 2002 年版,第 937 页。

第四章　李讷浙东唱和与越州女性文学

在越州文学中，女性是唐代诗人题咏不绝的一个主题。在唐代诗人的越州女性题写中，既有流传千古的西施，也有流落越州的梨园歌伎盛小丛，还有美丽的劳动女性采莲女，以及孝女代表曹娥。她们以不同的姿态、丰富的面貌，一起构成了唐代越州文学的一道亮丽的风景线。本章从李讷等诗人群体的越州唱和入手，以越州女性文学为研究对象，研究包括歌伎盛小丛、唐人越州西施题写、越女与采莲曲、曹娥书写等方面的内容。

第一节　李讷浙东唱和与盛小丛

一、李讷等人送崔侍御唱和记文考辨

《会稽掇英总集》卷十载浙东观察使李讷《听盛小丛歌赠崔侍御并序》以及崔元范等《和听盛小丛歌赠崔侍御》，参与唱和的诗人共七人，诗七首。序云：

> 李尚书夜登越城楼，闻歌曰：雁门山上雁初飞。其声激切，召至。曰：去籍之妓盛小丛也。曰：汝歌何善乎？曰：小丛是梨园供奉南不嫌女甥也，所唱之音，乃不嫌之授也，今老且废矣。时察院崔侍御，自府幕而拜，李公连夕饯崔君于镜湖之光候亭。屡命小丛歌饯，在座各为赋一绝句赠送之，亚相为之首唱。崔下句云：独向柏台为老吏。皆曰：侍御凤阁中书，即其程也，何以老于柏台？众请改之。崔曰：某但止于此任，宁望九迁乎？是年秋，崔君鞫狱于谯中而终。①

这次浙东唱和活动原载唐末范摅《云溪友议》卷上《饯歌序》："李尚书讷夜登越城楼，闻歌曰：'雁门山上雁初飞。'其声激切，召至，曰：'去籍之妓盛小丛也。'曰：'汝歌何善乎？'曰：'小丛是梨园供奉南不嫌女甥也。所唱之音，乃不嫌之授也。今

---

① 孔延之编，邹志方点校：《会稽掇英总集》卷十，人民出版社 2006 年版，第 141 页。

色将衰,歌当废矣。'时察院崔侍御元范,自府幕而拜,即赴阙庭。李公连夕饯崔君于镜湖光候亭,屡命小丛歌饯,在座各为一绝句赠送之。亚相为首唱矣。崔下句云:'独向柏台为老吏。'皆曰:'侍御凤阁中书,即其程也,何以老于柏台?'众请改之。崔让曰:'某但止于此任,宁望九迁乎?'是年秋,崔君鞠狱于谯中,乃终于柏台之任矣。杨、封、卢、高数篇,亦其次也。"①

《会稽掇英总集》所载与《云溪友议》所载有几处不同:"李尚书夜登越城楼",《云溪友议》作"李尚书讷夜登城楼";"今老且废矣",《云溪友议》作"今色将衰,歌当废矣";"时察院崔侍御",《云溪友议》作"时察院崔侍御元范";《云溪友议》云"即赴阙庭",《会稽掇英总集》缺;"亚相为之首唱",《云溪友议》作"亚相为首唱矣";"崔君鞠狱于谯中而终",《云溪友议》作"崔君鞠狱于谯中";《云溪友议》云"乃终于柏台之任矣。杨、封、卢、高数篇,亦其次也",《会稽掇英总集》缺。

由上可见,《云溪友议》的文字详于《会稽掇英总集》。范摅《云溪友议》这段文字前有小标题"饯歌序",应为范摅自己为这段文字所加。《会稽掇英总集》将这段文字系于李讷下并言"并序",实则从这段文字的口气来看,如"李尚书夜登越城楼"、"李公连夕饯崔君于镜湖",并非李讷的口气。因此,这段文字应该为他人所记,而非李讷所作序,本文改"序"用"记",以区别开来。

计有功《唐诗纪事》亦有记载,同样按人编排,以人系诗,不过诗后增加诗人小传,记文比《会稽掇英总集》更加简略:

> 李尚书讷为浙东廉使,夜登越城楼,闻歌曰:雁门山上雁初飞。其声激切。召至,曰:去籍之妓盛小丛也。时察院崔侍御元范,自府幕赴阙庭。李饯之,命小丛歌饯,在座各为一绝赠送之。崔下句云:独向柏台为老吏。或曰:侍御凤阁中书,即其程也,何老于柏台?请改之。崔不可。是年秋,崔鞠狱谯中,乃终于柏台之任。②

《诗话总龟》卷四一亦载之,文字更加简略,仅云:"李讷尚书夜登越城楼,闻歌曰:雁门山上雁初飞。其声激切,公召至,乃去籍之妓盛小丛也,梁园供奉南不嫌女甥。所唱者乃不嫌昔所授也。崔元范自幕府拜侍御史,饯于鉴湖光候亭,命小丛歌饯,坐客各赋诗送之。"③

---

①　范摅:《云溪友议》卷上,古典文学出版社 1957 年版,第 17 页。
②　计有功:《唐诗纪事校笺》卷五九,中华书局 2007 年版,第 1997—1998 页。
③　阮阅:《增修诗话总龟》卷四一,《四部丛刊初编》,商务印书馆 1929 年版,第 12 页。

清编《全唐文》将这段记文收入李讷文章中,题《纪崔侍御遗事》:

> 李尚书夜登越城楼,闻歌曰:雁门山上雁初飞。其声激切,召至。曰:去籍之妓盛小丛也。汝歌何善乎? 曰:小丛是黎园供奉南不嫌女甥也,所唱之音,乃不嫌之授也。今老且废矣。时察院崔侍御,自府幕而拜。李公连夕饯崔君于镜湖之光候亭,屡命小丛歌饯。在座各为赋一绝句赠送之。亚相为之首唱。崔下句云:独向柏台为老吏。皆曰:侍御凤阁中书,即其程也,何以老于柏台?众请改之。崔曰:某但止于此任,宁望九迁乎? 是年秋,崔君鞫狱于谯中而终。①

从文字来看,与《会稽掇英总集》相同,并且加标题"纪崔侍御遗事"。不过将该段记文收入李讷文是错误的,只能说作者未知,系于李讷。

二、李讷等人唱和诗的诗体性质

据《云溪友议》,李讷等人所作唱和诗分别如下:

> 李讷《命妓盛小丛歌饯崔侍御还阙》:绣衣奔命去情多,南国佳人敛翠娥。曾向教坊听国乐,为君重唱盛丛歌。②

> 崔元范《奉和亚台御史》:杨公留宴岘山亭,洛浦高歌五夜情。独向柏台为老吏,可怜林木响余声。③

> 团练判官杨知至:燕赵能歌有几人,落花回雪似含嚬。声随御史西归去,谁伴文翁怨九春。④

> 观察判官封彦冲:莲府才为绿水宾,忽乘骏马入咸秦。为君唱作西河调,日暮偏伤去住人。⑤

> 观察支使卢邺:何郎戴豸别贤侯,更吐歌珠宴庾楼。莫道江南不同醉,即陪舟檝上京游。⑥

> 前进士高湘:谢安春渚饯袁宏,千里仁风一扇清。歌黛惨时方酩酊,不知

---

① 董诰等:《全唐文》卷四三八,中华书局 1983 年版,第 4470 页。
② 范摅:《云溪友议》卷上,古典文学出版社 1957 年版,第 17 页。
③ 范摅:《云溪友议》卷上,古典文学出版社 1957 年版,第 17 页。
④ 范摅:《云溪友议》卷上,古典文学出版社 1957 年版,第 17 页。
⑤ 范摅:《云溪友议》卷上,古典文学出版社 1957 年版,第 17 页。
⑥ 范摅:《云溪友议》卷上,古典文学出版社 1957 年版,第 17 页。

公子重飞舸。①

　　处士卢溉：乌台上客紫髯公，共捧天书静镜中。桃叶不须歌白苎，耶溪暮雨起樵风。②

　　这一组唱和诗具有双重属性。一方面，这是一组送别诗，送崔元范归京；另一方面，这组诗的写作又有着特殊的目的，即供歌伎盛小丛演唱。

　　送别是这组诗的主题之一。李讷之"绣衣奔命去情多"，杨知至之"声随御史西归去"，封彦冲之"忽乘骏马入咸秦"，卢邺之"何郎戴豸别贤侯"，高湘之"谢安春渚饯袁宏，千里仁风一扇清"，卢溉之"乌台上客紫髯公，共捧天书静镜中"，均为送别主题。

　　歌伎赠歌以送别是这组诗的另一重主题。李讷之"南国佳人敛翠娥。曾向教坊听国乐，为君重唱盛丛歌"，杨知至之"燕赵能歌有几人，落花回雪似含嚬"，封彦冲之"为君唱作西河调"，卢邺之"更吐歌珠宴庾楼"，高湘之"歌黛惨时方酩酊"，卢溉之"桃叶不须歌白苎"，均为歌伎赠歌主题。

　　唐人送别诗比比皆是，送别诗之主题，多为慰离情、缀风景、表劝勉等，其中书写歌伎赠歌的不多。而李讷等人的这组送别诗在抒写离情之外，将离别之情与歌伎赠歌融合在一起，使得这组送别诗别有一番婉转旖旎的风味，在唐代的送别诗中也就有了独特的风貌。

　　李讷等人所作七首送别诗均为七言绝句，七言绝句是唐诗入乐的一种重要的体式。譬如唐人薛用弱《集异记》所载"旗亭赛诗"的故事："开元中诗人，王昌龄、高适、王涣之齐名。时风尘未偶，而游处略同。一日，天寒微雪。三诗人共诣旗亭，贳酒小饮。忽有黎园伶官十数人，登楼会燕。三诗人因避席隈映，拥炉火以观焉。俄有妙妓四辈，寻续而至，奢华艳曳，都冶颇极。旋则奏乐，皆当时之名部也。昌龄等私相约曰：我辈各擅诗名，每不自定其甲乙，今者可以密观诸伶所讴，若诗入歌词之多者，则为优矣！俄而一伶，拊节而唱乃曰：寒雨连江夜入吴，平明送客楚山孤。洛阳亲友如相问，一片冰心在玉壶。昌龄则引手画壁曰：一绝句。寻又一伶讴曰：开箧泪沾臆，见君前日书。夜台何寂寞，犹是子云居。适则引手画壁曰：一绝句。寻又一伶讴曰：奉帚平明金殿开，强将团扇共徘徊。玉颜不及寒鸦色，犹带昭阳日影来。昌龄则又引手画壁曰：二绝句。涣之自以得名已久，因谓诸人曰：此辈皆潦倒

---

① 范摅：《云溪友议》卷上，古典文学出版社1957年版，第18页。
② 范摅：《云溪友议》卷上，古典文学出版社1957年版，第18页。

乐官,所唱皆巴人下俚之词耳,岂阳春白雪之曲,俗物敢近哉?因指诸妓之中最佳者曰:待此子所唱,如非我诗,吾即终身不敢与子争衡矣。脱是吾诗,子等当须列拜床下,奉吾为师。因欢笑而俟之。须臾次至,双鬟发声,则曰:黄河远上白云间,一片孤城万仞山。羌笛何须怨杨柳,春风不度玉门关。涣之即与二子曰:田舍奴,我岂妄哉!因大谐笑。诸伶不喻其故,皆起诣曰:不知诸君何此欢噱?昌龄等因话其事,诸伶拜曰:俗眼不识神仙,乞降清重,俯就筵席。三子从之,饮醉竟日。"[①]

在这段文字中,乐伎所唱两首王昌龄的诗《芙蓉楼送辛渐》、《长信怨》,和一首王之涣的诗《凉州词》,均为七言绝句,另外一首高适的诗《哭单父梁九少府》为五言绝句。

再如《乐府诗集》第七十九卷《近代曲辞》,即唐代乐府曲辞也颇多七言绝句,如《水调》、《凉州》、《大和》、《伊州》等。

因此,李讷等人送别崔元范诗供盛小丛演唱采用七言绝句是唐代入乐诗歌的常用体式。

三、歌伎盛小丛相关音乐问题考述

盛小丛,从记文来看,原为梨园女伎,梨园供奉南不嫌女甥,歌唱艺术想必非常了得,因为年老色衰而离开乐籍。盛小丛也许是越州人,也许不是,去籍之后流落到越州,不能确证,但大概率是越州人。盛小丛其他事迹无考。宋代王灼的《碧鸡漫志》卷一将盛小丛列为唐代女性"善歌者"。唐代幕府大多配置歌伎,如元稹浙东幕府中的刘采春,但盛小丛与幕府歌伎不同,她是梨园女伎去籍归越州者,身份、地位都带着宫廷歌伎的光环,因此也特别吸引了李讷等文人的关注。

因为盛小丛原为宫廷歌伎,在这组唱和诗中便有几处写到宫廷乐调,与盛小丛的身份可谓相应,一为封彦冲的"为君唱作西河调",一为卢潘的"桃叶不须歌白苎"。

关于"西河调",据王灼《碧鸡漫志》载:"《西河长命女》,崔元范自越州幕府拜侍御史,李讷尚书饯于鉴湖,命盛小丛歌。坐客各赋诗送之,有云:'为公唱作西河调,日暮偏伤去住人。'《理道要诀》:'《长命女西河》,在林钟羽,时号平调。'今俗呼高平调也。《脞说》云:'张红红者,大历初随父歌匄食。过将军韦青所居,青纳为姬,自传其艺,颖悟绝伦。有乐工取古《西河长命女》加减节奏,颇有新声。未进间,先歌

---

① 薛用弱著,汪辟疆辑录:《集异记》卷二,神州国光社 1946 年版,第 11 页。

于青。青令红红潜听，以小豆数合记其拍，给云："女弟子久歌此，非新曲也。'隔屏奏之，一声不失。乐工大惊，请与相见，叹伏不已。兼云：'有一声不稳，今已正矣。'寻达上听，召入宜春院，宠泽隆异，宫中号记曲小娘子，寻为才人。'按此曲起开元以前，大历间乐工加减节奏，红红又正一声而已。《花间集》和凝有《长命女》曲，伪蜀李珣《琼瑶集》亦有之，句读各异，然皆今曲子。不知孰为古制林钟羽并大历加减者。近世有《长命女令》，前七拍，后九拍，属仙吕调，宫调、句读并非旧曲。又别出大石调《西河慢》，声犯正平，极奇古。盖《西河长命女》本林钟羽，而近世所分二曲，在仙吕、正平两调，亦羽调也。"①

根据王灼的这段记载，"西河调"起于开元以前，大历时期乐工加减了节奏，张红红又正一声，成为宫廷名曲，张红红也因此出名，在宫中得"记曲小娘子"的名号，成为后宫才人。也即张红红不仅仅是一位歌唱家，而且有改编乐曲的才能，封彦冲等用此典以赞美盛小丛的歌唱艺术。

李讷夜登城楼初识盛小丛后所闻盛小丛所唱诗，《乐府诗集》卷七十五有载，无署名，题为《突厥三台》，全诗共四句："雁门山上雁初飞，马邑栏中马正肥。日旰山西逢驿使，殷勤南北送征衣。"②这确实是一首乐府歌曲。

乐调"三台"的起源，据《乐府诗集》："《后汉书》曰：'蔡邕为侍御史，又转持书侍御史，迁尚书。三日之间，周历三台。'冯鉴《续事始》曰：'乐府以邕晓音律，制《三台曲》以悦邕，希其厚遗。'刘禹锡《嘉话录》曰：'三台送酒，盖因北齐高洋毁铜雀台，筑三个台。宫人拍手呼上台送酒，因名其曲为《三台》。'李氏《资暇》曰：'《三台》，三十拍促曲名。昔邺中有三台，石季龙常为宴游之所。乐工造此曲以促饮。'未知孰是。《邺都故事》曰：'汉献帝建安五年，曹操破袁绍于邺。十五年筑铜雀台，十八年作金虎台，十九年造冰井台，所谓邺中三台也。'《北史》曰：'齐文宣天保中营三台于邺，因其旧基而高博之。九年台成，改铜爵曰金凤，金虎曰圣应，冰井曰崇光'云。按《乐苑》，唐天宝中羽调曲有《三台》，又有《急三台》。"③

《乐府诗集》列举了"三台"乐调起源的各种可能性，尽管未有确论，仍可以看出这一乐调起源久远，至唐，从《乐府诗集》所载歌词内容来看，则演变为一首边地送别曲。

---

①　王灼：《碧鸡漫志笺证》卷五，巴蜀书社 2019 年版，第 226—228 页。
②　郭茂倩：《乐府诗集》卷七五，中华书局 2017 年版，第 1540 页。
③　郭茂倩：《乐府诗集》卷七五，中华书局 2017 年版，第 1539 页。

第二节　李讷浙东唱和群体诗人考

李讷等赠崔侍御唱和,参与者共七人:李讷、崔元范、团练判官杨知至、观察判官封彦冲、观察支使卢邺、前进士高湘、处士卢潈。七人一一考之如下。

一、观察使李讷

李讷,父李建,《新唐书·李建传》附《李讷传》:"建子讷,字敦止,及进士第。迁累中书舍人,为浙东观察使。性疏下,遇士不以礼,为下所逐,贬朗州刺史。召为河南尹。时久雨,洛暴涨,讷行水魏王堤,惧漂泊,疾驰去,水遂大毁民庐。议者薄其材。初,讷居与宰相杨收接,收欲市讷冗舍以广第。讷叱曰:'先人旧庐,为权贵优笑地邪?'凡三为华州刺史,历兵部尚书,以太子太傅卒。遗命葬不请卤簿,避赠谥,诏听。"①

李讷任中书舍人,《全唐文》卷七二六载崔龟从《授李讷中书舍人李言大理少卿制》:"敕礼部郎中知制诰李讷等,彰施帝载,润色王猷,朝出乎九重,夕驰于四表。必资其金相玉立之器,怀其腾蛟吐凤之才,以发挥人文,流布天泽,而皋繇作士。谟明以赞至理,定国持刑,公平而昌后嗣。使匹妇无賈霜之叹,遐甿离束湿之冤。阴阳气和,手足可措,必在乎理狱之官。明慎用刑,哀矜守法。今讷、言等皆以器能犀利,文彩光华,演纶推倚马之工,剖竹著悬鱼之化。以兹迁擢,谁曰不然?勉吾右文,恤刑之意也。讷可守中书舍人,言可大理少卿。"②

由崔龟从制文可知,李讷在任中书舍人之前,任职礼部郎中知制诰。《唐尚书省郎官石柱题名考》卷十九"礼部郎中补"载"李讷"。③

李讷转任浙东观察使在大中六年。杜牧《李讷除浙东观察使兼御史大夫制》云:"敕。仲尼以举贤才则理,大禹以能官人则安。况西界浙河,东奄左海,机杼耕稼,提封七州,其间茧税鱼盐,衣食半天下,不有可仗,岂宜委之。正议大夫、使持节华州诸军事、守华州刺史、兼御史中丞、充潼关防御镇国军等使、上柱国、陇西县开国男、食邑三百户、赐紫金鱼袋李讷,温良恭俭,齐庄中正,实以君子之德,华以才人之辞。扬历清显,昭彰令闻,辍自掌言,式是近辅。子贡为清庙之器,仲弓有南面之才,智莫能欺,刚亦不吐,表率教化,皆有法度。今者兵为农器,革作轩车,言于共

---

① 欧阳修、宋祁:《新唐书》卷一六二,中华书局 1975 年版,第 5005—5006 页。
② 《全唐文》卷七二六,中华书局 1983 年版,第 7475 页。
③ 劳格、赵钺:《唐尚书省郎官石柱题名考》卷一九,中华书局 1992 年版,第 836 页。

理,在择循吏。是故用已效之绩,托分寄之任,拥蒨斾而服玄玉,化千里而有三军,儒者之荣,莫过于此。孔子曰:'仁者爱人,智者知人。'爱人则疲羸可苏,知人则才干不弃。土宇既广,杀生在我,考此二者,可以报政。荣加副相,用压大邦,尔其勉之,无忝所举。可使持节都督越州诸军事、守越州刺史、兼御史大夫、充浙江东道都团练观察处置等使,散官勋封赐如故。"①

关于李讷任职浙东观察使的时间,《旧唐书》卷一八下《宣宗纪》载:"(大中)十年春正月乙巳,以正议大夫、华州刺史、潼关防御、镇国军等使、上柱国、陇西县开国男、食邑三百户、赐紫金鱼袋李讷检校左散骑常侍,兼越州刺史、御史大夫、浙江东道都团练观察等使。"②而《会稽掇英总集》卷一八《唐太守题名记》载:"李讷,大中六年八月自华州防御使授,九年九月敕贬朗州刺史。"③《嘉泰会稽志》卷二亦载:"李讷,大中六年八月自华州防御使授,九年九月贬潮州刺史。"④

又《新唐书》卷八载:"(大中九年七月)是月,浙江东道军乱,逐其观察使李讷。"⑤也就是说,大中九年,李讷就因遇下不以礼被浙东军士所逐。《资治通鉴》卷二四九同样载:"(大中九年)秋,七月,浙东军乱,逐观察使李讷。讷,逊之弟子也,性卞急,遇将士不以礼,故乱作……九月,乙亥,贬李讷为朗州刺史。"⑥综合以上材料,《旧唐书》关于李讷任职浙东观察使的时间是错误的。李讷于大中六年任浙东观察使,至大中九年被浙东军士所逐,九月被贬朗州刺史。

《唐尚书省郎官石柱题名考》卷四"吏部员外郎"载李讷⑦,说明李讷曾经任职吏部员外郎,不过时间未知,可能在任职礼部员外郎前后。

《云溪友议》称"是年秋,崔君鞠狱于谯中,乃终于柏台之任矣"⑧,是知崔元范至京赴任后的秋日因"鞠狱于谯中"案被免职,则越州饯行一定在夏天或更前时间,而李讷大中六年八月才被任命为浙东观察使,故这组诗应作于大中七年或稍后。

《全唐文》收李讷文五篇,《授卢宏正韦让等徐滑节度使制》、《授薛元赏昭义军节度使制》、《授陈君从鄜州节度使塞门行营使制》、《纪崔侍御遗事》、《东林寺舍利

①　吴在庆校注:《杜牧集系年校注》卷十八,中华书局 2008 年版,第 1055 页。
②　刘昫:《旧唐书》卷一八,中华书局 1975 年版,第 634 页。
③　孔延之编,邹志方点校:《〈会稽掇英总集〉点校》卷一八,第 269 页。
④　施宿:《嘉泰会稽志》卷二,《宋元方志丛刊》第七册,中华书局 1990 年版,第 6751 页。
⑤　欧阳修、宋祁:《新唐书》卷八,中华书局 1975 年版,第 250 页。
⑥　司马光:《资治通鉴》卷二四九,中华书局 1956 年版,第 8057 页。
⑦　劳格、赵钺:《唐尚书省郎官石柱题名考》卷四,中华书局 1992 年版,第 247 页。
⑧　范摅:《云溪友议》卷上,古典文学出版社 1957 年版,第 17 页。

塔铭并序》。其中《纪崔侍御遗事》非李讷所作,前已考,另三篇制文应为任职礼部侍郎知制诰期间所作。

李讷所作诗歌,所考知者,仅于浙东时期所作《命妓盛小丛歌饯崔侍御还阙》,其他未见。

二、幕府僚佐杨知至等

杨知至

杨知至为杨汝士之子。《旧唐书·杨汝士传》附《杨知至传》:"知至,累官至比部郎中、知制诰。坐故府刘瞻罢相,贬官。知至亦贬琼州司马。入为谏议大夫,累迁京兆尹、工部侍郎。知温、知至皆位至列曹尚书。"①记载较为简单。

杨知至于会昌四年参加进士试,本来入选,结果因为时人物议,又被落选,《旧唐书·杨严传》载:"严字凛之,会昌四年进士擢第。是岁仆射王起典贡部,选士三十人,严与杨知至、窦缄、源重、郑朴五人试文合格,物议以子弟非之,起覆奏。武宗敕曰:'杨严一人可及第,余四人落下。'"②

杨知至被贬琼州司马的时间在咸通十一年,《旧唐书·懿宗本纪》载:"(咸通十一年九月)中散大夫、比部郎中、知制诰、柱国、赐紫金鱼袋杨知至为琼州司马。"③关于这次被贬,《旧唐书·刘瞻传》亦载:"比部郎中知制诰杨知至、礼部郎中魏笞、兵部员外张颜、刑部员外崔彦融、御史中丞孙瑝等,皆坐瞻亲善贬逐。"④可知杨知至是因为与刘瞻亲善而被贬逐。

杨知至于乾符三年以京兆尹撰工部侍郎,《旧唐书·僖宗本纪》载:"(乾符三年九月)京兆尹杨知至为工部侍郎。"⑤

杨知至所作诗歌,所考知者也仅有《云溪友议》所载《和听盛小丛歌赠崔侍御》,其他无考。

封彦冲

封彦冲,《云溪友议》载"观察判官封彦冲",封彦冲其他生平事迹无考。封彦冲所作诗文,所考知者也仅有《云溪友议》所载《和听盛小丛歌赠崔侍御》,其他无考。

---

① 刘昫:《旧唐书》卷一七六,中华书局1975年版,第4564页。
② 刘昫:《旧唐书》卷一七七,中华书局1975年版,第4601页。
③ 刘昫:《旧唐书》卷一九上,中华书局1975年版,第676页。
④ 刘昫:《旧唐书》卷一七七,中华书局1975年版,第4606页。
⑤ 刘昫:《旧唐书》卷一九下,中华书局1975年版,第697页。

卢　邺

卢邺,生平事迹史籍记载较少。《唐诗纪事》卷五九云:"邺,大中四年登第,为浙东观察副使。"①《新唐书·宰相世系表三上》载卢邺为太子太师卢钧子,"字漳臣,秘书省校书郎"。② 卢钧,两《唐书》有传。卢邺除任秘书省校书郎及浙东观察副使之外,又曾任金部郎中,《唐尚书省郎官石柱题名考》卷十五"金部郎中"载卢邺,在王愭之后,王葆之前。③

卢邺与大中时诗僧良乂有交往,《全唐诗》卷八二三载良乂《答卢邺》诗一首:"风泉只向梦中闻,身外无余可寄君。当户一轮惟晓月,挂檐数片是秋云。"④

卢邺所作诗文,所考知者也仅有《云溪友议》所载《和听盛小丛歌赠崔侍御》,其他无考。

崔元范

崔元范事迹,正史失载,仅据《云溪友议》记载,崔元范以监察御史在浙东幕府,回京之后,"是年秋,崔君鞠狱于谯中,乃终于柏台之任矣",也就是崔元范至京赴任后的秋天,因"鞠狱于谯中"案被免职。其他无考。

崔元范所作诗歌,所考知者也仅有《李尚书命妓歌饯有作奉酬》,其他无载。

三、前进士高湘与处士卢潨

高　湘

高湘,《旧唐书·高钸传》附《高湘传》载:"钸子湜、锴子湘,偕登进士第。湜,咸通十二年为礼部侍郎。湘自员外郎知制诰,正拜中书舍人,咸通年,改谏议大夫。坐宰相刘瞻亲厚,贬高州司马。乾符初,复为中书舍人。三年,迁礼部侍郎,选士得人。出为潞州大都督府长史、昭义节度、泽潞观察等使,卒。"⑤本传记载较为简略,补充如下。

高湘曾两任员外郎,《唐尚书省郎官石柱题名考》卷六"司封员外郎"与卷四"吏部员外郎"均载高湘。⑥ 高湘任吏部员外郎在咸通七年前后,《旧唐书·懿宗本纪》

---

① 计有功:《唐诗纪事校笺》卷五九,中华书局 2007 年版,第 2002 页。

② 欧阳修、宋祁:《新唐书》卷七三上,中华书局 1975 年版,第 2891 页。

③ 劳格、赵钺:《唐尚书省郎官石柱题名考》卷一五,中华书局 1992 年版,第 741 页。

④ 彭定求等:《全唐诗》卷八二三,中华书局 1960 年版,第 9280 页。

⑤ 刘昫:《旧唐书》卷一六八,中华书局 1975 年版,第 4388 页。

⑥ 劳格、赵钺:《唐尚书省郎官石柱题名考》卷六、卷四,中华书局 1992 年版,第 340、254 页。

载:"(咸通七年)以礼部郎中李景温、吏部员外郎高湘试拔萃选人。"①这些历官应均在高湘拜中书舍人之前。

高湘被贬高州司马在咸通十一年,《旧唐书·懿宗本纪》载:"(咸通十一年)右谏议大夫、柱国、赐紫金鱼袋高湘为高州刺史。"②关于高湘的这次被贬,《太平广记》卷一八八有一段详细的记载,并且引出高湘与其兄高湜兄弟不睦以及高湜与路岩相互勾结又相互算计的公案:

> 元和初黜八司马,韦执谊崖州,韩泰虔州,柳宗元永州,刘禹锡朗州,韩晔饶州,凌准连州,程异柳州。及咸通,韦保衡、路岩作相,除不附己者十司户。崔沆循州,李渎绣州,萧遘播州,崔彦融雷州,高湘高州,张颜潘州,李贶勤州,杜裔休端州,郑彦持义州,李藻费州。内绣州、潘州、雷州三人不回。初,高湜与弟湘少不相睦。咸通末,既出高州,湜雅与路岩相善,见岩,阳救湘。岩曰:"某与舍人皆是京兆府荷枷者,先是刘瞻志欲除岩,温璋希旨,别制新枷数十待之。瞻以人情附己,不甚缜密,其计泄焉。故居岩之后。"湜既知举,问岩所欲言,时岩以去年停举,已潜奏。恐有遗滞,请加十人矣。即托湜以五人。湜喜其数寡,形于言色。不累日,十人制下,湜未知之也。岩执诏,笑谓湜曰:"前者五人,侍郎所惠也,今之十人,某自致也。"湜竟依其数放焉。湘到任,嗔湜不佑己,尝赋诗云:"唯有高州是当家。"③

此段亦存高湘诗一句,惜其全诗不存。

咸通十四年,唐僖宗继位,高湘复为谏议大夫,《旧唐书·僖宗本纪》记载:"(咸通十四年)前谏议大夫高湘复为谏议大夫。"④

乾符三年高湘迁礼部侍郎,选士得人。关于高湘任礼部侍郎掌选举事,《唐摭言》卷九记载一则其与士子邵安石、章碣等人的故事:"邵安石,连州人也。高湘侍郎南迁归阙,途次连江,安石以所业投献遇知,遂挈至辇下。湘主文,安石擢第,诗人章碣,赋《东都望幸》诗刺之:'懒修珠翠上高台,眉月连娟恨不开。纵使东巡也无益,君王自领美人来。'"⑤可见高湘选士事在当时颇有影响。

---

① 刘昫:《旧唐书》卷一九上,中华书局 1975 年版,第 661 页。
② 刘昫:《旧唐书》卷一九上,中华书局 1975 年版,第 676 页。
③ 李昉:《太平广记》卷一八八,中华书局 1961 年版,第 1411—1412 页。
④ 刘昫:《旧唐书》卷一九下,中华书局 1975 年版,第 690 页。
⑤ 王定保:《唐摭言》卷九,中华书局 1959 年版,第 96 页。

乾符五年,高湘出任最后一任官职江西观察使,逢王重隐掳掠江西、湖南,卒于任。《资治通鉴》卷二五三《唐纪六十九》载:"(乾符五年三月)王仙芝余党王重隐陷洪州,江西观察使高湘奔湖口。贼转掠湖南。"①

高湘与刘得仁有交往,《文苑英华》卷二八四载刘得仁《送高湘及第后东归觐叔》一诗,诗云:"此去几般荣,登科鼎足名。无惭入南巷,高价耸东京。窗塞嵩山碧,庭来洛水声。门前桃李树,一径已成阴。"②诗当作于高湘中进士之后。

高湘所作诗文,所考知者也仅有《云溪友议》所载《和听盛小丛歌赠崔侍御》以及《太平广记》所存诗句一句,其他无考。

卢潡

卢潡,生平事迹无考,《云溪友议》卷上署"处士卢潡"③,《唐诗纪事》卷五九云:"潡,浙东处士也。"④所存诗文也仅有《和李尚书命妓饯崔侍御》诗一首。

结　语

综上所考,晚唐李讷这一唱和群体,除李讷、高湘外,多数人的生平事迹文献记载很少,多为不出名的下层文人。他们的诗歌,除了《云溪友议》记载的这一次的唱和诗之外,也几乎没有留存。与他们的身世相呼应,这一组唱和诗亦充满了感伤情绪。

第三节　唐人越地与非越地西施题写

西施是一个古往今来令诗人和文学家吟咏不绝的人物。唐代越地文学发达,唐代诗人题写西施的甚多,既有李白、王维这样的一流诗人,也有众多的中晚唐诗人。但是如何推进古代诗人西施题咏的研究?笔者在考察唐代越州文学的过程中,发现唐代越州西施诗的主题呈现出一致性和趋同性。这激发了本文的研究方式和研究思路,即站在文学地理学的立场,将唐代西施题写分为越地西施诗与非越地西施诗,深入考察这两类诗在表达内容和体式选择上各自的结构性特征,突破这类诗研究的零散化和表面化,将对唐人西施题写的研究推进到挖掘其规律性和结

---

①　司马光:《资治通鉴》卷二五三,中华书局 1956 年版,第 8202 页。
②　李昉等:《文苑英华》卷二八四,中华书局 1966 年版,第 1446 页。
③　范摅:《云溪友议》卷上,古典文学出版社 1957 年版,第 18 页。
④　计有功撰,王仲镛校笺:《唐诗纪事校笺》卷五九,中华书局 2007 年版,第 2004 页。

构性的层面。

一、唐前经典中的西施

西施的故事流传久远,在先秦典籍中出现的频率就非常之高,不过在先秦诸子散文以及《楚辞》中,西施实际上只是一个传名甚广的绝世美女的代称和符号,并无具体的故事和细节。比如:

《管子》卷十一:毛嫱、西施,天下之美人也。[①]

《韩非子》卷十九:故善毛嫱、西施之美,无益吾面;用脂泽粉黛,则倍其初。言先王之仁义,无益于治,明吾法度,必吾赏罚者,亦国之脂泽粉黛也。[②]

《孟子》:孟子曰:"西子蒙不洁,则人皆掩鼻而过之。"[③]

《墨子》卷一:孟贲之杀,其勇也;西施之沉,其美也;吴起之裂,其事也。[④]

《荀子》卷十二:譬之是犹以人之情为欲富贵而不欲货也,好美而恶西施也。[⑤]

《庄子》:西施病心而矉其里,其里之丑人见之而美之,归亦捧心而矉其里。[⑥]

屈原《九章》:虽有西施之美容兮,谗妒入以自代。[⑦]

宋玉《神女赋》:毛嫱郭袂,不足程式;西施掩面,比之无色。[⑧]

对西施的故事进行具体描述的是东汉的《越绝书》和《吴越春秋》。《越绝书》卷十二载:

越乃饰美女西施、郑旦,使大夫种献之于吴王,曰:"昔者,越王句践窃有天之遗西施、郑旦,越邦涝下贫穷,不敢当,使下臣种再拜献之大王。"吴王大悦。申胥谏曰:"不可,王勿受……胥闻越王句践服诚行仁,听谏,进贤士,是人不死,必得其名。胥闻越王句践冬披毛裘,夏披絺绤,是人不死,必为利害。胥闻贤士,邦之宝也;美女,邦之咎也。夏亡于末喜,殷亡于妲己,周亡于褒姒。"吴

---

① 黎翔凤撰:《管子校注》卷十一,中华书局 2004 年版,第 599 页。
② 王先慎撰:《韩非子集解》卷十九,中华书局 1998 年版,第 462 页。
③ 焦循撰:《孟子正义》卷十七,中华书局 1987 年版,第 583 页。
④ 吴毓江撰:《墨子校注》卷一,中华书局 1993 年版,第 2 页。
⑤ 王先谦撰:《荀子集解》卷十二,中华书局 1988 年版,第 345 页。
⑥ 郭庆藩辑:《庄子集释》卷五下,中华书局 1961 年版,第 515 页。
⑦ 洪兴祖撰:《楚辞补注》,中华书局 1983 年版,第 152 页。
⑧ 严可均辑:《全上古三代秦汉三国六朝文·全上古三代文》卷十,中华书局 1958 年版,第 74 页。

王不听,遂受其女,以申胥为不忠而杀之。越乃兴师伐吴,大败之于秦余杭山,灭吴,禽夫差,而戮太宰嚭与其妻子。①

当然,《越绝书》这段文字主要以记载申胥劝谏吴王的言论为主,其中关于西施的文字极为简略,只是一笔带过,西施的形象仍然非常模糊。

《吴越春秋·勾践阴谋外传》载:

> 十二年,越王谓大夫种曰:"孤闻吴王淫而好色,惑乱沉湎,不领政事。因此而谋,可乎?"种曰:"可破。夫吴王淫而好色,宰嚭佞以曳心,往献美女,其必受之。惟王选择美女二人而进之。"越王曰:"善。"乃使相工索国中,得苧萝山鬻薪之女,曰西施、郑旦,饰以罗縠,教以容步,习于土城,临于都巷,三年学服,而献于吴。②

在《吴越春秋》中,西施的故事开始有了具体的地点和较为详细的故事情节,西施出身贫贱,经过三年的教习才送于吴王,这可以说是后代西施书写的真正起点。

魏晋南北朝时期,西施的形象其实与先秦时期相同,尽管在各类典籍中出现的频率也同样很高,但仍然是一个绝世美女的符号和代表。举例言之:

> 曹植《七启》:流芳肆布,雍容闲步,周旋驰耀,南威为之解颜,西施为之巧笑,此容饰之妙也。③

> 嵇康《养生论》:今使瞽者遇室,则西施与嫫母同情;瞆者忘味,则糟糠与精粺等甘。④

> 徐陵《玉台新咏序》:阅诗敦礼,岂东邻之自媒;婉约风流,异西施之被教。⑤

> 刘义庆《世说新语》卷下《轻诋》:何乃刻画无盐,以唐突西子也。⑥

> 梁元帝《乌栖曲》:沙棠作船桂为楫,夜渡江南采莲叶。复值西施新浣纱,共向江干眺月华。⑦

总而言之,在魏晋南北朝时期,西施尚没有成为文学独立书写的对象,到唐代,

---

① 李步嘉校释:《越绝书校释》卷十二,中华书局 2013 年版,第 322 页。
② 赵晔撰,周生春辑校汇考:《吴越春秋辑校汇考》,中华书局 2019 年版,第 139—140 页。
③ 严可均辑:《全上古三代秦汉三国六朝文·全三国文》卷一六,中华书局 1958 年版,第 1142 页。
④ 严可均辑:《全上古三代秦汉三国六朝文·全三国文》卷四八,中华书局 1958 年版,第 1325 页。
⑤ 徐陵撰,许逸民校笺:《徐陵集校笺》卷三,中华书局 2008 年版,第 226 页。
⑥ 徐震堮:《世说新语校笺》卷下,中华书局 1984 年版,第 442—443 页。
⑦ 逯钦立辑校:《先秦汉魏晋南北朝诗·梁诗》卷二五,中华书局 1983 年版,第 2036 页。

西施题咏才丰富多彩起来。

二、唐人越地西施题写

唐代诗人的西施题写可以分为两类。一类为漫游越地,题写西施;一类为未游越地,咏西施。在唐人题写西施的诗歌中,以漫游越州题写西施的占大多数,多数诗人是在漫游越州时期或者旅居越州时期题写西施,如宋之问、李白、胡幽贞、施肩吾、李绅、王轩、崔道融等。

唐人越地西施题写始于宋之问。宋之问《西施浣纱篇》:

> 西施旧石在,苔藓日于滋。几处沾妆污,何年灭履綦?岸花羞慢脸,波月敦嚬眉。君将花月好,来比浣纱时。①

宋之问有越州任职的经历,景龙三年,宋之问任越州长史。宋之问《祭禹庙文》云:"维大唐景龙三年岁次己酉月日,越州长史宋之问,谨以清酌之奠,敢昭告于夏后之灵。"②宋之问此诗言"西施旧石在,苔藓日于滋",所写为眼前之景,此诗当于越地所作。

李白有诗《西施》:

> 西施越溪女,出自苎萝山。秀色掩今古,荷花羞玉颜。浣纱弄碧水,自与清波闲。皓齿信难开,沉吟碧云间。句践征绝艳,扬蛾入吴关。提携馆娃宫,杳渺讵可攀。一破夫差国,千秋竟不还。③

尽管西施作为一个美丽的象征,吟咏西施未必需要亲到越州,但是从李白的这首诗来看,"西施越溪女,出自苎萝山",李白确实是在漫游越地时引发了题咏西施的诗兴。

自李白之后,唐代诗人吟咏西施连绵不绝。胡幽贞有诗《经西施浣纱石》:

> 徘徊浣纱石,想象浣纱人。碧水澄不流,红颜照之频。自惜绝世姿,岂与众女邻。一朝入紫宫,万古留芳尘。至今溪边花,不敢娇青春。④

从诗题"经西施浣纱石"及"徘徊浣纱石,想象浣纱人"一句来看,胡幽贞这首诗也作

---

① 陶敏、易淑琼校注:《宋之问集校注》卷三,中华书局 2001 年版,第 538 页。
② 陶敏、易淑琼校注:《宋之问集校注》卷八,中华书局 2001 年版,第 747 页。
③ 王琦注:《李太白全集》卷二二,中华书局 1977 年版,第 1027 页。
④ 孔延之编,邹志方点校:《〈会稽掇英总集〉点校》卷十三,人民出版社 2006 年版,第 193 页。此诗《全唐诗》卷七六八题为《题西施浣纱石》,只录后四句。

于越地。胡幽贞为越州四明人，《佛祖统纪》卷四十二载："四明无生居士胡幽贞，修《华严感应传》一卷，备载历代弘经之迹。"① 可见胡幽贞为四明人，号无生居士。《全唐诗》卷七六八另载胡幽贞《归四明》诗一首："海色连四明，仙舟去容易。天籁岂辄问，不是卑朝士。"② 可证胡确实为越州人。

施肩吾有诗《越溪怀古》：

> 忆昔西施人未求，浣纱曾向此溪头。一朝得侍君王侧，不见玉颜空水流。③

从诗题来看，施肩吾此诗也作于越地。施肩吾是睦州分水人（今浙江桐庐），有越地隐居的经历。施肩吾元和十五年及第，五代王定保《唐摭言》卷八载："施肩吾，元和十（五）年及第。"④ 宋王谠《唐语林》卷六载："元和十五年，太常少卿李建知举，放进士二十九人。时崔嘏舍人与施肩吾同榜。"⑤ 清徐松《登科记考》卷一八载同。张籍有《送施肩吾东归》诗云："知君本是烟霞客，被荐因来城阙间。世业偏临七里濑，仙游多在四明山。早闻诗句传人遍，新得科名到处闲。惆怅灞亭相送去，云中琪树不同攀。"⑥ 徐礼节、余恕诚校注《张籍集系年校注》卷四注云："作于元和十五年（820）春，时张籍在广文博士任。"⑦ 根据以上材料，施肩吾元和十五年及第，及第后东归，隐居于四明一代。《越溪怀古》或作于他隐居越州时期。

李绅有诗《若耶溪·西施采莲、欧冶铸剑所》：

> 岚光花影绕山阴，山转花稀到碧浔。倾国美人妖艳远，凿山良冶铸炉深。
> 凌波莫惜临妆面，莹锷当期出匣心。应是蛟龙长不去，若耶秋水尚沉沉。⑧

李绅赴越州有两次。一次是贞元十八年游江浙，李绅《龙宫寺碑》云："贞元十八年，余以进士客于江浙。时适天台，与修真会于剡之阳。"⑨ 一次是大和七年至大和九年任浙东观察使、越州刺史，《旧唐书·文宗纪》载："（大和七年闰七月）癸未，以太

① 志磐撰，释道法校注：《佛祖统纪校注》卷四二，上海古籍出版社2012年版，第964页。
② 彭定求等：《全唐诗》卷七六八，中华书局1960年版，第8721页。
③ 彭定求等：《全唐诗》卷四九四，中华书局1960年版，第5609页。
④ 王定保：《唐摭言》卷八，中华书局1959年版，第92页。
⑤ 王谠撰，周勋初校证：《唐语林校证》卷六，中华书局1987年版，第578页。
⑥ 徐礼节、余恕诚校注：《张籍集系年校注》卷四，中华书局2011年版，第531页。
⑦ 徐礼节、余恕诚校注：《张籍集系年校注》卷四，中华书局2011年版，第533页。
⑧ 彭定求等：《全唐诗》卷四八一，中华书局1960年版，第5480页。
⑨ 《全唐文》卷六九四，中华书局1983年版，第7125页。

子宾客李绅检校左散骑常侍,兼越州刺史,充浙东观察使,代陆亘;以亘为宣歙观察使。"①李绅在任浙东观察使时期作有一系列的越州题咏诗,而且均为七言律诗,这首《若耶溪·西施采莲、欧冶铸剑所》显然为同一系列,因此该诗当作于李绅大和年间任浙东观察使期间。

王轩有诗《泊舟苎萝山际题西施石》:

> 岭上千峰秀,江边细草春。今逢浣纱石,不见浣纱人。②

关于王轩此诗,《云溪友议》卷上《苎萝遇》载:"王轩少为诗,寓物皆属咏,颇闻《淇澳》之篇。游西小江,泊舟苎萝山际,题西施石曰:'岭上千峯秀……(同上)。'题诗毕,俄而见一女郎,振琼珰,扶石笋,低佪而谢曰:'妾自吴宫还越国,素衣千载无人识。当时心比金石坚,今日为君坚不得。'既为鸳鸯之会,仍为恨别之词。"③王轩与西施相会当出于好事者附会,而王轩此诗作于游历诸暨苎萝山时确为事实。王轩生平事迹不详,唯《唐诗纪事》卷五十载:"轩,登大和进士第。"④

崔道融有两首题写西施的诗,一首《西施滩》:

> 宰嚭亡吴国,西施陷恶名。浣纱春水急,似有不平声。⑤

另一首《西施》:

> 苎萝山下如花女,占得姑苏台上春。一笑不能忘敌国,五湖何处有功臣。⑥

崔道融曾经避地永嘉。黄滔《祭崔补阙》文,崔补阙即崔道融,文云:"泊博陵崔君之生也,迥禀高奇,兼之文学。近则继李飞之蜕随贡,远则同毛义之志奉亲。东浮谢公旧州,式避戈戟,遁于仙岩潗谷,克业经纶。"⑦谢公旧州即永嘉,谢灵运曾任永嘉太守。《唐才子传》卷九载:"道融,荆人也,自号东瓯散人。与司空图为诗友。出为永嘉宰。"⑧这两首诗当作于崔道融寓居永嘉时。

---

① 《旧唐书》卷一七下,中华书局 1975 年版,第 551 页。
② 彭定求等:《全唐诗》卷八六六,中华书局 1960 年版,第 9802 页。
③ 范摅:《云溪友议》卷上,古典文学出版社 1957 年版,第 2 页。
④ 计有功撰,王仲镛校笺:《唐诗纪事校笺》卷五〇,中华书局 2007 年版,第 1686 页。
⑤ 彭定求等:《全唐诗》卷七一四,中华书局 1960 年版,第 8203 页。
⑥ 彭定求等:《全唐诗》卷七一四,中华书局 1960 年版,第 8207 页。
⑦ 《全唐文》卷八二六,中华书局 1983 年版,第 8708 页。
⑧ 傅璇琮主编:《唐才子传校笺》卷九,中华书局 1989 年版,第 2 页。

三、唐人越地西施题咏地名阐释

唐代诗人题写西施,多数于漫游吴越时期,因此他们的诗中也多次出现西施故里如苎萝山、浣纱石、若耶溪等越地地名。当然在唐人其他越州诗中,苎萝山、浣纱石、若耶溪等意象出现的频率也非常高,这里既以西施为研究对象,研究范围也就限定在唐人题写西施的范围内。

苎萝山与浣纱石

苎萝山在以上诗人的诗中出现过三次。李白《西施》"西施越溪女,出自苎萝山";王轩诗题《泊舟苎萝山际题西施石》;崔道融《西施》"苎萝山下如花女"。

浣纱石在以上诗人的诗中出现过两次。胡幽贞《经西施浣纱石》"徘徊浣纱石,想象浣纱人";王轩《泊舟苎萝山际题西施石》"今逢浣纱石,不见浣纱人"。

苎萝山在诸暨,据《嘉泰会稽志》卷十一:

> 《寰宇记》、《十道志》及旧经所载,西子居诸暨苎萝山,《舆地广记》云:"越人西施出于萧山。"盖萧山,昔永兴县,吴尝改诸暨为永兴。而二邑疆界联接,苎萝山二邑皆有之。谚云:"牛头苎萝一日三过。"今牛头山亦属萧山也。《寰宇记》诸暨县巫里,句践得西施之所,至今有西施家、东施家。以旧经诸志所载,则西子家宜在诸暨。①

浣纱石在苎萝山下,《嘉泰会稽志》卷十一载:

> 浣沙石在苎萝山下,一名西施石。《寰宇记》:"山下有石迹,本西施浣沙之所。"今浣沙石犹在。旧经引《舆地志》:"苎萝山西施所居,有方石,乃瞰沙处。"《十道志》:"句践索美女以献吴王,得诸暨苎萝山卖薪女西施,山边有浣沙石。"又云:"苎萝乃所居处。"沙盖布沙,非纱帛之纱也。②

《嘉泰会稽志》认为"浣纱石"应作"浣沙石",非纱帛之纱。不过《嘉泰会稽志》关于浣纱石的记载有两处,一处在诸暨苎萝山,另有一处在会稽若耶溪。《嘉泰会稽志》卷十一云:"西施石在若耶溪,一名西子浣沙石。唐王轩诗云:'岭上千峰碧,江边细草春。今逢浣沙石,不见浣沙人。'宋之问云:'越女颜如花,越王闻浣沙。国微不自宠,献作吴宫娃。一行霸勾践,再笑倾夫差。一朝还旧都,艳妆惊若耶。'"③

---

① 施宿:《嘉泰会稽志》卷十一,《宋元方志丛刊》第七册,中华书局1990年版,第6911页。
② 施宿:《嘉泰会稽志》卷十一,《宋元方志丛刊》第七册,中华书局1990年版,第6911页。
③ 施宿:《嘉泰会稽志》卷十一,《宋元方志丛刊》第七册,中华书局1990年版,第6910页。

但《嘉泰会稽志》此处引王轩诗是不合适的，王轩此诗题《泊舟苎萝山际题西施石》，显然他题写的是苎萝山浣纱石而不是若耶溪浣纱石。

诸暨苎萝山的浣纱石与《吴越春秋》所记相符，"乃使相者国中，得苎萝山鬻薪之女，曰西施"，西施出身于诸暨，后于会稽土城习练容步，在会稽时是否仍然从事浣纱这种低等的劳动则不得而知，但大概率不会，会稽若耶溪的西施浣纱石，也许是真实的，也许是当地人附会的。前述王轩《泊舟苎萝山际题西施石》显然题写的是会稽苎萝山西施石，而胡幽贞的《经西施浣纱石》，难以确定题咏的浣纱石是苎萝山浣纱石还是若耶溪浣纱石，两者皆有可能。

若耶溪

若耶溪在上述诗人的诗中只出现过一次，即李绅诗《若耶溪·西施采莲、欧冶铸剑所》："若耶秋水尚沉沉。"

若耶溪在会稽，《水经注》卷四十对若耶溪有详细的描述："若耶溪，《吴越春秋》所谓欧冶涸而出铜以成五剑。溪水上承嶕岘麻溪，溪之下孤潭周数亩，甚清深，有孤石临潭，乘崖俯视，猿狄惊心，寒木被潭，森沈骇观。上有一栎树，谢灵运与从弟惠连常游之，作连句题刻树侧。麻潭下注若邪溪，水至清，照众山倒影，窥之如画。"[①]

若耶溪是唐代越州诗歌中的一个经典性地点，比如杜甫《奉先刘少府新画山水障歌》云："若耶溪，云门寺，吾独胡为在泥滓，青鞋布袜从此始。"[②]李白《采莲曲》云："若耶溪旁采莲女，笑隔荷花共人语。"[③]另外，刘长卿有《上巳日越中与鲍侍御泛舟耶溪》、李绅有《若耶溪·西施采莲、欧冶铸剑所》、皎然有《若耶春兴》等。不过在唐代诗人的越地西施题写中，写自于若耶溪的比较少，只有李绅的《若耶溪·西施采莲、欧冶铸剑所》，大多唐代诗人缅怀西施、书写西施的地点在诸暨苎萝山，而非若耶溪。

四、唐人非越地西施题写

唐人非越地西施诗的代表有宋之问的《浣纱篇赠陆上人》、王维的《西施咏》、罗隐的《西施》、于濆的《越溪女》、苏拯的《西施》等。

宋之问的《浣纱篇赠陆上人》：

---

① 郦道元：《水经注》卷四一，《四部丛刊初编》，商务印书馆1919年版，第12页。
② 仇兆鳌：《杜诗详注》卷四，中华书局1979年版，第278页。
③ 王琦注：《李太白全集》卷四，中华书局1977年版，第247页。

　　越女颜如花，越王闻浣纱。国微不自宠，献作吴宫娃。山薮半潜匿，苧萝更蒙遮。一行霸勾践，再笑倾夫差。艳色夺常人，数嚬亦相夸。一朝还旧都，靓妆寻若耶。鸟惊入松网，鱼畏沉荷花。始觉冶容妄，方悟群心邪。钦子秉幽意，世人共称嗟。愿言托君怀，倘类蓬生麻。家住雷门曲，高阁凌飞霞。淋漓翠羽帐，旖旎采云车。春风艳楚舞，秋月缠胡笳。自昔专娇爱，袭玩唯矜奢。达本知空寂，弃彼如泥沙。永割偏执性，自长薰修牙。携妾不障道，来止妾西家。①

　　陆上人是何人不详，应为某位佛教人士。宋之问有任越州长史的经历，不过宋之问此诗并非作于越地。陶敏、易淑琼校注《宋之问集校注》卷二注云："《西溪丛语》卷上录此诗首十六句，云：'因观唐《景龙文馆记》宋之问《分题得浣纱篇》云。'知此诗为与之问同任修文馆学士之武平一载入其所著《景龙文馆记》，乃与同时学士分题所咏，当作于景龙二年五月至三年秋间。"②宋姚宽《西溪丛语》卷上载："因观唐《景龙文馆记》宋之问分题得《浣纱篇》云。"③《唐景龙文馆记》今不存，《玉海》第五十七卷载："《唐景龙文馆记》，武平一撰，十卷。中宗景龙二年，诏修文馆置大学士、学士、直学士，凡二十四员，赋诗赓唱。是书咸记录，为七卷，又学士二十九人传，为三卷。记云：大学士四人，象四时；学士八人，象八节；直学士十二人，象十二时。张说文：'景龙之际，六合清谧，内峻图书之府，外辟修文之馆，搜英猎峻，野无遗才。白云起而帝歌，翠华飞而臣赋，雅颂之盛，与三代同风。'"④

　　也就是说，《唐景龙文馆记》乃武平一所撰，所载均为唐中宗景龙年间宫廷修文馆大学士、学士、直学士等君臣唱和诗。又据《西溪丛语》，宋之问《浣纱篇》被武平一载入《唐景龙文馆记》。因此正如陶敏先生所论，宋之问《浣纱篇》乃景龙年间宋之问在长安，于中宗朝宫廷唱和中分题赋诗所咏。此诗并非作于越州。

　　王维的《西施咏》：

　　艳色天下重，西施宁久微？朝为越溪女，暮作吴宫妃。贱日岂殊众？贵来方悟稀。邀人傅脂粉，不自着罗衣。君宠益娇态，君怜无是非。当时浣纱伴，

---

① 陶敏、易淑琼校注：《宋之问集校注》卷二，中华书局 2001 年版，第 488—489 页。
② 陶敏、易淑琼校注：《宋之问集校注》卷二，中华书局 2001 年版，第 490 页。
③ 姚宽：《西溪丛语》卷上，中华书局 1993 年版，第 33 页。
④ 王应麟：《玉海》卷五七，广陵书社 2003 年版，第 1093 页。

莫得同车归。持谢邻家子,效颦安可希!①

关于王维是否曾经漫游吴越,学界有争议。清人赵殿成于《王右丞集笺注》中注释《别弟妹二首》解题时说:"考右丞本传及他书,未有言其寓家于越,浪迹水乡者。"②谭优学《王维生平事迹再探》则以为王维有游越的经历。但是从王维《西施咏》本身来看,这首诗并没有诗人身处越地写眼前景、缅怀西施的痕迹,因此,当以非作于越地为宜。

罗隐的《西施》:

> 家国兴亡自有时,吴人何苦怨西施。西施若解倾吴国,越国亡来又是谁。③

罗隐咸通九年有滞留吴越的经历。据陈鹏《罗隐年谱及作品系年》考证:"咸通九年戊子(868)三十六岁,应进士试落第,东归。本年秋,其在苏州,越州等地,因庞勋兵乱未能进京赴明年春试。"④罗隐《谗书重序》云:"隐次《谗书》之明年,以所试不如人,有司用公道落去,其夏调膳于江东,不随岁贡。"⑤罗隐《谗书》作于咸通八年,罗隐《谗书序》云:"丁亥年春正月,取其所为……,目曰《谗书》。"⑥丁亥年为咸通八年,因此,罗隐滞留吴越为咸通九年。罗隐有《投浙东王大夫二十韵》,王大夫即王沨。

不过从罗隐《西施》本身来看,全诗四句,以议论为主,未有现地怀古的痕迹,当然,也不排除作于越地的可能性,可以两存之。毕竟唐人的西施题写,作于越地和非作于越地的,有一部分不能做截然的划分,两种可能性都有。

于濆的《越溪女》:

> 会稽山上云,化作越溪人。枉破吴王国,徒为西子身。江边浣纱伴,黄金扼双腕。倏忽不相期,恩倾赵飞燕。妾家基业薄,空有如花面。嫁尽绿窗人,独自盘金线。⑦

于濆,据《唐才子传》卷八记载:"濆,字子漪,咸通二年裴延鲁榜进士。患当时作诗

---

① 陈铁民校注:《王维集校注》卷四,中华书局1997年版,第306页。
② 赵殿成笺注:《王右丞集笺注》卷四,上海古籍出版社1984年版,第60页。
③ 彭定求等:《全唐诗》卷六五六,中华书局1960年版,第7545页。
④ 陈鹏:《罗隐年谱及作品系年》,《古籍整理研究学刊》2011年第2期。
⑤ 《全唐文》卷八九五,中华书局1983年版,第9344页。
⑥ 《全唐文》卷八九五,中华书局1983年版,第9344页。
⑦ 彭定求等:《全唐诗》卷五九九,中华书局1960年版,第6930页。

者拘束声律而入轻浮,故作古风三十篇以矫弊俗,自号《逸诗》。今一卷传于世。"①
《全唐诗》载于濆诗一卷,其中半数以上为《青楼曲》、《塞下曲》、《马嵬驿》、《苦辛吟》、《古宴曲》、《南越谣》、《述己叹》、《辽阳行》、《田翁叹》、《沙场夜》、《里中女》、《古征战》、《山村叟》等新题乐府,诗题均为三个字。与杜甫、白居易、张籍等题名三个字的新题乐府如三吏三别、《卖炭翁》等一脉相承。这些题名三字的新题乐府就是《唐才子传》中所谓的"古风",而《越溪女》显然为"古风"中的一篇,非于越地所作。从内容上看,该诗并非咏西施之遭遇,而是借古讽今,表达对现实的不满,感叹出身微贱的宫女的凄凉遭遇。

卢汪有《西施》:

> 惆怅兴亡系绮罗,世人犹自选青娥。越王解破夫差国,一个西施已是多。②

卢汪该诗的写作背景,《唐摭言》卷十载:"卢汪门族,甲于天下,因官,家于荆南之塔桥,举进士二十余上不第,满朝称屈。尝赋一绝,颇为前达所推,曰:'惆怅兴亡系绮罗,世人犹自选青娥。越王解破夫差国,一个西施已太多。'"③卢汪因举进士二十余次不中,借西施之事发一己牢骚,愤慨自己之不遇,反讽朝廷不能广纳贤才,显然不是在咏叹西施之本事,属于非越地所作。

苏拯的《西施》:

> 吴王从骄佚,天产西施出。岂徒伐一人,所希救群物。良由上天意,恶盈戒奢侈。不独破吴国,不独生越水。在周名褒姒,在纣名妲己。变化本多途,生杀亦如此。君王政不修,立地生西子。④

苏拯生平事迹史料所记较少,唯《唐摭言》卷十一载:"光化中,苏拯与乡人陈滂同处。"⑤有集一卷,陈振孙《直斋书录解题》卷十九载"苏拯集一卷"⑥。从该诗的内容来看,这也是一首借古刺世之作,诗人讽刺的重点是帝王的骄奢淫逸,而非针对西施自身的遭遇。大概率也是非越地所作。

---

① 傅璇琮主编:《唐才子传校笺》卷八,中华书局1989年版,第485页。
② 彭定求等:《全唐诗》卷七六八,中华书局1960年版,第8721页。
③ 王定保:《唐摭言》卷十,中华书局1959年版,第107页。
④ 彭定求等:《全唐诗》卷七一八,中华书局1960年版,第8248页。
⑤ 王定保:《唐摭言》卷十一,中华书局1959年版,第124页。
⑥ 陈振孙:《直斋书录解题》卷一九,上海古籍出版社1987年版,第583页。

五、唐人越地与非越地西施诗书写方式比较

唐人的西施题咏分为两类,一类为越地咏西施,一类为非越地咏西施。这两类诗歌,不仅仅在于地理上的差异,在表达内容上也有着各自的基本分野。将这两类诗歌进行比较,可以看出它们的差异,以及凸显唐代越地西施书写的抒情特性。

本文所收集到的唐代越地西施诗一共八首,时间分布在初盛中晚。尽管这可能并不是全部唐代越地西施诗,但也足够拿来论证唐代越地西施诗的创作特色。这八首越地西施诗的诗体依次为:宋之问的《西施浣纱篇》为五言律诗,李白的《西施》为五言古诗,胡幽贞的《经西施浣纱石》为五言律诗,施肩吾的《越溪怀古》为七言绝句,李绅的《若耶溪·西施采莲、欧冶铸剑所》为七言律诗,王轩的《泊舟苎萝山际题西施石》为五言绝句,崔道融的《西施滩》为五言绝句,崔道融的《西施》为七言绝句。

这八首唐人越地西施中,有诗一首五言古诗,两首五言律诗,一首七言律诗,两首五言绝句,两首七言绝句。可以说唐代越地西施诗诗体以近体为主,除了李白一首为五言古诗,其余均为近体;字数、篇幅相对较短,以李白《西施》字数最多,七十字。

在诗体上,以上多数越地西施诗不约而同地选择近体,就内容而言,八首唐人越地西施诗呈现出高度的一致性,仔细分析,八首诗的内容不出以下三个方面。

第一,描写越州西施故地的风景。如宋之问《西施浣纱篇》:"西施旧石在,苔藓日于滋。"王轩《泊舟苎萝山际题西施石》:"岭上千峰秀,江边细草春。"李绅《若耶溪·西施采莲、欧冶铸剑所》:"岚光花影绕山阴,山转花稀到碧浔。"

第二,渲染西施之美貌兼纪西施之事,以敷写西施之美貌为主。如宋之问《西施浣纱篇》:"岸花羞慢脸,波月敨嚬眉。"李白《西施》:"西施越溪女,出自苎萝山。秀色掩今古,荷花羞玉颜。浣纱弄碧水,自与清波闲。皓齿信难开,沉吟碧云间。"胡幽贞《经西施浣纱石》:"徘徊浣纱石,想象浣纱人。碧水澄不流,红颜照之频。自惜绝世姿,岂与众女邻。一朝入紫宫,万古留芳尘。至今溪边花,不敢娇青春。"李绅《若耶溪·西施采莲欧冶铸剑所》:"倾国美人妖艳远"、"凌波莫惜临妆面"。崔道融《西施》:"苎萝山下如花女,占得姑苏台上春。"

第三,念西施而不见,表达物是人非的感慨。如李白《西施》:"提携馆娃宫,杳渺讵可攀。一破夫差国,千秋竟不还。"施肩吾《越溪怀古》:"忆昔西施人未求,浣纱曾向此溪头。一朝得侍君王侧,不见玉颜空水流。"王轩《泊舟苎萝山际题西施石》:

"今逢浣纱石，不见浣纱人。"

总体上，这八首越地西施诗的整体基调以抒情为主，情感含蓄委婉，这是由访古地，见眼前景，怀古人，所呈现出来的内容的一致性和趋同性。

本文所收集到的非越地西施诗一共六首，时间跨度也同样从初盛唐到中晚唐。这六首非越地诗的诗体依次为：宋之问的《浣纱篇赠陆上人》为五言歌行，王维的《西施咏》为五言歌行，罗隐的《西施》为七言绝句，于濆的《越溪女》为五言古诗，卢汪的《西施》为七言绝句，苏拯的《西施》为五言古诗。

这六首非越地西施诗中，有五言歌行两首，五言古诗两首，七言绝句两首。与越地西施诗相比，更趋向于使用古体。篇幅总体比越地西施诗长，最长的为宋之问《浣纱篇赠陆上人》，一百七十字，其次为王维的《西施咏》，七十字。

在表现内容上，唐人非越地西施诗与越地西施诗的趋同化不同，非越地西施诗呈现出多元化和复杂化的特征，其表现内容可以分为以下两个方面。

第一，托古抒怀。宋之问的《浣纱篇赠陆上人》和王维的《西施咏》为托古抒怀之作。宋之问的《浣纱篇赠陆上人》前半部分铺写吴越春秋事、西施之实事和西施的绝世美貌，但诗人的目的并非咏怀西施之本事，而是为了抒发后半部分"达本知空寂，弃彼犹泥沙"，即色本是空的佛理，最后表达了诗人归依陆上人的志意。钟惺、谭元春在《唐诗归》卷三评此诗说："钟云：《浣纱篇赠陆上人》，题便妙矣。忽说出一段禅理，了无牵合，直是胸中圆透，拈着便是。谭云：将美色点化上人，是从来祖师好法门。"[①]宋之问此诗巧妙地借千古美人西施解说佛理，立意可谓独具一格，新颖别致。

王维的《西施咏》也是一首借古抒情之作。该诗叙写西施从一个贫贱女子一跃而为吴王的贵妃，朝贱夕贵，飞扬跋扈，而且同伴之中只有西施一人飞黄腾达，诗人的目的和立意同样不是为了咏怀西施之遭遇和西施之本事，而是为了抒发自己怀才不遇的不平和感概，托古抒情，借古人之酒杯浇自己之块垒，表达自己内心的不平和感概才是该诗的核心和重点。

卢汪的《西施》与王维的《西施咏》类型相同，借古事发一己之牢骚，表达对己之不遇的不满，前面论述卢汪《西施》诗创作背景时已交代，兹不赘。

第二，借古讽今。罗隐的《西施》与苏拯的《西施》，借西施之事引发议论，指出吴国的灭亡并非因红颜祸水，而是统治者的荒淫无道，这是借古刺世。于濆的《越

---

① 　钟惺、谭元春：《唐诗归》卷三，明万历四十五年刻本，第5页。

溪女》也是一首表达对现实不满的借古讽今之作,不过讽刺的主题与罗隐和苏拯的《西施》略有不同,于濆的《越溪女》是站在一个下层宫女的立场上表达对凄惨命运的不满。

在越地西施诗中也有两首借古讽今的刺世之作,就是崔道融的《西施滩》和《西施》。崔道融的《西施滩》和《西施》与罗隐和苏拯的《西施》主题相同,都是为西施鸣不平,认为亡国的罪魁祸首并非红颜。当然在表达方式上,崔道融的《西施滩》和《西施》因为是现场怀古之作,情感更为含蓄内敛,"似有不平声",语意未尽而议论自在其中。

这是两类诗主题的重叠之处。不过罗隐、苏拯、于濆与崔道融均为晚唐诗人,也就是说唐代西施主题的借古讽今之作都产生于晚唐,这应该与安史之乱杨贵妃事件之后,中晚唐政治愈加腐败,士人反思现实、批判政治的大潮流大背景有关。

结　语

综上所述,唐人西施题写可以分为两大类,即越地西施诗与非越地西施诗,这两类诗都贯穿于初、盛、中、晚唐。这两类诗尽管主题略有重叠和交叉,但是存在着基本的差异和分野。非越地西施诗,内容以议论为主,或者托古抒怀,表达一己之志意,或者借古讽今,表达对现实的不满。在这些诗人的诗中,西施只是他们话题的引子,而非诗歌所要表达的目的和重点。而越地西施诗为诗人现场怀古之作,内容以抒情为主,情感含蓄内敛,题写的对象以西施为主,既非表达一己之不平,也非对政治的批判,主题呈现出一致性,即或者描写越州西施故地的风景,或者渲染西施的美貌,或者表达物是人非的感慨。这是这两类诗的基本分野。

第四节　"采莲曲"、越女与主题演变

"采莲"源起于汉乐府《江南》,自南朝梁武帝编入《江南弄》七曲之一,无论在南朝还是唐代,都吸引了众多的创作者,成为中古文学一种重要的主题。关于中古"采莲"文学主题的演变,诸葛忆兵先生《"采莲"杂考:兼谈"采莲"类题材唐宋诗词的阅读理解》一文认为"唐宋时期'采莲'舞曲的表演者大都是歌妓。唐宋诗词借用'采莲'类题材所要表达的大都是男女情爱"[①]。而俞香顺先生《中国文学中的采莲

---

① 诸葛忆兵:《"采莲"杂考:兼谈"采莲"类题材唐宋诗词的阅读理解》,《文学遗产》2003年第5期。

主题研究》认为"南朝《采莲曲》最终沦为宫体诗,经过王勃、贺知章、李白等唐代作家的扭转、发展,采莲歌曲恢复民间本色,焕发生机,具有丰富的内涵"[①]。"采莲曲"原本是一种江南民间音乐文学,南朝时被改编入宫廷乐舞,在唐代,不仅在初盛唐时期,一直到中晚唐时期,文人创作者都甚多,在持续而漫长的历史中,"采莲曲"的主题丰富而复杂,非单一主题可以概括。本节深入于"采莲"文学的各种创作主体,包括平民、贵族与文人,并结合"采莲曲"的音乐本质,重新梳理"采莲"文学在中古时期主题的演变及其对江南尤其是越州女性的书写。

一、梁武帝《江南弄》与民间《采莲曲》

梁武帝《江南弄》一共七曲,《采莲曲》为其中之一。郭茂倩《乐府诗集》卷五十载梁武帝《江南弄》七首,云:"《古今乐录》曰:梁天监十一年冬,武帝改西曲,制《江南上云乐》十四曲,《江南弄》七曲:一曰《江南弄》,二曰《龙笛曲》,三曰《采莲曲》,四曰《凤笛曲》,五曰《采菱曲》,六曰《游女曲》,七曰《朝云曲》。又沈约作四曲:一曰《赵瑟曲》,二曰《秦筝曲》,三曰《阳春曲》,四曰《朝云曲》,亦谓之《江南弄》云。"[②]也就是说,《江南弄》七曲为梁武帝根据西曲改编,沈约亦作《江南弄》四曲。《乐府诗集》除了载梁武帝《江南弄》七首、沈约《江南弄》四首之外,又载梁昭明太子《江南弄》三首,即《江南曲》、《龙笛曲》、《采莲曲》。

梁武帝《江南弄》七首在南北朝及唐代继作者非常多,其中最多的是《采莲曲》,具体如下:

《江南弄》,继作者两人两首,初唐王勃一首,中唐李贺一首;

《龙笛曲》,继作者无;

《凤笛曲》,继作者两人两首,初唐沈佺期一首《凤笙曲》,盛唐李白一首《凤吹笙曲》;

《采菱曲》,梁武帝之前鲍照有《采菱歌》七首,梁武帝之后,继作者九人十首,梁简文帝一首《采菱曲》,陆罩一首,费昶一首,江淹一首,江洪两首,徐勉一首,盛唐储光羲一首,中唐刘禹锡一首《采菱行》;

《游女曲》,继作者无;

《朝云曲》,继作者一人一首,中唐郎大家宋氏一首《朝云引》;

《采莲曲》,继作者共二十四人三十首。梁简文帝两首,梁元帝一首,梁刘孝威

①　俞香顺:《中国文学中的采莲主题研究》,《南京师范大学文学院学报》2002 年第 4 期。

②　郭茂倩:《乐府诗集》卷五十,中华书局 2017 年版,第 1051 页。

一首,朱超一首,沈君攸一首,吴均一首,陈后主一首,隋卢思道一首,殷英童一首,初唐崔国辅一首,王勃一首《采莲归》,阎朝隐一首《采莲女》,徐彦伯一首,盛唐贺知章一首,王昌龄三首,李白一首《采莲曲》与一首《湖边采莲妇》,戎昱一首,储光羲一首,中唐鲍溶一首,张籍一首,白居易一首,晚唐僧齐己一首。

《采莲曲》继作者人数众多,数量甚至超过了前面七曲的总和,可见《采莲曲》在诗人中的受欢迎程度。

《采莲曲》的由来,《乐府诗集》卷二十六《江南》云:"《乐府解题》曰:'江南古辞,盖美芳晨丽景,嬉游得时。若梁简文"桂楫晚应旋",唯歌游戏也。'按梁武帝作《江南弄》以代西曲,有《采莲》《采菱》,盖出于此。"①诗云:"江南可采莲,莲叶何田田。鱼戏莲叶间,鱼戏莲叶东,鱼戏莲叶西,鱼戏莲叶南,鱼戏莲叶北。"②

关于"江南可采莲",《晋书·乐志》曰:"相和,汉旧歌也,丝竹更相和,执节者歌……凡乐章古辞,今之存者,并汉世街陌谣讴,《江南可采莲》、《乌生十五子》、《白头吟》之属也……凡此诸曲,始皆徒歌,既而被之弦管。"③可见《采莲曲》之"江南可采莲"原本为汉代相和歌辞,早于南朝吴声西曲。

现存吴声歌曲中亦有"采莲曲",《乐府诗集》卷四十七载《采莲童曲》两首:

> 泛舟采菱叶,过摘芙蓉花。扣楫命童侣,齐声采莲歌。④
> 东湖扶菰童,西湖采菱芰。不持歌作乐,为持解愁思。⑤

无论是汉代相和歌辞"江南可采莲",还是吴声歌曲《采莲童曲》,均为民间歌曲,写江南人民的采莲场景,内容生动活泼,充满生活的气息。《古今乐录》云梁武帝《江南弄》七曲改编自西曲,所指应该为《江南弄》七曲乐调改编自西曲。《乐府解题》云"梁武帝作《江南弄》以代西曲,有《采莲》《采菱》,盖出于此","盖出于此"指的是"江南可采莲"就乐调而言是不确切的,"江南可采莲"原本为汉代相和歌辞而非吴声西曲。不过,撇开乐调而言,源自江南民间的"采莲曲",汉代民间就有,南朝民间也有,流传久远,各种辞曲版本众多,主题又都不离"采莲",说梁武帝歌曲承袭,亦不为错。

---

① 郭茂倩:《乐府诗集》卷二六,中华书局 2017 年版,第 560 页。
② 郭茂倩:《乐府诗集》卷二六,中华书局 2017 年版,第 560 页。
③ 房玄龄等:《晋书》卷二三,中华书局 1974 年版,第 716—717 页。
④ 郭茂倩:《乐府诗集》卷四七,中华书局 2017 年版,第 993 页。
⑤ 郭茂倩:《乐府诗集》卷四七,中华书局 2017 年版,第 994 页。

另外,在梁武帝之前,梁代羊侃也作有《采莲曲》。《梁书》卷三十九记载:"侃性豪侈,善音律,自造《采莲》、《棹歌》两曲,甚有新致。姬妾侍列,穷极奢靡。有弹筝人陆太喜,着鹿角爪长七寸。舞人张净琬,腰围一尺六寸,时人咸推能掌中舞。又有孙荆玉,能反腰帖地,衔得席上玉簪。敕赉歌人王娥儿,东宫亦赉歌者屈偶之,并妙尽奇曲,一时无对。"①温庭筠《张静婉采莲曲序》亦云:"静婉,羊侃妓也,其容绝世。侃自为《采莲》二曲。今乐府所存,失其故意,因歌以俟采诗者。事载具《梁史》。"②羊侃《张静婉采莲曲》歌辞不传,不过想必与汉代民间江南古辞不同,与吴声歌曲的劳动场面也不同,大抵是一首描写女性的贵族风格的诗歌。

二、南朝贵族的《采莲曲》

梁武帝的七首《江南弄》由西曲改编而来,西曲原为吴越地区的民间歌曲,风格生动活泼,既有男女之间纯真的爱情,活泼的劳动场景,也有美好的生活愿景。而梁武帝的七首《江南弄》均以女性与男女爱情为描写对象,描写包括女性的容貌、体态、妆容、服饰等,雕琢华丽,脂粉气息浓厚,就内容而言与吴声西曲不同,属于上层贵族的宫体诗风格。比如《龙笛曲》:"美人绵眇在云堂,雕金镂竹眠玉床。婉爱寥亮绕红梁。绕红梁,流月台,驻狂风,郁徘徊。"③《采莲曲》:"游戏五湖采莲归,发花田叶芳袭衣。为君侬歌世所希。世所希,有如玉,江南弄,采莲曲。"④《采菱曲》:"江南稚女珠腕绳,金翠摇首红颜兴。桂棹容与歌采菱。歌采菱,心未怡,翳罗袖,望所思。"⑤《游女曲》:"氛氲兰麝体芳滑,容色玉耀眉如月。珠佩婑㛂戏金阙。戏金阙,游紫庭,舞飞阁,歌长生。"⑥

南北朝至隋朝其他诗人所作的《采莲曲》也都是同样的主题和表现内容。

> 梁昭明太子《江南弄》之《采莲曲》:桂楫兰桡浮碧水,江花玉面两相似。莲疏藕折香风起。香风起,白日低,采莲曲,使君迷。⑦

> 梁简文帝《采莲曲》:常闻蕖可爱,采撷欲为裙。叶滑不留綖,心忙无假薰。

---

① 姚思廉:《梁书》卷三九,中华书局 1973 年版,第 561 页。
② 刘学锴校注:《温庭筠全集校注》,中华书局 2007 年版,第 41 页。
③ 郭茂倩:《乐府诗集》卷五十,中华书局 2017 年版,第 1052 页。
④ 郭茂倩:《乐府诗集》卷五十,中华书局 2017 年版,第 1052 页。
⑤ 郭茂倩:《乐府诗集》卷五十,中华书局 2017 年版,第 1053 页。
⑥ 郭茂倩:《乐府诗集》卷五十,中华书局 2017 年版,第 1053 页。
⑦ 郭茂倩:《乐府诗集》卷五十,中华书局 2017 年版,第 1055 页。

千春谁与乐,唯有妾随君。①

　　梁元帝《采莲曲》:碧玉小家女,来嫁江南王。莲花乱脸色,荷叶杂衣香。因持荐君子,愿袭芙蓉裳。②

　　吴均《采莲曲》:锦带杂花钿,罗衣垂绿川。问子今何去,出采江南莲。辽西三千里,欲寄无因缘。愿君早旋返,及此荷花鲜。③

　　卢思道《采莲曲》:曲浦戏妖姬,轻盈不自持。擎荷爱圆水,折藕弄长丝。珮动裙风入,妆销粉汗滋。菱歌惜不唱,须待暝归时。④

　　陈后主《采莲曲》:相催暗中起,妆前日已光。随宜巧注口,薄落点花黄。风住疑衫密,船小畏裙长。波文散动楫,芰花拂度航。低荷乱翠影,采袖新莲香。归时会被唤,且试入兰房。⑤

南北朝与隋代的采莲作品中,也有一些纯粹描写女性采莲活动的清新之作。比如梁简文帝的《采莲曲》:"晚日照空矶,采莲承晚晖。风起湖难度,莲多摘未稀。棹动芙蓉落,船移白鹭飞。荷丝傍绕腕,菱角远牵衣。"⑥刘孝威的《采莲曲》:"金桨木兰船,戏采江南莲。莲香隔蒲渡,荷叶满江鲜。房垂易入手,柄曲自临盘。露花时湿钏,风茎乍拂钿。"⑦朱超的《采莲曲》:"艳色前后发,缓楫去来迟。看妆碍荷影,洗手畏菱滋。摘除莲上叶,挖出藕中丝。湖里人无限,何日满船时。"⑧吴均的《采莲曲》:"江南当夏清,桂楫逐流萦。初疑京兆剑,复似汉冠名。荷香带风远,莲影向根生。叶卷珠难溜,花舒红易倾。日暮凫舟满,归来渡锦城。"⑨这些作品不以书写男女情感为旨趣,又与劳动人民天然的采莲劳动不同,而是以采莲活动本身为书写旨趣,这是一种贵族审美趣味。采莲本身具有丰富的审美因素,江南风景、湖、船、荷花、美女,众多因素糅合在一起,在南北朝至隋唐之际被贵族纯粹审美化乃极其自然而然之事。

　　初唐时期诗人的《采莲曲》仍然延续南朝梁陈的风格,内容以女性为主,不过与

---

① 郭茂倩:《乐府诗集》卷五十,中华书局 2017 年版,第 1058 页。
② 郭茂倩:《乐府诗集》卷五十,中华书局 2017 年版,第 1058 页。
③ 郭茂倩:《乐府诗集》卷五十,中华书局 2017 年版,第 1060 页。
④ 郭茂倩:《乐府诗集》卷五十,中华书局 2017 年版,第 1061 页。
⑤ 郭茂倩:《乐府诗集》卷五十,中华书局 2017 年版,第 1060 页。
⑥ 郭茂倩:《乐府诗集》卷五十,中华书局 2017 年版,第 1058 页。
⑦ 郭茂倩:《乐府诗集》卷五十,中华书局 2017 年版,第 1059 页。
⑧ 郭茂倩:《乐府诗集》卷五十,中华书局 2017 年版,第 1059 页。
⑨ 郭茂倩:《乐府诗集》卷五十,中华书局 2017 年版,第 1060 页。

南朝贵族《采莲曲》的脂粉气不同,初唐诗人的《采莲曲》以书写纯真的男女爱情为主。四杰之前的《采莲曲》仍有强烈的南朝色彩,比如殷英童的《采莲曲》:"荡舟无数伴,解缆自相催。汗粉无庸拭,风裙随意开。棹移浮荇乱,船进倚荷来。藕丝牵作缕,莲叶捧成杯。"①崔国辅的《采莲曲》:"玉溆花红发,金塘水碧流。相逢畏相失,并著采莲舟。"②徐彦伯的《采莲曲》:"妾家越水边,摇艇入江烟。既觅同心侣,复采同心莲。折藕丝能脆,开花叶正圆。春歌弄明月,归棹落花前。"③

王勃的七言歌行《采莲归》,采用的是南朝旧题,但就表现内容而言,实际上已经有了变化,就是一扫南朝脂粉气,代之以人间纯真的爱情:

> 采莲归,绿水芙蓉衣。秋风起浪凫雁飞。桂棹兰桡下长浦,罗裙玉腕摇轻橹。叶屿花潭极望平,江讴越吹相思苦。相思苦,佳期不可驻。塞外征夫犹未还,江南采莲今已暮。今已暮,摘莲花。今渠那必尽倡家。官道城南把桑叶,何如江上采莲花。莲花复莲花,花叶何重叠。叶翠本羞眉,花红强如颊。佳人不在兹,怅望别离时。牵花怜共蒂,折藕爱莲丝。故情何处所,新物徒华滋。不惜南津交佩解,还羞北海雁书迟。采莲歌有节,采莲夜未歇。正逢浩荡江上风,又值徘徊江上月。莲浦夜相逢,吴姬越女何丰茸。共问寒江千里外,征客关山更几重。④

王勃将征人思妇之情并入采莲诗,丰富了采莲诗的内涵。到盛唐时期,李白、王昌龄的《采莲曲》仍然以爱情为主题,或者书写女性采莲活动,不过盛唐人笔下无论是写采莲女的爱情还是采莲的乐趣,都更多清新自然的普通人的生活气息,与南朝的贵族气不同。李白《采莲曲》:"若耶溪傍采莲女,笑隔荷花共人语。日照新妆水底明,风飘香袖空中举。岸上谁家游冶郎,三三五五映垂杨。紫骝嘶入落花去,见此踟蹰空断肠。"⑤李白《湖边采莲妇》:"小姑织白纻,未解将人语。大嫂采芙蓉,溪湖千万重。长兄行不在,莫使外人逢。愿学秋胡妇,真心比古松。"⑥王昌龄的三首《采莲曲》:"吴姬越艳楚王妃,争弄莲舟水湿衣。来时浦口花迎入,采罢江头月送

---

① 郭茂倩:《乐府诗集》卷五十,中华书局 2017 年版,第 1061 页。
② 郭茂倩:《乐府诗集》卷五十,中华书局 2017 年版,第 1061 页。
③ 郭茂倩:《乐府诗集》卷五十,中华书局 2017 年版,第 1062 页。
④ 郭茂倩:《乐府诗集》卷五十,中华书局 2017 年版,第 1066 页。
⑤ 郭茂倩:《乐府诗集》卷五十,中华书局 2017 年版,第 1062 页。
⑥ 郭茂倩:《乐府诗集》卷五十,中华书局 2017 年版,第 1067 页。

归。"①"荷叶罗裙一色裁,芙蓉向脸两边开。乱入池中看不见,闻歌始觉有人来。"②
"越女作桂舟,还将桂为楫。湖上水渺漫,清江初可涉。摘取芙蓉花,莫摘芙蓉叶。
将归问夫婿,颜色何如妾。"③

总而言之,源起于民间的"采莲曲"在南朝贵族的手中被宫体化,初唐诗人的
"采莲曲"仍然延续南朝"采莲曲"的女性主题,但是转以书写两性纯真的爱情为主。

三、中唐文士的《采莲曲》

在王勃、王昌龄、李白等人仍在延续南朝《采莲曲》爱情主题的同时,《采莲曲》
在一些文士的笔下也渐渐发生变化。贺知章的《采莲曲》云:"稽山罢雾郁嵯峨,镜
水无风也自波。莫言春度芳菲尽,别有中流采芰荷。"④贺知章,越州人,晚年辞官
还乡,他的《采莲曲》与女性无关,与爱情无关,贺知章所写的是悠游于山水的文人
趣味,清新潇洒。

贺知章之后,储光羲也同样以《采莲曲》表现文士趣味:"浅渚荷花繁,深塘菱叶
疏。独往方自得,耻邀淇上姝。广江无术阡,大泽绝方隅。浪中海童语,流下鲛人
居。春雁时隐舟,新荷复满湖。采采乘日暮,不思贤与愚。"⑤储光羲《采莲曲》,写
"独往方自得",写"不思贤与愚",这里的抒情主体并非采莲女,而是一个类似于陶
渊明的隐士形象。到储光羲,可以说采莲意象已经不是一个女子的劳动意象了,而
是转变成了文士自身情怀的表现。

中唐张籍的《采莲曲》:"秋江岸边莲子多,采莲女儿凭船歌。青房圆实齐戢戢,
争前竞折荡漾波。试牵绿茎下寻藕,断处丝多刺伤手。白练束腰袖半卷,不插玉钗
妆梳浅。船中未满度前洲,借问谁家家住远。归时共待暮潮上,自弄芙蓉还荡
桨。"⑥在张籍的这首《采莲曲》中,尽管采莲女仍然是诗中的主人公,但是张籍既不
像南朝《采莲曲》那样写采莲女的容貌、服饰、体态,也不像初唐《采莲曲》那样写采
莲女的爱情,他所描述的是采莲女潇洒的风神,自在的姿态,"白练束腰袖半卷,不
插玉钗妆梳浅",率性洒脱。结尾"自弄芙蓉还荡桨",像极了张志和的"斜风细雨不
须归"。这其实不是劳动女性,也不是爱情女性,而是一个文士自身精神的写照,张

---

① 郭茂倩:《乐府诗集》卷五十,中华书局 2017 年版,第 1062 页。
② 郭茂倩:《乐府诗集》卷五十,中华书局 2017 年版,第 1062 页。
③ 郭茂倩:《乐府诗集》卷五十,中华书局 2017 年版,第 1063 页。
④ 郭茂倩:《乐府诗集》卷五十,中华书局 2017 年版,第 1062 页。
⑤ 郭茂倩:《乐府诗集》卷五十,中华书局 2017 年版,第 1062 页。
⑥ 郭茂倩:《乐府诗集》卷五十,中华书局 2017 年版,第 1065 页。

籍将文士的精神趣味投射到了采莲女身上。

中晚唐鲍溶、戎昱、僧齐己的《采莲曲》也同样体现了文士趣味。鲍溶《采莲曲》："弄舟揭来南塘水，荷叶映身摘莲子。暑衣清净鸳鸯喜，作浪舞花惊不起。殷勤护惜纤纤指，水菱初熟多新刺。""采莲揭来水无风，莲潭如镜松如龙。夏衫短袖交斜红，艳歌笑斗新芙蓉，戏鱼住听莲花东。"①戎昱《采莲曲》其一："虽听采莲曲，讵识采莲心。漾楫爱花远，回船愁浪深。烟生极浦色，日落半江阴。同侣怜波静，看妆堕玉簪。"②僧齐己《采莲曲》："越溪女，越江莲，齐菡萏，双婵娟。嬉游向何处，采摘且同船。浩唱发容与，清波生漪涟。时逢岛屿泊，几共鸳鸯眠。襟袖既盈溢，馨香亦相传。薄暮归去来，苎罗生碧烟。"③尽管鲍溶、戎昱、僧齐己的《采莲曲》不像储光羲那样有说理的痕迹，也不像张籍那样有明显的文士的影子，但是鲍溶写采莲之趣，戎昱写采莲女"争唱菱歌"、齐己写采莲女"几共鸳鸯眠"的率真自然，也都是文人笔下的"采莲"趣味，同样投射了文人的精神追求。

当然，也有少数中晚唐诗人在延续南朝以来的创作主题。比如，白居易《采莲曲》："菱叶萦波荷飐风，荷花深处小船通。逢郎欲语低头笑，碧玉搔头落水中。"④温庭筠的《张静婉采莲曲》："兰膏坠发红玉春，燕钗拖颈抛盘云。城西杨柳向娇晚，门前沟水波粼粼。麒麟公子朝天客，珮马珰珰度春陌。掌中无力舞衣轻，剪断鲛绡破春碧。抱月飘烟一尺腰，麝脐龙髓怜娇饶。秋罗拂衣碎光动，露重花多香不销。鸂鶒胶胶塘水满，绿萍如粟莲茎短。一夜西风送雨来，粉痕零落愁红浅。船头折藕丝暗牵，藕根莲子相留连。郎心似月月易缺，十五十六清光圆。"⑤但是，像白居易、温庭筠的《采莲曲》在中晚唐《采莲曲》中属于少数，尤其是温庭筠的《采莲曲》，可以说是晚唐时期南朝宫体的复归。

总而言之，《采莲曲》源自汉代民间，历南北朝与唐代，先后经历了汉魏民歌阶段、南朝贵族的宫体化阶段、初唐沿袭爱情主题阶段，最终在中晚唐文士的笔下完成了主题的升华，文士们将自身的情怀与趣味注入其中，成为文士书写隐逸情怀、洒脱真率性情的对象。

---

① 郭茂倩：《乐府诗集》卷五十，中华书局 2017 年版，第 1064 页。
② 郭茂倩：《乐府诗集》卷五十，中华书局 2017 年版，第 1062 页。
③ 郭茂倩：《乐府诗集》卷五十，中华书局 2017 年版，第 1065—1066 页。
④ 郭茂倩：《乐府诗集》卷五十，中华书局 2017 年版，第 1065 页。
⑤ 郭茂倩：《乐府诗集》卷五十，中华书局 2017 年版，第 1068 页。

四、作为乐曲的《采莲曲》

《采莲曲》在诞生之初就是一种民间音乐,为汉代相和歌曲,南北朝时期,民间清商曲辞中就有《采莲曲》,而宫廷《采莲曲》更是盛行一时,梁武帝改编西曲,制《江南弄》七曲,梁简文帝作《江南弄》三首,羊侃造《采莲》、《棹歌》两曲,也都是音乐文本。《乐府诗集》卷五十载梁武帝《采莲曲》引《古今乐录》云:"《采莲曲》,和云:'采莲渚,窈窕舞佳人。'"①可惜这些歌曲具体的表演形式已经不得而知。

入唐,清商曲渐渐衰落,《采莲曲》是否仍在宫廷表演中,很难有材料证实,不过包何《阙下芙蓉》云:"一人理国致升平,万物呈祥助圣明。天上河从阙下过,江南花向殿前生。庆云垂荫开难落,湛露为珠满不倾。更对乐悬张宴处,歌工欲奏采莲声。"②此诗应为包何观宫廷乐舞所作,可见《采莲曲》在宫廷中也并非绝迹。崔令钦《教坊记》所记曲名与"采莲"有关的有两支,"折红莲"与"采莲子"。崔之《教坊记》所载多为燕乐,与南朝清商曲辞属不同的音乐体系,不过两者也未必没有传承的关系。至晚唐,温庭筠《张静婉采莲曲序》云:"静婉,羊侃妓也,其容绝世。侃自为《采莲》二曲。今乐府所存,失其故意,因歌以俟采诗者。"③据温庭筠此言,朝廷乐府仍然保存着《采莲曲》,只是与南朝《采莲曲》已经不同了而已。

同时,士大夫宴饮也演唱《采莲曲》,独孤及《东平蓬莱驿夜宴平卢杨判官醉后赠别姚太守置酒留宴》云:"木兰为樽金为杯,江南急管卢女弦。齐童如花解郢曲,起舞激楚歌采莲。"④《采莲曲》原为江南歌曲,独孤及此诗言齐人也会歌《采莲》,可见《采莲曲》在当时流传广泛。

当然,毋庸置疑的是,《采莲曲》在江南民间歌唱更为广泛。阎朝隐《采莲女》诗云:"采莲女,采莲舟,春日春江碧水流。莲衣承玉钏,莲刺胃银钩。薄暮敛容歌一曲,氛氲香气满汀洲。"⑤李白《秋登巴陵望洞庭》云:"郢人唱白雪,越女歌采莲。听此更肠断,凭崖泪如泉。"⑥戎昱《采莲曲》其二云:"涔阳女儿花满头,毵毵同泛木兰舟。秋风日暮南湖里,争唱菱歌不肯休。"⑦李白《越女词》云:"耶溪采莲女,见客棹

---

① 郭茂倩:《乐府诗集》卷五十,中华书局 2017 年版,第 1052 页。
② 彭定求等:《全唐诗》卷二百八,中华书局 1960 年版,第 2171 页。
③ 刘学锴校注:《温庭筠全集校注》,中华书局 2007 年版,第 41 页。
④ 彭定求等:《全唐诗》卷二四七,中华书局 1960 年版,第 2770 页。
⑤ 郭茂倩:《乐府诗集》卷五十,中华书局 2017 年版,第 1067 页。
⑥ 王琦注:《李太白全集》卷二一,中华书局 1977 年版,第 995 页。
⑦ 郭茂倩:《乐府诗集》卷五十,中华书局 2017 年版,第 1063 页。

歌回。"①张籍《乌栖曲》云:"西山作宫潮满池,宫乌晓鸣茱萸枝。吴姬自唱采莲曲,君王昨夜舟中宿。"②齐己《采莲曲》云:"浩唱发容与,清波生漪涟。"

尽管我们很难判断,这些文人诗中所言被歌唱的"采莲歌",究竟是原汁原味的民歌,还是文人歌词,或者两者均有,甚至互相影响,但民间的"采莲歌"激发了文人创作的热情,文人诗也提升了"采莲歌"的意境。《乐府诗集》载文人所作的《采莲曲》也非常多,文献不足,我们难以确知哪些曾经是被演唱的音乐文本,哪些是文人徒诗,无法将《乐府诗集》中的《采莲曲》与这些材料中的吴姬越女的"采莲歌"一一对应。不过,《采莲曲》在唐代民间,尤其是吴越地区,仍被广泛歌唱应是不争的事实。民间歌唱的《采莲曲》,除了《乐府诗集》所载三十多位诗人的诗,有可能还有一些没有被文字记载下来的。

五、越女与越地《采莲曲》

在梁陈时代,诗人创作的《采莲曲》中地理意象以用江南者为多。比如,梁元帝的《采莲曲》:"碧玉小家女,来嫁江南王。"吴均《采莲曲》其一:"问子今何去,出采江南莲。"其二:"江南当夏清,桂楫逐流萤。"刘孝威的《采莲曲》:"金桨木兰船,戏采江南莲。"梁武帝的《采莲曲》和《采菱曲》,《采莲曲》地理意象用的是"五湖",也就是太湖,"游戏五湖采莲归,发花田叶芳袭衣",《采菱曲》的地理意象用的也是"江南","江南稚女珠腕绳,金翠摇首红颜兴"。

而到了唐代,这种情况发生了变化。在唐代创作《采莲曲》的十四位诗人中,阎朝隐、崔国辅、储光羲、鲍溶、白居易、温庭筠未有特定的地理意象,只是用了诸如"春江"、"秋江"等泛指的地理名词。王勃的《采莲归》地理意象用的是吴越并称:"莲浦夜相逢,吴姬越女何丰茸。"王昌龄的《采莲曲》其一也是用吴越并称的意象:"吴姬越艳楚王妃,争弄莲舟水湿衣。"在这些诗中,吴越并称在某个层面上可以说是江南的代名词。戎昱的《采莲曲》地理意象用的是湖南涔阳,"涔阳女儿花满头,毵毵同泛木兰舟"。除了这几位诗人,其他诗人的《采莲曲》地理意象用的都是越地。计有:

> 徐彦伯的《采莲曲》:妾家越水边,摇艇入江烟。
>
> 贺知章的《采莲曲》:稽山罢雾郁嵯峨,镜水无风也自波。莫言春度芳菲

---

①　王琦注:《李太白全集》卷二五,中华书局 1977 年版,第 1195 页。

②　郭茂倩:《乐府诗集》卷四八,中华书局 1979 年版,第 697 页。

尽,别有中流采芰荷。

李白的《采莲曲》:若耶溪傍采莲女,笑隔荷花共人语。

王昌龄的《采莲曲》其二:越女作桂舟,还将桂为楫。

僧齐己的《采莲曲》:越溪女,越江莲,齐菡萏,双婵娟。嬉游向何处,采摘且同船。

如果将王勃的《采莲归》与王昌龄的《采莲曲》其一所用"吴越并称"一并算上,以越地为地理背景的《采莲曲》占了唐代《采莲曲》的大半以上,而且其他《采莲曲》并没有特指的地理意象,也有以越地为背景的可能。这是一个有趣的现象。这可能与南朝时以吴地为文化重心,而唐人虽然以吴越并称,但是越地文化对他们影响更深、吸引力更大有关,尤其是盛唐以后。这只是猜测,至于实情是否如此,需要对唐诗中的吴文化和越文化做综合考察。

徐彦伯、李白、王昌龄等人的《采莲曲》以越地为地理背景,以越女为抒情主人公,在这些诗中,基本元素包含三个方面:越女、采莲、江水或者湖水。美人与鲜花、美景辉映,画面绝美,"荷叶罗裙一色裁,芙蓉向脸两边开","越溪女,越江莲,齐菡萏,双婵娟",也难怪《采莲曲》成为南朝至中晚唐文人吟咏不绝的一支古乐府曲调。这些绝美的《采莲曲》一方面作为一支乐府曲调,有其音乐、主题发展演变的过程,另一方面也是越女书写的一个重要视角。

越女在唐代越地书写中本身也是一个典型的代表性意象。开元人徐延寿《南州行》诗云:"摇艇至南国,国门连大江。中洲西边岸,数步一垂杨。金钏越溪女,罗衣胡粉香。织缣春卷幔,采蕨暝提筐。弄瑟娇垂幌,迎人笑下堂。河头浣衣处,无数紫鸳鸯。"[①]在美丽的江南景色中,打扮漂亮的越女出门采蕨、河头浣纱,垂杨、越女、浣纱,构成了一幅生动的江南风景图。再比如杜甫的《壮游》,杜甫在晚年回忆自己年轻时漫游吴越的经历,越女就是杜甫书写越地的一个重要意象:"越女天下白,鉴湖五月凉。剡溪蕴秀异,欲罢不能忘。"[②]越女以白皙的面容给杜甫留下了深刻的印象。中唐韩愈的《刘生诗》云:"洪涛春天禹穴幽,越女一笑三年留。"[③]虽然不免调侃刘生的味道,却也从侧面体现出越女的美丽与魅力。

李白有《越女词五首》,专门以越女为题写对象:

---

① 彭定求等:《全唐诗》卷一一四,中华书局 1960 年版,第 1165 页。

② 仇兆鳌:《杜诗详注》卷一六,中华书局 1979 年版,第 1439 页。

③ 屈守元、常思春:《韩愈全集校注》,四川大学出版社 1996 年版,第 169 页。

其一：长干吴儿女，眉目艳星月。屐上足如霜，不着鸦头袜。①
其二：吴儿多白皙，好为荡舟剧。卖眼掷春心，折花调行客。②
其三：耶溪采莲女，见客棹歌回。笑入荷花去，佯羞不出来。③
其四：东阳素足女，会稽素舸郎。相看月未堕，白地断肝肠。④
其五：镜湖水如月，耶溪女如雪。新妆荡新波，光景两奇绝。⑤

李白的《越女词五首》并非单写越女，而是吴儿与越女并写，两者在诗中是互文的关系，写吴儿也是写越女。《越女词五首》可以说包含了越女书写的诸多元素：姣好的容貌，越女的劳动场景如采莲、荡舟，越女的爱情。这些与越地美景相互映衬，绝美的人物、纯真的爱情与美丽的景色，正可谓"光景两奇绝"。

中唐鲍溶也有一首《越女词》："越女芙蓉妆，浣纱清浅水。忽惊春心晓，不敢思君子。君子纵我思，宁来浣溪里。"⑥王昌龄的《采莲曲》，在《乐府诗集》中作《采莲曲》，而在《王昌龄诗集》中题名作《越女》，诗云："越女作桂舟，还将桂为楫。湖上水渺漫，清江初可涉。摘取芙蓉花，莫摘芙蓉叶。将归问夫婿，颜色何如妾。"

在唐代越州女性文学中，主人公有流传千古的西施，有道德典范曹娥，有落魄的梨园歌伎盛小丛。而唐代诗人笔下的越女，是一个笼统的称呼，泛指越地女子，与西施的曲折经历不同，与曹娥惊天动地的孝道不同，这些越地女子只是普普通通的女性，她们采莲、浣纱、劳作、恋爱，与秀美的越地风景一起构成一幅普通却隽永的越地美景。

结　语

《采莲曲》在中国音乐史与诗歌史上绵历久远。源起于民间，最早有文献记载的是汉代的相和歌词，"江南可采莲，莲叶何田田"，文字质朴，生动活泼。南朝民间吴声西曲中也有《采莲曲》。梁武帝将西曲中的《采莲曲》改编，成为他的《江南弄》七曲之一。南朝贵族的《采莲曲》文字华缛，描写女性的容貌、体态、服饰等，风格靡丽。初盛唐王勃、王昌龄、李白等人的《采莲曲》延续了南朝《采莲曲》的爱情主题，

---

① 王琦注：《李太白全集》卷二五，中华书局 1977 年版，第 1194 页。
② 王琦注：《李太白全集》卷二五，中华书局 1977 年版，第 1194 页。
③ 王琦注：《李太白全集》卷二五，中华书局 1977 年版，第 1195 页。
④ 王琦注：《李太白全集》卷二五，中华书局 1977 年版，第 1195 页。
⑤ 王琦注：《李太白全集》卷二五，中华书局 1977 年版，第 1195 页。
⑥ 彭定求等：《全唐诗》卷四八六，中华书局 1960 年版，第 5516 页。

不过一扫南朝的靡丽风格，以描写两性纯真的爱情为主。自贺知章、储光羲、张籍等人起，中晚唐诗人将文士的隐逸、洒脱趣味打入《采莲曲》，既无南朝之绮靡，亦无初盛唐之两性爱情，成为中唐士人书写其性情、精神的对象，彻底改写了《采莲曲》的主题，《采莲曲》在中晚唐文士的手中完成了它在诗歌史上的雅化与升华。

第五节　从艺术到道德：唐宋曹娥书写视角的转变

与西施、采莲女相比，孝女曹娥代表着越州女性的另一个面向。曹娥的故事同样渊源久远，在从东汉至唐宋的文学史上，曹娥是如何进入士人的文学史书写的，又发生过怎样的变化，这是本节将要探讨的问题。

一、曹娥与邯郸淳《曹娥碑》

曹娥的故事，《后汉书·列女传》记载："孝女曹娥者，会稽上虞人也。父盱，能弦歌，为巫祝。汉安二年五月五日，于县江泝涛婆娑迎神，溺死，不得尸骸。娥年十四，乃沿江号哭，昼夜不绝声，旬有七日，遂投江而死。至元嘉元年，县长度尚改葬娥于江南道傍，为立碑焉。"①曹娥十四岁时，父亲溺死，为寻父尸，投江而死，汉桓帝元嘉元年，会稽县长度尚改葬曹娥，并为曹娥立碑。袁宏《后汉纪》卷二二亦有记载，文字较为简单："县有孝女曹娥，年十四，父盱溺于江，不得尸，娥号慕不已，遂赴江而死，前后长吏莫有纪者。尚至官，改葬娥，树碑表墓，以彰孝行。"②

邯郸淳所撰《曹娥碑》的价值不止于曹娥的故事本身，也在于这篇碑文自身的独特性。关于《曹娥碑》，宋代陈思《宝刻丛编》卷十三有收入"汉曹娥孝女碑"，文云："汉度尚所立，邯郸淳文。（《诸道石刻录》）"③《宝刻丛编》引《会稽志》说明其原委："在会稽县东南七十二里。按《后汉书》云：'元嘉元年，县长度尚改葬娥为立碑。'《会稽典录》云：'……其后蔡邕又题八字曰："黄绢幼妇，外孙齑臼。"'其碑岁久，字多讹缺，至景德中重立。"④

曹娥去世于汉安二年五月，汉桓帝元嘉元年，也就是曹娥去世八年之后，度尚为曹娥立碑。度尚所立曹娥碑为邯郸淳所撰，碑文如下：

> 孝女曹娥者，上虞曹盱之女也。其先与周同祖，末胄荒沈，爰来适居，盱能

---

① 范晔：《后汉书》卷八四，中华书局 1965 年版，第 2794 页。
② 袁宏：《两汉纪·后汉纪》卷二二，中华书局 2002 年版，第 424 页。
③ 陈思：《宝刻丛编》卷一三，《丛书集成初编》，商务印书馆 1937 年版，第 330 页。
④ 陈思：《宝刻丛编》卷一三，《丛书集成初编》，商务印书馆 1937 年版，第 330 页。

抚节案歌婆娑乐神。以汉安二年五月，时迎伍君，逆涛而上，为水所淹，不得其尸。时娥年十四，号慕思盱，哀吟泽畔，旬有七日，遂自投江死。经五日，抱父尸出。以汉安迄于元嘉元年，青龙在辛卯，莫之有表，度尚设祭诔之，辞曰：伊惟孝女，晔晔之姿。偏其反而，令色孔仪。窈窕淑女，巧笑倩兮。宜其室家，在洽之阳。待礼未施，嗟丧慈父。彼苍伊何？无父孰怙！诉神告哀，赴江永号，视死如归。是以眇然，轻绝投入，沙泥翩翩，孝女乍沉乍浮。或泊洲屿，或在中流。或趋湍濑，或还波涛。千夫失声，悼痛万余。观者填道，云集路衢。流泪掩涕，惊恸国都。是以哀姜哭市，杞崩城隅。或有刿面引镜，劓耳用刀。坐台待水，抱树而烧。於戏孝女，德茂此俦。何者大国，防礼自修。岂况庶贱，露屋草茅。不扶自直，不镂而雕。越梁过宋，比之有殊。哀此贞厉，千载不渝。呜呼哀哉！乱曰：名勒金石，质之乾坤。岁数历祀，丘墓起坟。光于后土，显照天人。生贱死贵，义之利门。何怅华落，雕零早分。范艳窈窕，永世配神。若尧二女，为湘夫人。时效仿佛，以昭后昆。[①]

《曹娥碑》文字简洁凝炼，要言不烦，将曹娥的故事和孝义之情于四百余字之间和盘托出。这篇经典的碑文，使曹娥的故事具有了双重内涵，从事实层面来说，这是一个东汉孝女的故事，从文学层面来说，这是一篇经典的碑文。关于邯郸淳撰《曹娥碑》有一个曲折的故事，《后汉书》刘昭注引《会稽典录》云："上虞长度尚弟子邯郸淳，字子礼。时甫弱冠，而有异才。尚先使魏朗作《曹娥碑》，文成未出，会朗见尚，尚与之饮宴，而子礼方至督酒。尚问朗碑文成未？朗辞不才，因试使子礼为之，操笔而成，无所点定。朗嗟叹不暇，遂毁其草。其后蔡邕又题八字曰：'黄绢幼妇，外孙齑臼。'"[②]

根据《会稽典录》的这段记载，度尚本来让魏朗撰碑，魏朗尚未完成，机缘巧合之下，魏朗让邯郸淳撰写，邯郸淳一气呵成，魏朗对邯郸淳所撰碑文极其推赞，于是自毁其草。《曹娥碑》碑文的撰写过程本身就是一段文人佳话，而且这段记载将邯郸淳撰《曹娥碑》写成了一个意外，戏剧性地突出了邯郸淳的才华和这篇碑文的文采。

邯郸淳撰碑之后，汉末书法家蔡邕在曹娥碑碑背题写了"黄绢幼妇，外孙齑臼"八字，意为"绝妙好辞"。而蔡邕猜谜一样的八字，到三国时期，又引发了另外一个

---

① 严可均辑：《全上古三代秦汉三国六朝文·全三国文》卷二六，中华书局1958年版，第1196页。
② 范晔：《后汉书》卷八四，中华书局1965年版，第2795页。

著名的故事,就是曹杨斗才,《世说新语》卷中载:

> 魏武尝过曹娥碑下,杨修从。碑背上见题作"黄绢幼妇,外孙齑臼"八字。魏武谓修曰:"解不?"答曰:"解。"魏武曰:"卿未可言,待我思之。"行三十里,魏武乃曰:"吾已得。"令修别记所知,修曰:"黄绢,色丝也,于字为'绝';幼妇,少女也,于字为'妙';外孙,女子也,于字为'好';齑臼,受辛也,于字为'辞':所谓'绝妙好辞'也。"魏武亦记之,与修同;乃叹曰:"我才不及卿,乃觉三十里。"①

从东汉到魏晋时期,曹娥的文化因素层层累积,从一个孝女的故事,演变成一个具有多重文化因素的经典文本,既是一个道德文本,也是一个文学文本,还是一个艺术文本。这些层层叠加的因素,为后世"曹娥碑"的书写作铺垫,提供了多重可能性与各种丰富的视角。

二、唐人对曹娥碑的艺术接受

曹娥为会稽人,除了曹娥碑,会稽还有曹娥庙与曹娥墓。会稽曹娥庙,据《嘉泰会稽志》卷六载:"曹娥庙在县东七十二里。娥上虞人,父盱,能弦歌,为巫祝。汉安二年五月五日,于县江沂涛波迎波神,溺死,尸不得。娥年十四,缘江号泣,昼夜不绝。旬有七日,遂投江而死。元嘉元年,县长度尚改葬于江南道旁,为立碑焉。墓今在庙之左,碑有晋右将军王逸少所书小字。新安吴茂先尝刻于庙中,今为好事者持去。"②曹娥墓,《嘉泰会稽志》卷六有载:"曹娥墓在会稽县东七十二里,自汉元嘉初,县长度尚改葬娥江浦道边,至今存焉。墓所有翁仲对峙亭曰双桧,后人所封植也。"③

在唐代诗人对越州女性的书写中,与吸引了众多唐代诗人题咏的西施、越女乃至盛小丛相比,曹娥可以说是一个缺失的人物。在整部《全唐诗》中,专门题写曹娥的实际上只有两首。一首是晚唐赵嘏的七言绝句《题曹娥庙》:"青娥埋没此江滨,江树飔飔惨暮云。文字在碑碑已堕,波涛辜负色丝文。"④这是一首凭吊古迹的诗,前两句写诗人所见的曹娥庙阴森惨淡的景色,后两句写"绝妙好词"汉代邯郸淳的《曹娥碑》已经损坏,全诗没有对曹娥本人事迹的叙述和评价。

另外一首是晚唐僧贯休的《曹娥碑》,同样是七言绝句:"高碑说尔孝应难,弹指

---

① 徐震堮校笺:《世说新语校笺》卷中,中华书局 1984 年版,第 318 页。
② 施宿:《嘉泰会稽志》卷六,《宋元方志丛刊》第七册,中华书局 1990 年版,第 6805 页。
③ 施宿:《嘉泰会稽志》卷六,《宋元方志丛刊》第七册,中华书局 1990 年版,第 6813 页。
④ 彭定求等:《全唐诗》卷五五十,中华书局 1960 年版,第 6368 页。

端思白浪间。堪叹行人不回首,前山应是苧萝山。"①有趣的是,贯休此诗正是在感慨时人对东汉孝女曹娥没有凭吊的兴趣,纷纷被"苧萝山"的西施吸引了。此处"苧萝山"代指西施。西施与曹娥,一热闹一冷落,这与本文所研究的唐代题写西施的诗歌众多而题写曹娥的诗歌少之又少相呼应。

除了赵嘏和贯休,在诗中提到曹娥的诗人也只有两位,但并非专门题咏曹娥,一位是李白,一位是刘长卿。

李白提到曹娥的诗只有一首,就是《送王屋山人魏万还王屋》,全诗甚长,中间大段篇幅描写浙东美景:

> 遥闻会稽美,一弄耶溪水。万壑与千岩,峥嵘镜湖里。秀色不可名,清辉满江城。人游月边去,舟在空中行。此中久延伫,入剡寻王、许。笑读曹娥碑,沉吟黄绢语。天台连四明,日入向国清。五峰转月色,百里行松声。灵溪恣沿越,华顶殊超忽。石梁横青天,侧足履半月。眷然思永嘉,不惮海路赊。挂席历海峤,回瞻赤城霞。赤城渐微没,孤屿前峣兀。水续万古流,亭空千霜月。缙云川谷难,石门最可观。瀑布挂北斗,莫穷此水端。喷壁洒素雪,空濛生昼寒。却思恶溪去,宁惧恶溪恶。咆哮七十滩,水石相喷薄。路创李北海,岩开谢康乐。松风和猿声,搜索连洞壑。径出梅花桥,双溪纳归潮。落帆金华岸,赤松若可招。②

在这一段里,浙东意象目不暇接,先是会稽,再天台,前面六联描写会稽景色,涉及的有若耶溪、镜湖、剡溪,最后一句写到了曹娥碑,并且用了蔡邕"黄绢"的典故。

刘长卿有三首诗涉及曹娥。第一首《送荀八过山阴旧县兼寄剡中诸官》:

> 访旧山阴县,扁舟到海涯。故林嗟满岁,春草忆佳期。晚景千峰乱,晴江一鸟迟。桂香留客处,枫暗泊舟时。旧石曹娥篆,空山夏禹祠。剡溪多隐吏,君去道相思。③

第二首《无锡东郭送友人游越》:

> 客路风霜晓,郊原春兴余。平芜不可望,游子去何如。烟水乘湖阔,云山适越初。旧都怀作赋,古穴觅藏书。碑缺曹娥宅,林荒逸少居。江湖无限意,

---

① 彭定求等:《全唐诗》卷八三七,中华书局 1960 年版,第 9433 页。
② 王琦注:《李太白全集》卷一六,中华书局 1977 年版,第 752—755 页。
③ 彭定求等:《全唐诗》卷一四九,中华书局 1960 年版,第 1530 页。

非独为樵渔。①

第三首《送崔处士先适越》：

> 山阴好云物，此去又春风。越鸟闻花里，曹娥想镜中。小江潮易满，万井水皆通。徒羡扁舟客，微官事不同。②

刘长卿的这三首诗为送友人游越或者过访山阴诗，所写方式也相同，就是描写想象中的越中景色，第一首所写越州意象有扁舟、故林、青草、千峰、晴江、桂香、枫树、曹娥碑、夏禹祠、剡溪；第二首所写越州意象有越都、夏禹穴、曹娥碑、王羲之；第三首所写越州意象有越鸟、曹娥、镜湖、小江、万井、扁舟。

细品李白的这一首诗和刘长卿的这三首诗，会发现，李白和刘长卿书写的重点是曹娥碑而不是曹娥的孝道故事，"笑读曹娥碑，沉吟黄绢语"，"旧石曹娥篆，空山夏禹祠"，"碑缺曹娥宅，林荒逸少居"。也就是说李白和刘长卿所重的是曹娥碑作为一个文学文本和书法文本的文学与艺术价值，而不是曹娥本人的孝道品行。正如宋人钱惟岳《曹娥庙碑》诗所言："曹娥庙貌树丰碑，千古行人诵色丝。苦恨当年题八字，不旌贤孝祇旌辞。"③蔡邕所题八字，是对曹娥碑碑文的艺术品鉴，而非道德评价，李白与刘长卿所延续的，正是因蔡邕八字强化了的艺术导向，同样不是曹娥本人的道德价值。

无论是对曹娥专门题写的缺失，还是只一笔提到的诗歌，都少之又少，所涉及的也只关注碑文的文学和艺术价值，总而言之，唐人对作为孝道代表的越州女性曹娥并没有过多的关注。

在唐文中涉及曹娥典故的有五篇。其中三篇为女性碑铭。

一为李白的《溧阳濑水贞义女碑铭》，文云："借如曹娥潜波，理贯于孝道；聂姊殒肆，概动于天伦。鲁姑弃子，以却三军之众；漂母进饭，没受千金之恩。方之于此，彼或易耳。"④这篇文章是李白在溧阳应县令郑晏所请为春秋吴国击绵女黄山史氏所作的碑铭，称赞了史氏女为掩护伍子胥逃奔吴国而舍身投水的壮烈贞义事迹。这段文字李白用曹娥、聂姊、鲁姑、漂母等人衬托史氏的高义，且相比于曹娥、聂姊出于天伦的行为，史氏的义行更加难得。

---

① 彭定求等：《全唐诗》卷一四九，中华书局 1960 年版，第 1532 页。
② 彭定求等：《全唐诗》卷一四八，中华书局 1960 年版，第 1513 页。
③ 孔延之编，邹志方点校：《〈会稽掇英总集〉点校》卷八，人民出版社 2006 年版，第 123 页。
④ 王琦注：《李太白全集》卷二九，中华书局 1977 年版，第 1351 页。

一为柳宗元的《饶娥碑》,文云:"齐女色忧,伤槐罢诛。赵姬完父,操棹爰讴。肉刑不施,汉美淳于。烈烈孝娥,水死上虞。娥之至德,实与为俦。恒人有言,惟教是图。懿兹德女,家世不儒。奇行特出,神道莫酬。穷哀罔泄,终古以留。"①这篇文章是柳宗元谪居永州期间应饶州刺史元洪请托所作,饶娥父亲溺死,饶娥为父哭死,饶娥的事迹与曹娥的事迹极为相似。这段文字是写柳宗元认为饶娥的孝行可以与东汉上虞的孝女曹娥相媲美。

一为古文家李翱的《高愍女碑》,文云:"昔者曹娥思盱,自沉于江;狱吏呼囚,章女悲号;思啙其兄,作诗载驰;缇萦上书,乃除肉刑。彼四女者,或孝或智,或义或仁。噫此愍女,厥生七岁,天生其知,四女不伦。向遂推而布之于天下,其谁不从而化焉。"②这篇文章的撰写背景,据文末李翱自述:"贞元十三年,翱在汴州,彦昭时为颍州刺史,昌黎韩愈始为余言之。余既悲而嘉之,于是作高愍女碑。"③李翱在汴州,韩愈向李翱讲述了高愍女的故事,李为之深深感佩而撰写了此碑。高愍女父亲唐朝将领高彦昭为叛将李讷杀害,全家不免,愍女母亲因愍女年幼,方才七岁,求人免其一死,而愍女不愿苟活,与母兄一同慷慨赴义。这段文字写李翱将愍女与曹娥、章女、缇萦等四人作对比,认为这四女还不能与七岁的高愍女相比,对高愍女的道德高义极为尊崇。

另外一篇文章,为杨炯的《唐昭武校尉曹君神道碑》,文云:"炯效官昌运,负谴明时,始以东宫学士,出为梓州司法,倾盖相逢,当仁不让。庶使见曹娥之碣,杨修叹其好词;读元寿之文,高祖称其佳作。"④曹君为曹通,曹通后人请杨炯为其撰写墓志,此处杨炯以邯郸淳自比,对自己的文采颇为自信。

唐诗中的曹娥与唐文中的曹娥,典故使用的背景不一样。唐文中的曹娥,如杨炯的《唐昭武校尉曹君神道碑》,使用的是曹娥碑的艺术价值义,这与唐诗中的使用情况相同。而其余三篇文章,李白的《溧阳濑水贞义女碑铭》、柳宗元的《饶娥碑》、李翱的《高愍女碑》使用的均为曹娥的孝道品行本义,而且这三篇文章,使用的方式也一样,即以曹娥比较、衬托或者推尊女性碑主的道德高义。但是在这些文章中,曹娥其实只是唐代女性碑墓撰者信手拈来的一个典故,曹娥的事迹本身不是目的,衬托和推尊墓主才是目的。所以,从接受的角度来说,曹娥的典故在这些文章中,

---

① 柳宗元:《柳宗元集》卷五,中华书局 1979 年版,第 136 页。

② 《全唐文》卷六三八,中华书局 1983 年版,第 6446 页。

③ 《全唐文》卷六三八,中华书局 1983 年版,第 6446 页。

④ 徐明霞点校:《杨炯集》卷八,中华书局 1980 年版,第 135 页。

并不具备独立的接受学上的价值。曹娥在唐诗中的缺失，和唐人更倾向于曹娥碑的艺术价值，才是唐人对曹娥接受的本来面目和普遍认知。

三、宋人对曹娥道德价值的彰显

到宋代，诗人题咏曹娥与曹娥庙碑的诗相比于唐代明显增多。诗中只提到曹娥的暂且不计，专门题咏曹娥庙碑的就有近二十首，其中北宋六首，南宋十三首。

北宋六首分别为宋初潘阆的《曹娥庙碑》七言绝句，姚铉的《曹娥庙碑》七言绝句，钱惟岳的《曹娥庙碑》七言绝句两首，史温的《曹娥庙碑》七言绝句，萧辟的《留题曹娥庙》五古长篇。

北宋这六首曹娥庙碑题咏可以分为两类。潘阆《曹娥庙碑》、姚铉《曹娥庙碑》、史温《曹娥庙碑》三首为一类。这三位诗人的曹娥庙碑题咏以吊古写景为主：

> 潘阆《曹娥庙碑》：曹娥庙前秋草平，曹娥庙里秋月明。扁舟一夜曾无寐，近听潮声似哭声。①

> 姚铉《曹娥庙碑》：箫鼓声中浪渺弥，古枫阴砌藓封碑。行人到此自恭肃，不似巫山云雨祠。②

> 史温《曹娥庙碑》：曹娥庙貌枕江湄，南北行人合孝思。有智不争三十里，千年黄绢一厅碑。③

除了吊古写景，这几首诗在书写视角上也是对唐人的继承，"古枫阴砌藓封碑"、"千年黄绢一厅碑"，偏重曹娥碑的艺术价值，对曹娥的道德价值没有过多的渲染。

与潘阆、姚铉、史温三位诗人相比，钱惟岳《曹娥庙碑》两首与萧辟《留题曹娥庙》则体现了北宋对这一主题书写的变化。钱惟岳的《曹娥庙碑》两首，其一云：

> 曹娥庙貌树丰碑，千古行人诵色丝。苦恨当年题八字，不旌贤孝祗旌辞。④

其二云：

> 寻尸抱柱两俱难，二子留名满世间。轻命一般同水溺，尾生泉下复何颜。⑤

钱惟岳的这两首诗，第一首立意就与他之前的诗人完全不同，钱惟岳反其道而行

---

① 孔延之编，邹志方点校：《〈会稽掇英总集〉点校》卷八，人民出版社 2006 年版，第 123 页。
② 孔延之编，邹志方点校：《〈会稽掇英总集〉点校》卷八，人民出版社 2006 年版，第 123 页。
③ 孔延之编，邹志方点校：《〈会稽掇英总集〉点校》卷八，人民出版社 2006 年版，第 123 页。
④ 孔延之编，邹志方点校：《〈会稽掇英总集〉点校》卷八，人民出版社 2006 年版，第 123 页。
⑤ 孔延之编，邹志方点校：《〈会稽掇英总集〉点校》卷八，人民出版社 2006 年版，第 123 页。

之，旗帜鲜明地对自蔡邕以来的"千古行人诵色丝"、"不旌贤孝祇旌辞"的艺术品鉴提出了反对的意见。第二首进一步剖析、深化曹娥的孝道价值，诗人以曹娥寻尸、尾生抱柱相比较，二者虽然同是轻命溺水，但是尾生抱柱怎能与曹娥的孝道相比，用尾生反衬曹娥的道德价值。钱惟岳的这两首诗开启了宋人书写曹娥新的方式和主题。

钱惟岳之后，进一步渲染曹娥孝道价值与意义的是萧辟的《留题曹娥庙》：

> 屈平以楚死，死浊不死清。伍员以吴死，死暗不死明。死者人所难，一死鸿毛轻。壮哉二子为，留得不死名。曹娥以父死，年龄童未成。抱尸出洪澜，非可二子并。二子谏不从，齐秦韩魏征。娥若不之死，父葬鳝与鲸。二子死以介，娥死以孝诚。于今会稽人，事之如事生。娥若生尧时，舜不妻女英。娥若逢孔子，娥名书孝经。娥父若雁辈，岂止为缇萦？蔡邕不知娥，但爱碑上铭。我来拜祠下，古木寒云横。往往大江水，犹作哀哀鸣。安得娥有知？为我神阴灵。鼓此大江波，注入四渎平。洗濯天下心，皆行娥所行。[①]

首先在诗体上，萧辟的《留题曹娥庙》就与在他之前的曹娥题写诗不同。在萧辟之前，不管是唐代诗人贯休的《曹娥碑》、赵嘏的《题曹娥庙》，还是宋代诗人潘阆、姚铉、史温的《曹娥庙碑》，所用诗体均为七言绝句，字数少，或写景或议论，内容非常单一。而萧辟的这首《留题曹娥庙》为五言古诗长篇。这首诗可以分为三段，第一段从"屈平以楚死"到"事之如事生"，这一段诗人以曹娥之死与屈原之死、伍员之死相比较，"二子死以介，娥死以孝诚"，曹娥之死可与二者之死相提并论。第二段从"娥若生尧时"到"但爱碑上铭"，这一段诗人做了各种假设，并且拿曹娥与女英、缇萦等比较，认为曹娥若没有溺死，当不逊于女英、缇萦等女子。这段末两句，诗人发出了"蔡邕不知娥，但爱碑上铭"的感慨，与钱惟岳批评蔡邕"不旌贤孝祇旌辞"异曲同工。第三段从"我来拜祠下"到"皆行娥所行"，写曹娥古庙古木寒云、江水哀哀之景，将诗人的哀思融入汩汩的江水之中，言有尽而意无穷，文末点题，诗人认为曹娥的孝行可以洗濯天下人心。

萧辟的《留题曹娥庙》全诗三十八句，一百九十字，先议论后抒情，内容丰富，将曹娥提升到了屈原、伍员、女英等古代贤人的高度，从各种不同的角度彰显了曹娥的孝行，非常典型地体现了宋人题写曹娥的道德视角的转变。

---

① 孔延之编，邹志方点校：《〈会稽掇英总集〉点校》卷八，人民出版社 2006 年版，第 124 页。

　　相比于北宋诗人,南宋诗人对题写曹娥有更多的兴趣,目前共检得十三首:王十朋的《曹娥庙》,释宝昙的《曹娥庙》,陈造的《曹娥庙》两首,李洪的《谒曹娥祠》,杜范的《曹娥》,刘克庄的《曹娥》,苏泂的《曹娥》,戴复古的《题曹娥庙》,陈允平的《曹娥庙》,叶茵的《曹娥庙》,薛嵎的《舟泊曹娥祠下》,林同的《曹娥》。

　　就诗体而言,有五律、七律、五绝、七绝。五言律诗五首:王十朋的《曹娥庙》,陈造的《曹娥庙》两首,叶茵的《曹娥庙》,薛嵎的《舟泊曹娥祠下》。七言律诗两首:李洪的《谒曹娥祠》,陈允平的《曹娥庙》。五言绝句两首:刘克庄的《曹娥》,林同的《曹娥》。七言绝句四首:释宝昙的《曹娥庙》,杜范的《曹娥》,苏泂的《曹娥》,戴复古的《题曹娥庙》。在诗体上相比于唐和北宋有了很大的拓展。

　　这十三首南宋曹娥诗,就内容而言,也有一些曹娥庙吊古写景之语,比如李洪的《谒曹娥祠》:"贞魂纯孝瘗江湄,满目江山故国祠。海贾时来楫迎汝,山君欲下桂为旗。九歌合继湘妃些,千古尘昏幼妇碑。月午潮平波似练,萧萧风竹陇猿悲。"[1]这首七言律诗以写景为主,开篇点明地点曹娥祠,接着荡开去,写海景与山景,五六句转到曹娥碑,最后两句又写曹娥庙的夜景。诗人在诗中虽然写到曹娥的"贞魂纯孝"和流传千古的"幼妇碑",但是这两个点诗人都没有过多强调,都是整体图景的一个意象。陈允平的《曹娥庙》写景一半,抒情一半:"汉碣嵯峨几百秋,曲坟遗庙越山头。潮声浸帐凤屏冷,云气绕台鸾镜愁。孝节稜稜双桧立,哀魂渺渺一江流。椒觞载奠灵风起,知我怀亲送远舟。"[2]前半首写景,所涉意象有汉碣、曲坟、潮声、云气,后半首凭吊曹娥事迹,表达思乡之情。

　　南宋诗人题写曹娥最大的变化是转向对曹娥孝道精神的彰显。如王十朋《曹娥庙》诗云:"恸哭无寻处,投江竟得尸。风高烈女传,名重外孙碑。荒草没孤冢,洪涛春古祠。怀沙为谁死,翻愧是男儿。"[3]陈造《曹娥庙》其二云:"阅世谁无父,渠宁厌久生。惊波轻一死,森木竟双茔。石壁千寻立,江流万古清。祠宫拜遗像,犹复涕纵横。"[4]杜范《曹娥》诗云:"举世贪生不足评,舍生取义亦难明。娥知有父不知死,当日何心较重轻。"[5]叶茵《曹娥庙》云:"孝本当为事,时人或不然。娥兮知此

---

　　① 北京大学古文献研究所:《全宋诗》卷二三六六,北京大学出版社1991年版,第27170页。

　　② 陈起编:《江湖小集》卷一七,《景印文渊阁四库全书》第1357册,台湾商务印书馆1982年版,第12页。

　　③ 王十朋:《梅溪先生集》卷三,《四部丛刊》,商务印书馆1929年版,第7页。

　　④ 陈造:《江湖长翁集》卷一一,《景印文渊阁四库全书》第1166册,台湾商务印书馆1982年版,第15页。

　　⑤ 杜范:《清献集》卷四,《景印文渊阁四库全书》第1175册,台湾商务印书馆1982年版,第9页。

理,命也委之天。五日抱尸出,千年作史传。英灵犹耿耿,有慊莫登船。"①林同《曹娥》云:"上虞一巫女,名乃至今传。端的由纯孝,非专在好辞。"②这些诗均以议论为主,彰显和标榜曹娥舍生取义的孝道精神,认为曹娥名传千古的根本原因在于纯孝,而非专在曹娥碑的艺术价值。这可以说是南宋士人咏曹娥事迹的主流倾向。

结　语

东汉会稽女子曹娥,在汉魏时期,因邯郸淳撰碑、蔡邕题碑、曹杨斗才等一系列文人佳话与典故,积累了多重文化因素,既是一个道德文本,也是一个文学文本,还是一个艺术文本。在唐宋诗歌史上,唐人题写曹娥的诗歌甚少,在仅有的几首中,题写曹娥的重点在曹娥碑的艺术价值,而对曹娥的孝道价值极少关注。宋人题写曹娥的诗歌明显增加,而且出现了像萧辟《留题曹娥庙》这样的五古长篇,宋人题咏曹娥的重点是曹娥自身孝亲的道德价值。由唐至宋,是一个儒家伦理道德逐渐从宽松到收紧的时代,东汉会稽女子曹娥在唐宋诗歌书写史上,其题咏重点由艺术价值向道德价值的转变,是唐宋文化转型的一个映现。

---

① 陈起编:《江湖小集》卷三九,《景印文渊阁四库全书》第 1357 册,台湾商务印书馆 1982 年版,第 11 页。

② 陈起编:《江湖小集》卷九五,《景印文渊阁四库全书》第 1357 册,台湾商务印书馆 1982 年版,第 55 页。

第五章　送贺归越唱和与镜湖空间隐喻的生成

第一节　《送贺秘监》意象群释义与研究

一、送贺秘监事与文献载录考索

关于贺知章晚年辞官入道以及唐玄宗和朝廷百官饯送之事,《旧唐书·玄宗本纪》以及新、旧《唐书·贺知章传》均有记载。《旧唐书·玄宗本纪》记:

> (天宝二年)十二月乙酉,太子宾客贺知章请度为道士还乡。是冬无雪。三载正月丙辰朔,改年为载,赦见禁囚徒。庚子,遣左右相巳下祖别贺知章于长乐坡,上赋诗赠之。①

《旧唐书·贺知章传》记载:

> 天宝三载,知章因病恍惚,乃上疏请度为道士,求还乡里,仍舍本乡宅为观。上许之。仍拜其子典设郎曾为会稽郡司马,仍令侍养。御制诗以赠行,皇太子巳下咸就执别。至乡无几寿终,年八十六。肃宗以侍读之旧,乾元元年十一月诏曰:"故越州千秋观道士贺知章,器识夷淡,襟怀和雅,神清志逸,学富才雄,挺会稽之美箭,蕴昆岗之良玉。故飞名仙省,侍讲龙楼,常静默以养闲,因谈谐而讽谏。以暮齿辞禄,再见款诚,愿追二老之踪,克遂四明之客。允叶初志,脱落朝衣,驾青牛而不还,狎白衣而长往。丹壑非昔,人琴两亡,惟旧之怀,有深追悼,宜加缛礼,式展哀荣。可赠礼部尚书。"②

相比而言,《新唐书·贺知章传》记载较为简略:

> 天宝初,病,梦游帝居,数日寤,乃请为道士,还乡里,诏许之,以宅为千秋观而居。又求周宫湖数顷为放生池,有诏赐镜湖剡川一曲。既行,帝赐诗,皇

---

① 刘昫等:《旧唐书》卷九,中华书局1975年版,第217页。
② 刘昫等:《旧唐书》卷一九〇中,中华书局1975年版,第5034—5035页。

162

太子百官饯送。擢其子曾子为会稽郡司马，赐绯鱼，使侍养，幼子亦听为道士。卒，年八十六。肃宗乾元初，以雅旧，赠礼部尚书。[①]

根据这三段材料，贺知章于天宝二年十二月请度为道士还乡，天宝三载正月五日，唐玄宗与群臣赋诗赠别。不过，《旧唐书·贺知章传》与《新唐书·贺知章传》均有提到皇太子李亨也参与送别，但是各传世文献以及载录这组唱和诗最全的《会稽掇英总集》并没有太子李亨的诗。贺知章为太子宾客，贺知章去世之后，太子李亨即位，于乾元元年赠贺知章礼部尚书，可见当年太子参与送别贺知章合情合理。因此，这组诗原本应该有太子李亨的诗，只是李亨之诗佚失。

关于此事，计有功《唐诗纪事》卷十七亦有记载：

> 知章年八十六，卧病，冥然无知。疾损，上表乞为道士还乡，明皇许之。舍宅为观，赐名千秋，命其男曾子会稽郡司马，赐鉴湖剡川一曲。诏令供帐东门，百僚祖饯。御制送诗，并序云：天宝三年，太子宾客贺知章，鉴止足之分，抗归老之疏，解组辞荣，志期入道。朕以其凤存微尚，年在迟暮，用循挂冠之事，俾遂赤松之游。正月五日，将归会稽，遂饯东路，乃命六卿庶尹，三事大夫，供帐青门，宠行迈也。岂惟崇德尚齿，抑亦励俗劝人，无令二疏独光汉册。乃赋诗赠行。[②]

唐玄宗与群臣送别贺知章诗，《全唐诗》收三首。第一首，唐玄宗的《送贺知章归四明并序》：

> 天宝三年，太子宾客贺知章，鉴止足之分，抗归老之疏，解组辞荣，志期入道。朕以其年在迟暮，用循挂冠之事，俾遂赤松之游。正月五日，将归会稽，遂饯东路。乃命六卿庶尹大夫，供帐青门，宠行迈也。岂惟崇德尚齿，抑亦励俗劝人，无令二疏，独光汉册。乃赋诗赠行。
>
> 遗荣期入道，辞老竟抽簪。岂不惜贤达，其如高尚心。寰中得秘要，方外散幽襟。独有青门饯，群僚怅别深。[③]

序文和诗文字与《唐诗纪事》只一字之差，《全唐诗》作"群僚怅别深"，"僚"下有小注"一作英"，《唐诗纪事》作"群英怅别深"。

---

① 欧阳修、宋祁：《新唐书》卷一九六，中华书局 1975 年版，第 5607 页。
② 计有功撰，王仲镛校笺：《唐诗纪事校笺》卷一七，中华书局 2007 年版，第 549—550 页。
③ 彭定求等：《全唐诗》卷三，中华书局 1960 年版，第 31 页。

第二首,李林甫的《送贺监归四明应制》:

> 挂冠知止足,岂独汉疏贤。入道求真侣,辞恩访列仙。睿文含日月,宸翰
> 动云烟。鹤驾吴乡远,遥遥南斗边。①

该诗与《唐诗纪事》只一字之差,"辞恩访列仙",《唐诗纪事》作"辞荣访列先"。

第三首,姚崇的《送贺知章入道》:

> 若非尧运及垂衣,肯许巢由脱俗机。太液始同黄鹤下,仙乡已驾白云归。
> 还披旧褐辞金殿,却捧玄珠向翠微。羁束惭无仙药分,随车空有梦魂飞。②

姚崇此诗《瀛奎律髓》卷四八卷亦收,《全唐诗》的题名和文字与《瀛奎律髓》完全相同。

《朱子语类》卷一百四十有评唐玄宗此诗,云:"唐明皇资禀英迈,只看他做诗出来,是甚么气魄!今《唐百家诗》首载明皇一篇《早渡蒲津关》,多少飘逸气概!便有帝王底气焰。越州有石刻唐朝臣送贺知章诗,亦只有明皇一首好,有曰:'岂不惜贤达,其如高尚何!'"③朱熹此处言越州有石刻唐朝臣送贺知章诗,未知是唐人所刻还是宋人所刻。

综合以上材料,在唐宋时期,唐玄宗及群臣的这组送别贺知章的唱和诗,流传并不广,在传世文献中,无论是总集还是别集,收录这组诗的都少之又少。除《会稽掇英总集》之外,仅《唐诗纪事》三首,《全唐诗》三首,《瀛奎律髓》一首。《全唐诗》三首中的两首,即唐玄宗的《送贺知章归四明并序》和李林甫的《送贺监归四明应制》,与《唐诗纪事》的文字非常接近,但并不完全相同,而且《全唐诗》没有收入《唐诗纪事》的"筵开百壶饯"一首,这说明《全唐诗》的这两首另有所本,不是取自《唐诗纪事》。幸而,这组唱和诗在越州一地有流传,并有刻石,《会稽掇英总集》共载录这组诗三十六首,除前述《全唐诗》所载唐玄宗及李林甫诗之外,其余三十五首一一考录如下。

> 李适之《送贺秘监归会稽应制》:圣代全高尚,玄风阐道微。筵开百僚饯,
> 诏许二疏归。仙记题金箓,朝章换羽衣。悄然承睿藻,行路满光辉。④

---

① 彭定求等:《全唐诗》卷一二一,中华书局1960年版,第1212页。
② 彭定求等:《全唐诗》卷五五三,中华书局1960年版,第6405页。
③ 黎清德编:《朱子语类》卷一四〇,中华书局1986年版,第3325页。
④ 孔延之编,邹志方点校:《〈会稽掇英总集〉点校》卷二,人民出版社2006年版,第26页。

该诗《全唐诗》未收,《全唐诗》存李适之诗两首。

嗣许王瑾《送贺秘监归会稽应制》:官著朝中贵,才传海上名。早年常好道,晚岁更遗荣。授箓归三洞,还车谒四明。东门诏送日,挥涕尽群英。[①]

该诗《全唐诗》未收,《全唐诗》无李瑾诗。

褒信郡王璆《送贺秘监归会稽应制》:止足人高尚,遗荣子独前。诣台飞舄日,辞阙挂冠年。象服归丹宸,霓裳降紫天。仙舟望不及,朝野共推贤。[②]

该诗《全唐诗》未收,《全唐诗》无李璆诗。

席豫《送贺秘监归会稽应制》:南山四皓德,东海二疏名。功遂知身退,心微觉道成。霓裳明主赐,鹤驾列仙迎。诏饯出中野,朋欢留上京。灞桥春水溢,稽岭白云生。此去三千里,那堪长别情?[③]

该诗《全唐诗》未收,《全唐诗》存席豫诗五首。

宋鼎《送贺秘监归会稽应制》:紫气朝明主,丹丘送老臣。谁知探禹穴,更有散金人?陌上神仙日,城东梅柳春。遥知归隐处,烟浪隔嚣尘。[④]

该诗《全唐诗》未收,《全唐诗》存宋鼎诗两首。

郭虚己《送贺秘监归会稽应制》:白首轻轩冕,黄冠重隐沦。严陵垂钓日,疏广散金辰。北阙辞明主,东门别故人。以兹敦雅俗,玄化尽归真。[⑤]

该诗《全唐诗》未收,《全唐诗》无郭虚己诗。

李岩《送贺秘监归会稽应制》:远节忘荣趣,全真悟道微。登朝四皓客,辞老二疏归。圣主钦玄德,台臣饯羽衣。丹丘不可接,兔舄几时飞?[⑥]

该诗《全唐诗》未收,《全唐诗》无李岩诗。

韦斌《送贺秘监归会稽应制》:抗情遗龆冕,高步出氛埃。横海鸿飞远,登

① 孔延之编,邹志方点校:《〈会稽掇英总集〉点校》卷二,人民出版社2006年版,第27页。
② 孔延之编,邹志方点校:《〈会稽掇英总集〉点校》卷二,人民出版社2006年版,第27页。
③ 孔延之编,邹志方点校:《〈会稽掇英总集〉点校》卷二,人民出版社2006年版,第27页。
④ 孔延之编,邹志方点校:《〈会稽掇英总集〉点校》卷二,人民出版社2006年版,第28页。
⑤ 孔延之编,邹志方点校:《〈会稽掇英总集〉点校》卷二,人民出版社2006年版,第28页。
⑥ 孔延之编,邹志方点校:《〈会稽掇英总集〉点校》卷二,人民出版社2006年版,第28页。

仙鹤语催。希微余第宅,恍惚视婴孩。桃实三千岁,何当献寿来。①

该诗《全唐诗》未收,《全唐诗》无韦斌诗。

　　李慎微《送贺秘监归会稽应制》:有客自言狂,经书仕圣唐。业尊傅帝子,道妙宠君王。厌俗怀仙观,思游忆故乡。公卿祖疏广,亲戚送刘纲。海上波澜急,江干烟路长。蓬莱不可见,何处访霓裳?②

该诗《全唐诗》未收,《全唐诗》无李慎微诗。

　　韦坚《送贺秘监归会稽应制》:解印辞荣禄,游真奉德音。赠行天藻下,饯席上台临。远驭仙山鹤,常怀帝里心。无因同执袂,相望但沾襟。③

该诗《全唐诗》未收,《全唐诗》无韦坚诗。

　　齐澣《送贺秘监归会稽应制》:君家在四明,崇道复遗荣。霓服辞丹禁,天文诏玉京。义方延永锡,真箓授长生。举手都门外,白云江上行。④

该诗《全唐诗》未收,《全唐诗》卷九四存齐澣诗两首。

　　崔璘《送贺秘监归会稽应制》:轩冕朝恩盛,霓裳祖帐荣。倏然谢时客,高步尚遗名。魏阙鸾行断,稽山鹤驾迎。相期下凫舄,谒帝会承明。⑤

该诗《全唐诗》未收,《全唐诗》无崔璘诗。

　　梁涉《送贺秘监归会稽应制》:尚道遗朝绂,从天降羽衣。储安四皓去,荣足二疏归。垂耀珠随转,驰轩鹤送飞。轻舟镜湖上,宸翰作光辉。⑥

该诗《全唐诗》未收,《全唐诗》无梁涉诗。

　　王潗《送贺秘监归会稽应制》:业盛王公秩,名高绛老年。遗荣谢珪组,得志学神仙。去国风为驭,还乡海作田。何当曳凫舄,万里更朝天?⑦

该诗《全唐诗》未收,《全唐诗》无王潗诗。

---

①　孔延之编,邹志方点校:《〈会稽掇英总集〉点校》卷二,人民出版社 2006 年版,第 28 页。
②　孔延之编,邹志方点校:《〈会稽掇英总集〉点校》卷二,人民出版社 2006 年版,第 28—29 页。
③　孔延之编,邹志方点校:《〈会稽掇英总集〉点校》卷二,人民出版社 2006 年版,第 29 页。
④　孔延之编,邹志方点校:《〈会稽掇英总集〉点校》卷二,人民出版社 2006 年版,第 29 页。
⑤　孔延之编,邹志方点校:《〈会稽掇英总集〉点校》卷二,人民出版社 2006 年版,第 29 页。
⑥　孔延之编,邹志方点校:《〈会稽掇英总集〉点校》卷二,人民出版社 2006 年版,第 29 页。
⑦　孔延之编,邹志方点校:《〈会稽掇英总集〉点校》卷二,人民出版社 2006 年版,第 30 页。

王琚《送贺秘监归会稽应制》：父子承恩日，遗荣拜职辰。挂冠辞圣主，佩印奉严亲。举代称贤智，当朝劝孝仁。退归将适越，攀饯乃倾秦。①

该诗《全唐诗》未收，《全唐诗》无王琚诗。

姚鹄《送贺秘监归会稽应制》：若非尧运及垂衣，肯许巢由脱俗机？太液始同黄鹤下，仙乡已驾白云归。还披旧褐辞金殿，却捧玄珠向翠微。羁束惭无仙药分，随车空有梦魂飞。②

该诗《全唐诗》卷五五三题为《送贺知章入道》，收入姚鹄诗，诗人小注云："姚鹄，字居云，蜀人，登会昌三年进士第。诗一卷。"③但晚唐姚鹄不可能送贺知章入道，因此《全唐诗》此诗诗题下又有小注"一本题上有拟字"④。关于此诗，邹志方《〈会稽掇英总集〉点校》认为："要说明的是，姚鹄诗《全唐诗》卷五五三已有收录，题为《送贺知章入道》，非应制诗。"⑤但是据本文对送贺秘监归会稽事的考察，孔延之《会稽掇英总集》所录玄宗与诸臣送别贺知章诗的排列自有章法，并非随机排之，如果此诗为晚唐姚鹄拟作而排列在此实不合理。因此，关于此问题，本文提出另外一种解释，即唐代有两个姚鹄，盛唐姚鹄与晚唐姚鹄，此诗作者为盛唐姚鹄而非晚唐姚鹄，只是后被归于晚唐姚鹄。考《送贺知章入道》，被方回收入《瀛奎律髓》卷四八"仙逸类"，署名"姚鹄"，前后均为中晚唐诗，这说明方回的《瀛奎律髓》已将这首诗归于晚唐姚鹄。大抵盛唐姚鹄此诗曾经单独流传，但盛唐姚鹄声名不显，后人渐渐误认为是晚唐姚鹄诗，致使《瀛奎律髓》、《全唐诗》等收录归属错误。

王铎《送贺秘监归会稽应制》：诏许真人归旧隐，为言海上忆孤峰。宸庭暂别期千载，野服飘然出九重。华表尚迷丁令鹤，竹陂犹认葛仙龙。自怜弱羽尘埃重，于此无由蹑去踪。⑥

该诗《全唐诗》卷五五七存两句，即"华表尚迷丁令鹤，竹玻犹认葛溪龙"，无题名，诗人王铎，然作者小注云："王铎，字昭范，宰相播之从子。会昌初，擢进士第，咸通时拜相。黄巢之乱，命为行营都统，封晋公。后落职，节度沧景，为魏博节度乐从训所

---

① 孔延之编，邹志方点校：《〈会稽掇英总集〉点校》卷二，人民出版社 2006 年版，第 30 页。
② 孔延之编，邹志方点校：《〈会稽掇英总集〉点校》卷二，人民出版社 2006 年版，第 30 页。
③ 彭定求等：《全唐诗》卷五五三，中华书局 1960 年版，第 6400 页。
④ 彭定求等：《全唐诗》卷五五三，中华书局 1960 年版，第 6405 页。
⑤ 孔延之编，邹志方点校：《〈会稽掇英总集〉点校》前言，人民出版社 2006 年版，第 3 页。
⑥ 孔延之编，邹志方点校：《〈会稽掇英总集〉点校》卷二，人民出版社 2006 年版，第 30 页。

害。诗三首。"①显然彼王播之子王铎非此王铎。《全唐诗》"华表尚迷丁令鹤,竹坡犹认葛溪龙"句下有小注:"见《吟窗杂录》。"②《吟窗杂录》卷四七"高逸"确实有载王铎这两句诗,但是是系于"贺知章秘监请为道士,赐镜湖剡川一曲,饯行,帝赐之诗曰:'寰中得秘要,方外散幽襟'"以及李适之和"筵开百壶饯,诏许二疏归"之后,③表明这两句诗的作者王铎为与唐玄宗、李适之同时代之人,并无舛误。而《全唐诗》将这两句系于晚唐王铎则属错误。

> 何千里《送贺秘监归会稽应制》:锡鼎升天几万春,裔孙今复出嚣尘。姓名当系上清箓,齿发不知何代人。暂应客星过世主,旋归吴市作遗民。辽东驾鹤忽飞去,挥手无言辞紫宸。④

该诗《全唐诗》未收,《全唐诗》无何千里诗。

> 严都《送贺秘监归会稽应制》:广成何必挂朝衣? 已奉玄珠佐万机。还蹑旧来兔舄去,不将新赐鹤书归。暂凭风驭游清禁,终泛仙槎出紫微。今日汉庭因少别,人间无限白云飞。⑤

该诗《全唐诗》未收,《全唐诗》无严都诗。

> 严向《送贺秘监归会稽应制》:孤云去住本无机,却指苍梧下紫微。锡鼎为传仙族在,泛槎还入海烟归。客星一夜凌光武,华表千年送令威。闻道葛洪丹灶畔,至今霜果有金衣。⑥

该诗《全唐诗》未收,《全唐诗》无严向诗。

> 康骈《送贺秘监归会稽应制》:解绶申知足,归元道益真。离章垂睿作,祖帐别群臣。紫禁辞明主,青溪访羽人。赏延忠孝著,荣耀故乡春。⑦

该诗《全唐诗》未收,《全唐诗》无康骈诗。

> 韩宗《送贺秘监归会稽应制》:遗老去朝行,登真返旧乡。轩车成羽驾,缨

---

① 彭定求等:《全唐诗》卷五五七,中华书局 1960 年版,第 6461 页。
② 彭定求等:《全唐诗》卷五五七,中华书局 1960 年版,第 6462 页。
③ 陈应行:《吟窗杂录》卷四七,明嘉靖二十七年刻本,页一。
④ 孔延之编,邹志方点校:《〈会稽掇英总集〉点校》卷二,人民出版社 2006 年版,第 31 页。
⑤ 孔延之编,邹志方点校:《〈会稽掇英总集〉点校》卷二,人民出版社 2006 年版,第 31 页。
⑥ 孔延之编,邹志方点校:《〈会稽掇英总集〉点校》卷二,人民出版社 2006 年版,第 31 页。
⑦ 孔延之编,邹志方点校:《〈会稽掇英总集〉点校》卷二,人民出版社 2006 年版,第 31 页。

绶换霓裳。明主怀江外,群公祖道傍。青门有前事,千载共辉光。①

该诗《全唐诗》未收,《全唐诗》无韩宗诗。

　　郭慎微《送贺秘监归会稽应制》:承明常谒帝,函谷坐成仙。少别商山下,长探禹穴前。云迎出关驭,花待过江船。欲识恩华重,宸章七曜悬。②

该诗《全唐诗》未收,《全唐诗》无郭慎微诗。

　　于休烈《送贺秘监归会稽应制》:飞名紫府内,抗手白云乡。道与松乔匹,荣辞园绮行。夫君既鹤驾,幼子复霓裳。少别留宸藻,东南归路光。③

该诗《全唐诗》未收,《全唐诗》无于休烈诗。

　　齐光乂《送贺秘监归会稽应制》:晚岁朝真隐,皇情谅不违。辞家五十载,今日复东归。祖帐临青道,天章降紫微。顾嗟轩冕者,谁与比光辉?④

该诗《全唐诗》未收,《全唐诗》无齐光乂诗。

　　韦述《送贺秘监归会稽应制》:二疏方告老,四皓尽归山。蔼蔼都门别,仍看衣锦还。霓裳标逸气,丹灶理童颜。一遇真仙侣,群心难可攀。⑤

该诗《全唐诗》未收,《全唐诗》存韦述诗四首。

　　韩倩《送贺秘监归会稽应制》:子綦南国隐,周氏北山居。羽客轻簪绶,霓裳下里闾。仙帆归海近,云气度关虚。今日辞明主,深恩宠汉疏。⑥

该诗《全唐诗》未收,《全唐诗》无韩倩诗。

　　杜昆吾《送贺秘监归会稽应制》:辰象降星精,登朝隐吏并。求珠谢轩冕,放舄指蓬瀛。掷地文章逸,匡储羽翼成。江边丹嶂起,云外绿舆迎。落落神仙意,凄凄离别情。圣恩殊未已,何独厌承明。⑦

该诗《全唐诗》未收,《全唐诗》无杜昆吾诗。

---

① 孔延之编,邹志方点校:《〈会稽掇英总集〉点校》卷二,人民出版社 2006 年版,第 32 页。
② 孔延之编,邹志方点校:《〈会稽掇英总集〉点校》卷二,人民出版社 2006 年版,第 32 页。
③ 孔延之编,邹志方点校:《〈会稽掇英总集〉点校》卷二,人民出版社 2006 年版,第 32 页。
④ 孔延之编,邹志方点校:《〈会稽掇英总集〉点校》卷二,人民出版社 2006 年版,第 32 页。
⑤ 孔延之编,邹志方点校:《〈会稽掇英总集〉点校》卷二,人民出版社 2006 年版,第 33 页。
⑥ 孔延之编,邹志方点校:《〈会稽掇英总集〉点校》卷二,人民出版社 2006 年版,第 33 页。
⑦ 孔延之编,邹志方点校:《〈会稽掇英总集〉点校》卷二,人民出版社 2006 年版,第 33 页。

　　张绰《送贺秘监归会稽应制》：北阙皇恩重，东门紫气飞。为看宾客去，何似买臣归！迎绥旋江国，题舆入侍闱。千年旧迹在，七日故人非。别涕沾霓服，离筵着锦衣。无因伴仙羽，空此羡光辉。①

该诗《全唐诗》未收，《全唐诗》无张绰诗。

　　陆善经《送贺秘监归会稽应制》：至贵不忘初，辞荣返旧居。霓裳因宠锡，鹤驾欲凌虚。丹禁倾三事，青门祖二疏。函关遇真隐，应演道家书。②

该诗《全唐诗》未收，《全唐诗》无陆善经诗。

　　胡嘉鄢《送贺秘监归会稽应制》：帝乡辞宠命，羽服表华年。地变君臣礼，门荣父子仙。凤书开紫观，鹤驾待青田。归舸蓬莱近，宸章日月悬。迹光三乐美，声重二疏贤。即此过函谷，应留道德篇。③

该诗《全唐诗》未收，《全唐诗》无胡嘉鄢诗。

　　魏盈《送贺秘监归会稽应制》：东门挂冠处，西汉祖筵开。乃是黄庭老，言辞丹阙来。方称四皓德，更仰二疏才。今日青溪路，何时谒帝回？④

该诗《全唐诗》未收，《全唐诗》无魏盈诗。

　　李彦和《送贺秘监归会稽应制》：遗荣辞上国，解印适稽山。圣主留深眷，群公祖别颜。彩帆收鉴水，紫气度函关。应是辽阳鹤，千年始一还。⑤

该诗《全唐诗》未收，《全唐诗》无李彦和诗。

　　张博望《送贺秘监归会稽应制》：紫绶朝中贵，黄冠物外高。孰能知止足？君独避尘劳。已晓青霞志，方从碧落遨。轩车傥来物，从此贱吾曹。⑥

该诗《全唐诗》未收，《全唐诗》无张博望诗。

　　辛替否《送贺秘监归会稽应制》：送君青门外，远诣沧海汜。凫舄游帝乡，羽衣飞故里。术妙焚金鼎，丹成屑琼蕊。追饯会群僚，属文降天旨。秦吴称异

---

① 孔延之编，邹志方点校：《〈会稽掇英总集〉点校》卷二，人民出版社 2006 年版，第 33 页。
② 孔延之编，邹志方点校：《〈会稽掇英总集〉点校》卷二，人民出版社 2006 年版，第 33—34 页。
③ 孔延之编，邹志方点校：《〈会稽掇英总集〉点校》卷二，人民出版社 2006 年版，第 34 页。
④ 孔延之编，邹志方点校：《〈会稽掇英总集〉点校》卷二，人民出版社 2006 年版，第 34 页。
⑤ 孔延之编，邹志方点校：《〈会稽掇英总集〉点校》卷二，人民出版社 2006 年版，第 34 页。
⑥ 孔延之编，邹志方点校：《〈会稽掇英总集〉点校》卷二，人民出版社 2006 年版，第 34 页。

域,少别犹千祀。黄鹤寓辽阳,应明城郭是。[①]

该诗《全唐诗》未收,《全唐诗》存辛替否诗一首。

　　唐玄宗与群臣的送贺知章归越诗共三十六首,而这三十六首诗的主旨与意涵呈现出高度的一致性,即辞官、入道、归越,与这三个意旨相关的意象反复出现,由此形成了高度集中的意象群,即道教意象、长安地理意象与越州地理意象,其中以道教意象的数量最多,内容最为丰富,道教意象可以分为道教名物意象、道教哲理意象与道教人物、地理意象,此外尚有隐士意象。本文对这三十六首唱和诗的意象群予以归类、分析,并研究其使用频次,目的是能够在此基础上深入切实地把握唐人对贺知章归越的认知、理解与评价。

二、道教名物意象

金箓、真箓、清箓、授箓

　　金箓、真箓、清箓指道教神仙的簿籍名册,授箓为授予道箓的仪式。“金箓”在组诗中出现过一次,“仙记题金箓”。“真箓”在组诗中出现过一次,“真箓授长生”。“清箓”在组诗中出现过一次,“姓名当系上清箓”。“授箓”在组诗中出现过一次,“授箓归三洞”。这组意象在组诗中共出现过四次。

锡鼎、金鼎

　　锡鼎、金鼎指道士炼丹的鼎炉。“锡鼎”在组诗中出现过两次,“锡鼎升天几万春”、“锡鼎为传仙族在”。“金鼎”在组诗中出现过一次,“术妙焚金鼎”。这组意象在组诗中共出现过三次。

丹、丹灶

　　丹指道家炼制的丹药,认为服后可长生不死,丹灶即道士炼丹用的炉灶。“丹”在组诗中出现过一次,“丹成屑琼蕊”。“丹灶”在组诗中出现过两次,“闻道葛洪丹灶畔”、“丹灶理童颜”。这组意象在组诗中共出现过三次。

羽衣、羽服、仙羽、弱羽

　　羽衣、羽服、仙羽、弱羽均指道士、神仙所着轻盈的衣衫。“羽衣”在组诗中出现过四次,“朝章换羽衣”、“台臣饯羽衣”、“从天降羽衣”、“羽衣飞故里”。“羽服”在组诗中出现过一次,“羽服表华年”。“仙羽”在组诗中出现过一次,“无因伴仙羽”。“弱羽”在组诗中出现过一次,“自怜弱羽尘埃重”。这组意象在组诗中共出现过七次。

---

① 　孔延之编,邹志方点校:《〈会稽掇英总集〉点校》卷二,人民出版社 2006 年版,第 35 页。

霓裳、霓服

霓裳、霓服指仙人、道士所着的服装,亦代指道士。"霓裳"在组诗中出现过八次,"霓裳降紫天"、"霓裳明主赐"、"何处访霓裳"、"缨绶换霓裳"、"幼子复霓裳"、"霓裳标逸气"、"霓裳下里闻"、"霓裳因宠锡"。"霓服"在组诗中出现过两次,"霓服辞丹禁"、"霓裳祖帐荣"、"别涕沾霓服"。这组意象在组诗中共出现过十一次。

黄冠

黄冠意谓道士所戴的黄色冠帽,亦代指道士。"黄冠"在组诗中出现过两次,"黄冠重隐沦"、"黄冠物外高"。

仙槎、槎

仙槎、槎意谓仙人所乘之舟。"仙槎"在组诗中出现过一次,"终泛仙槎出紫微"。"槎"在组诗中出现过一次,"泛槎还入海烟归"。这组意象在组诗中共出现过两次。

玄珠、珠

玄珠、珠,一谓道家形而上之道,一指丹药之别称。"玄珠"在组诗中出现过两次,"却捧玄珠向翠微"、"已奉玄珠佐万机"。"珠"在组诗中出现过两次,"垂耀珠随转"、"求珠谢轩冕"。这组意象在组诗中共出现过四次。

凫舄、飞舄、放舄

凫舄、飞舄、放舄,指仙履,会飞的鞋子。放,意谓放飞。《后汉书·王乔传》载:"王乔者,河东人也。显宗世,为叶令。乔有神术,每月朔望,常自县诣台朝。帝怪其来数,而不见车骑,密令太史伺望之。言其临至,辄有双凫从东南飞来。于是候凫至,举罗张之,但得一只舄焉。乃诏尚方诊视,则四年中所赐尚书官属履也。"后因以"凫舄"指仙履。

"凫舄"在组诗中出现过五次,"凫舄几时飞"、"相期下凫舄"、"何当曳凫舄"、"还蹑旧衣凫舄去"、"凫舄游帝乡"。"飞舄"在组诗中出现过两次,"诣台飞舄日"。"放舄"在组诗中出现过一次,"放舄指蓬瀛"。这组意象在组诗中共出现过七次。

鹤驾、鹤、黄鹤、玄鹤、仙山鹤、丁令鹤、辽东鹤、辽阳鹤、

鹤驾、鹤,指仙人的车架。黄鹤、玄鹤、仙山鹤,均指仙鹤。丁令鹤、辽东鹤、辽阳鹤,指辽东丁令威得仙化鹤归里的典故。《搜神后记》卷一载:"丁令威,本辽东人,学道于灵虚山。后化鹤归辽,集城门华表柱。时有少年,举弓欲射之。鹤乃飞,徘徊空中而言曰:'有鸟有鸟丁令威,去家千年今始归。城郭如故人民非,何不学仙冢垒垒。'遂高上冲天。"后喻久别重归。

"鹤驾"在组诗中出现过六次,"鹤驾吴乡远"、"鹤驾列仙迎"、"稽山鹤驾迎"、"夫君既鹤驾"、"鹤驾欲凌虚"、"鹤驾待青田"。"鹤"在组诗中出现过两次,"登仙鹤语催"、"驰轩鹤送飞"。"黄鹤"在组诗中出现过两次,"太液始同黄鹤下"、"黄鹤寓辽阳"。"仙山鹤"在组诗中出现过一次,"远驭仙山鹤"。"丁令鹤"在组诗中出现过一次,"华表尚迷丁令鹤"。"辽东鹤"在组诗中出现过一次,"辽东驾鹤忽飞去"。"辽阳鹤"在组诗中出现过一次,"应是辽阳鹤"。这组意象在组诗中共出现过十四次。

紫气

紫气,指仙人之气。刘向《列仙传》载:"老子西游,关令尹喜望见有紫气浮关,而老子果乘青牛而过也。""紫气"在组诗中出现过三次,"紫气度函关"、"紫气朝明主"、"东门紫气飞"。

三、道教哲理意象

止足

止足,意谓知止知足,《老子》:"知足不辱,知止不殆,可以长久。""止足"在组诗中出现过三次,"挂冠知止足"、"孰能知止足"、"止足人高尚"。

秘要

秘要,意谓道家的奥旨精义。"秘要"在组诗中出现过一次,"寰中得秘要"。

知足

知足,语出《老子》:"知足者富,强行者有志。""知足"在组诗中出现过一次,"解绶申知足"。

长生

长生,意谓道家的长生不老之术。"长生"在组诗中出现过一次,"真箓授长生"。

归真、全真、游真、登真

归真,意谓归于本真,即还其本来。全真,即全于本真。游真,即游于本真。登真,即登于本真。

"归真",在组诗中出现过一次,"玄化尽归真"。"全真"在组诗中出现过一次,"全真悟道微"。"游真"在组诗中出现过一次,"游真奉德音"。"登真"在组诗中出现过一次,"登真返旧乡"。这组意象在组诗中共出现过四次。

玄化

玄化,意谓神妙的变化。"玄化"在组诗中出现过一次,"玄化尽归真"。

玄德

玄德,意谓自然无为的德性。语出《老子》:"生而不有,为而不恃,长而不宰,是谓玄德。""玄德"在组诗中出现过两次,"圣主钦玄德"。

归元

归元,意谓归于本真。"归元"在组诗中出现过一次,"归元道益真"。

黄庭

黄庭,即《黄庭经》,道教典籍。"黄庭"在组诗中出现过一次,"乃是黄庭老"。

四、道教人物、地理意象

葛洪、葛仙

葛洪、葛仙,东晋道教人物,曾任关内侯,后隐居罗浮山炼丹,著有《抱朴子》。"葛洪"组诗中出现过一次,"闻道葛洪丹灶畔"。"葛仙"在组诗中出现过一次,"竹陂犹认葛仙龙"。这组意象在组诗中共出现过两次。

洪崖

洪崖,古仙人名,善音律。郭璞《游仙诗》云:"左挹浮丘袖,右拍洪崖肩。""洪崖"在组诗中出现过一次,"更与洪崖同寿考"。

子綦

子綦,即南郭子綦,道家人物。见《庄子·齐物论》:"南郭子綦隐机而坐,仰天而嘘,荅焉似丧其耦。颜成子游立侍乎前,曰:'何居乎? 形固可使如槁木,而心固可使如死灰乎? 今之隐机者,非昔之隐机者也?'子綦曰:'偃,不亦善乎而问之也! 今者吾丧我,汝知之乎? 汝闻人籁而未闻地籁,汝闻地籁而未闻天籁夫!'""子綦"在组诗中出现过一次,"子綦南国隐"。

周氏

周氏,待考。"周氏"在组诗中出现过一次,"周氏北山居"。

真侣

真侣,谓道士。"真侣"在组诗中出现过一次,"入道求真侣"。

列仙

列仙,道教仙人。"列仙"在组诗中出现过两次,"辞恩访列仙"、"鹤驾列仙迎"。

羽人、羽客

羽人、羽客,道教仙人。"羽人"在组诗中出现过两次,"青溪访羽人"。"羽客"在组诗中出现过一次,"羽客轻簪绶"。这组意象在组诗中共出现过两次。

蓬莱、蓬瀛

蓬莱、蓬瀛,海上仙山,仙人居住的地方。"蓬莱"在组诗中出现过两次,"蓬莱不可见"、"归舸蓬莱近"。"蓬瀛"在组诗中出现过一次,"放舄指蓬瀛"。这组意象在组诗中共出现过三次。

三洞

三洞,原本指道教经典,其分洞真、洞玄、洞神三部,合称"三洞",后借指道教的名山洞府。"三洞"在组诗中出现过一次,"授箓归三洞"。

丹丘

丹丘,仙人所居之地。丹丘在组诗中共出现过两次,"丹丘送老臣"、"丹丘不可接"。

五、隐士意象

四皓

四皓,秦末隐居商山的东园公、绮里季、夏黄公、甪里先生。四人须眉皆白,故称商山四皓。"四皓"在组诗中出现过五次,"南山四皓德"、"登朝四皓客"、"储安四皓去"、"四皓尽归山"、"方称四皓德"。

商山

商山,四皓隐处,在陕西。"商山"在组诗中出现过一次,"少别商山下"。

二疏、汉疏、疏广

二疏、汉疏,指汉宣帝时名臣疏广与兄子受,广为太傅,受为少傅,同时以年老乞致仕。帝与太子赠黄金,既归,具酒食与族人宾客相娱乐。"二疏"在组诗中出现过八次,"诏许二疏归"、"东海二疏名"、"辞老二疏归"、"荣足二疏归"、"二疏方告老"、"青门祖二疏"、"声重二疏贤"、"更仰二疏才"。"汉疏"在组诗中出现过两次,"岂独汉疏贤"、"深恩宠汉疏"。"疏广"在组诗中出现过两次,"疏广散金辰"、"公卿祖疏广"。这组意象在组诗中共出现过十三次。

严陵、客星

严陵、客星,即严光,字子陵,东汉会稽余姚人,少与汉光武帝同游学。光武即位,召之论道。二人共偃卧,光以足加帝腹上。太史奏:"客星犯御坐。"后隐居杭州富春山。"严陵"在组诗中出现过一次,"严陵垂钓日"。"客星"在组诗中出现过两次,"暂应客星过世主"、"客星一夜凌光武"。这组意象在组诗中共出现过三次。

巢由

巢由,巢父和许由,尧时隐士,尧让帝位于二人,皆不受。"巢由"在组诗中出现过一次，"肯许巢由脱俗机"。

六、长安地理意象

北阙、阙、魏阙

北阙，原指皇宫北面的门楼，后代指天子所居、朝廷、论政之所。阙、魏阙，朝廷。"北阙"在组诗中出现过两次，"北阙辞明主"、"北阙皇恩重"。"阙"在组诗中出现过一次，"辞阙挂冠年"。"魏阙"在组诗中出现过一次，"魏阙鸳行断"。这组意象在组诗中共出现过四次。

紫宸、紫微、紫禁、宸庭

紫宸、紫微、紫禁，皇宫，天子所居。"紫宸"在组诗中出现过一次，"挥手无言辞紫宸"。"紫微"在组诗中出现过三次，"终泛仙槎出紫微"、"却指苍梧下紫微"、"天章降紫微"。"紫禁"在组诗中出现过一次，"紫禁辞明主"。"宸庭"在组诗中出现过一次，"宸庭暂别期千载"。这组意象在组诗中共出现过六次。

九重

九重，多层，指皇宫、朝廷。"九重"在组诗中出现过一次，"野服飘然出九重"。

丹禁、丹阙

丹禁、丹阙，赤色的宫阙，皇宫、朝廷。"丹禁"在组诗中出现过两次，"霓服辞丹禁"、"丹禁倾三事"。"丹阙"在组诗中出现过一次，"言辞丹阙来"。这组意象在组诗中共出现过三次。

丹扆

丹扆，帝王宝座后面的屏风，借指帝王。"丹扆"在组诗中出现过一次，"象服归丹扆"。

灞桥

灞桥，在长安东，饯别之处。"灞桥"在组诗中出现过一次，"灞桥春水溢"。

东门、青门

东门，长安东门，饯行处，因门色青，又称青门。"东门"在组诗中出现过四次，"东门诏送日"、"东门别故人"、"东门紫气飞"、"东门挂冠处"。"青门"在组诗中出现过五次，"独有青门饯"、"青门有前事"、"青门祖二疏"、"送君青门外"、"饯别青门之内"。这组意象在组诗中共出现过九次。

函谷、函关

函谷、函关，即函谷关，两京古道，路在谷中，深险如函。老子西去，经函谷关。

"函谷"在组诗中出现过两次,"即此过函谷"、"函谷坐成仙"。"函关"在组诗中出现过两次,"紫气度函关"、"函关遇真隐"。这组意象在组诗中共出现过三次。

七、越州地理意象

四明

四明,山名,自天台山发脉,绵亘于奉化、余姚、上虞、嵊县等县境。贺知章自称"四明狂客"。"四明"在组诗中出现过两次,"还车谒四明"、"君家在四明"。

稽岭、稽山、会稽仙洞

稽岭、稽山、会稽仙洞,会稽山,在会稽县。"稽岭"在组诗中出现过一次,"稽岭白云生"。"稽山"在组诗中出现过两次,"稽山鹤驾迎"、"解印适稽山"。这组意象在组诗中出现过三次。

镜湖

镜湖,在会稽。"镜湖"在组诗中出现过一次,"轻舟镜湖上"。

禹穴

禹穴,在会稽山,相传为夏禹藏书之所。"禹穴"在组诗中出现过两次,"谁知探禹穴"、"长探禹穴前"。

结　语

综上,在唐玄宗与群臣的送贺知章归越诗中,道教名物意象共出现过五十八次,道教哲理意象共出现过十四次,道教人物、地理意象共出现过十六次,隐士意象共出现过二十三次,长安地理意象共出现过三十二次,越州地理意象共出现过十一次。其中以道教意象最多。贺知章归会稽,是以道士的身份,玄宗对贺知章赏赐丰厚,也是因为贺知章遗荣入道,这是唐人对贺知章归越的认识与评价的核心。

第二节　贺知章归越与镜湖空间隐喻的生成

空间的人文学意义是近些年国内外人文学研究的一个新的生长点。空间一方面是具体的物质形式,另一方面是精神的建构,而空间的社会文化意义往往是一个历史的过程。古代中国是一个诗的国度,古典诗歌对地理空间社会意义的生成无疑具有深刻的意义,而这方面的研究是一个尚待开发的领域。本节以唐代诗人贺知章为核心,探讨镜湖空间隐喻意义生成的过程。

一、唐代诗人与镜湖

绍兴镜湖,又名长湖等,郦道元《水经注》卷四十记载:"浙江又东北得长湖口,湖广五里,东西百三十里。沿湖开水门六十九所,下溉田万顷,北泻长江。"①镜湖之名未知始于何时,关于镜湖的由来,杜佑《通典》卷二载:"顺帝永和五年,马臻为会稽太守,始立镜湖,筑塘周回三百十里,灌田九千余顷,至今人获其利。"②《元和郡县图志》卷二十六载:"镜湖,后汉永和五年太守马臻创立,在会稽、山阴两县界筑塘蓄水,水高丈余,田又高海丈余,若水少则泄湖灌田,如水多则闭湖泄田中水入海,所以无凶年。堤塘周回三百一十里,溉田九千顷。"③镜湖原本为东汉会稽的水利工程。

唐代以前,未见有诗人咏镜湖。唐代诗人吟咏镜湖目前可考的以宋之问最早。景云元年,宋之问任越州长史,其间有数首关于镜湖的诗。譬如《早春泛镜湖》云:"漾舟喜湖广,湖广趣非一。愉目野载芜,清心山更出。孤烟昼藏火,薄暮朝开日。但爱春光迟,不觉舟行疾。归雁空间尽,流莺花际失。"④《泛镜湖南溪》云:"乘兴入幽栖,舟行日向低。岩花候冬发,谷鸟作春啼。沓嶂开天小,丛篁夹路迷。犹闻可怜处,更在若耶溪。"⑤宋之问的镜湖诗开启了唐人题咏镜湖的先河。

镜湖渐渐成为越州的代表性风景,与吴越人士在朝中的宣扬是分不开的,贺知章就是其中的典型之一。贺知章现存诗不多,仅数首,但其中就有两首与镜湖相关。一首《答朝士》:"鈒镂银盘盛蛤蜊,镜湖莼菜乱如丝。乡曲近来佳此味,遮渠不道是吴儿。"⑥这是一首贺知章向朝中好友介绍家乡风物的诗,所用唯一的地理意象就是镜湖。另一首《回乡偶书二首》其二:"离别家乡岁月多,近来人事半销磨。唯有门前镜湖水,春风不改旧时波。"⑦以镜湖水代表家乡风景,足见镜湖在贺知章心中的地位。

宋之问、贺知章之后,孟浩然、李白、杜甫三位著名诗人均有吴越游历的经历,留下了与镜湖有关的著名诗歌。

---

① 郦道元:《水经注》卷四〇,《四部丛刊初编》,商务印书馆 1919 年版,第 19 页。
② 杜佑:《通典》卷二,中华书局 1988 年版,第 36 页。
③ 李吉甫:《元和郡县图志》卷二六,中华书局 1983 年版,第 619 页。
④ 陶敏、易淑琼校注:《宋之问集校注》,中华书局 2001 年版,第 519 页。
⑤ 陶敏、易淑琼校注:《宋之问集校注》,中华书局 2001 年版,第 513 页。
⑥ 彭定求等:《全唐诗》卷一一二,中华书局 1960 年版,第 1147 页。
⑦ 彭定求等:《全唐诗》卷一一二,中华书局 1960 年版,第 1147 页。

　　开元十七年至开元二十二年,孟浩然漫游吴越,其间作有两首与镜湖有关的诗歌。一首为《游云门寺寄越府包户曹徐起居》:"我行适诸越,梦寐怀所欢。久负独往愿,今来恣游盘。台岭践磴石,耶溪泝林湍。舍舟入香界,登阁憩旃檀。晴山秦望近,春水镜湖宽。远怀仡应接,卑位徒劳安。白云日夕滞,沧海去来观。故国眇天末,良朋在朝端。迟尔同携手,何时方挂冠?"①另一首为《与崔二十一游镜湖寄包贺二公》:"试览镜湖物,中流见底清。不知鲈鱼味,但识鸥鸟情。帆得樵风送,春逢谷雨晴。将探夏禹穴,稍背越王城。府掾有包子,文章推贺生。沧浪醉后唱,因子寄同声。"②而且这首诗可以证明,孟浩然对镜湖的认知与贺知章等吴越人士有关。

　　李白一生中有两次漫游吴越的经历。第一次漫游吴越期间所作直接提到镜湖的诗有两首。一首为《越女词》其五:"镜湖水如月,耶溪女如雪。新妆荡新波,光景两奇绝。"③一首为《子夜吴歌》其二:"镜湖三百里,菡萏发荷花。五月西施采,人看隘若邪。回舟不待月,归去越王家。"④第二次,拟南游临行时作《梦游天姥吟留别东鲁诸公》:"我欲因之梦吴越,一夜飞度镜湖月。湖月照我影,送我至剡溪。谢公宿处今尚在,渌水荡漾清猿啼。"⑤足见镜湖在李白心中作为越州地理景观的代表性。

　　杜甫早年漫游吴越期间所作的诗歌现已不存,但杜甫晚年常有对吴越之游的追忆,《壮游》诗云:"东下姑苏台,已具浮海航。到今有遗恨,不得穷扶桑。王谢风流远,阖庐丘墓荒。剑池石壁仄,长洲芰荷香。嵯峨阊门北,清庙映回塘。每趋吴太伯,抚事泪浪浪。蒸鱼闻匕首,除道哂要章。枕戈忆勾践,渡浙想秦皇。越女天下白,鉴湖五月凉。剡溪蕴秀异,欲罢不能忘。"⑥这首诗在写到越州景观时也以镜湖为典型意象。

　　到中唐时期,元稹与白居易的杭越唱和再次掀起镜湖吟咏的热潮。元稹有诗《酬乐天早春闲游西湖颇多野趣恨不得与微之同赏因思在越官重事殷镜湖之游或恐未暇因成十八韵见寄乐天前篇到时适会予亦宴镜湖南亭因述目前所睹以成酬答

---

①　李景白校注:《孟浩然诗集校注》卷一,中华书局 2018 年版,第 55 页。

②　李景白校注:《孟浩然诗集校注》卷二,中华书局 2018 年版,第 174 页。

③　王琦注:《李太白全集》卷二五,中华书局 1977 年版,第 1195 页。

④　王琦注:《李太白全集》卷六,中华书局 1977 年版,第 352 页。

⑤　王琦注:《李太白全集》卷一五,中华书局 1977 年版,第 706 页。

⑥　仇兆鳌注:《杜诗详注》卷一六,中华书局 1979 年版,第 1439 页。

末章亦示暇诚则势使之然亦欲粗为恬养之赠耳》[①]，在与老友的调侃之辞中颇以镜湖自豪。而白居易《酬微之夸镜湖》诗云："我嗟身老岁方徂，君更官高兴转孤。军门郡阁曾闲否，禹穴耶溪得到无？酒盏省陪波卷白，骰盆思共彩呼卢。一泓镜水谁能羡，自有胸中万顷湖。"[②]元稹又有《戏赠乐天复言》诗："乐事难逢岁易徂，白头光景莫令孤。弄涛船更曾观否，望市楼还有会无。眼力少将寻案牍，心情且强掷枭卢。孙园虎寺随宜看，不必遥遥羡镜湖。"[③]以及《再酬复言》："绕郭笙歌夜景徂，稽山迥带月轮孤。休文欲咏心应破，道子虽来画得无。顾我小才同培塿，知君险斗敌都卢。不然岂有姑苏郡，拟着陂塘比镜湖？"[④]可以说，经过宋之问、贺知章、孟浩然、李白、杜甫等人的书写，到中唐时期元、白笔下，镜湖已经成为菫声遐迩的越州景观，其时杭州西湖的名气远远不能与镜湖相比。

中晚唐时期，镜湖书写的另外一系人物是在镜湖隐居的朱放、秦系、方干等诗人。朱放安史之乱后在越州隐居多年，李颀有《寄镜湖朱处士》诗："澄雾晚流阔，微风吹绿蘋。鳞鳞远峰见，淡淡平湖春。芳草日堪把，白云心所亲。何时可为乐，梦里东山人。"[⑤]朱放有《经故贺宾客镜湖道士观》诗，应为在越州隐居期间所作，诗云："已得归乡里，逍遥一外臣。那随流水去，不待镜湖春。雪里登山屐，林闲漉酒巾。空余道士观，谁是学仙人。"[⑥]

秦系安史之乱前后隐居剡溪，秦系《题镜湖野老所居》当为此间所作，诗云："湖里寻君去，樵风往返吹。树喧巢鸟出，路细莳田移。沤苎成鱼网，枯根是酒卮。老年唯自适，生事任群儿。"[⑦]

方干大中中隐居镜湖，有《镜中别业二首》："寒山压镜心，此处是家林。梁燕窥春醉，岩猿学夜吟。云连平地起，月向白波沉。犹自闻钟角，栖身可在深。""世人如不容，吾自纵天慵。落叶凭风扫，香秔倩水春。花朝连郭雾，雪夜隔湖钟。身外无能事，头宜白此峰。"[⑧]书写自己在镜湖的隐居之情。虚中《悼方干处士》云："先生在世日，只向镜湖居。明主未巡狩，白头闲钓鱼。烟莎一径小，洲岛四邻疏。独有

① 元稹：《元稹集》卷一三，中华书局 1982 年版，第 145 页。
② 谢思炜校注：《白居易诗集校注》卷二三，中华书局 2006 年版，第 1804 页。
③ 元稹：《元稹集》卷二二，中华书局 1982 年版，第 246 页。
④ 元稹：《元稹集》卷二二，中华书局 1982 年版，第 247 页。
⑤ 彭定求等：《全唐诗》卷一三四，中华书局 1960 年版，第 1359 页。
⑥ 彭定求等：《全唐诗》卷三一五，中华书局 1960 年版，第 3539 页。
⑦ 彭定求等：《全唐诗》卷二六〇，中华书局 1960 年版，第 2896 页。
⑧ 彭定求等：《全唐诗》卷六四八，中华书局 1960 年版，第 7443 页。

为儒者,时来吊旧庐。"①

　　除了以上仕居、隐居越州与漫游吴越的诗人的镜湖诗,镜湖在作于非越地的送亲友赴越诗中出现的频次非常高,在这类以典型意象建构越州地理图景的诗中,更能体现出镜湖作为越州风景的重要性和核心地位。举数例如下:

　　　　李白《送王屋山人魏万还王屋》:遥闻会稽美,一弄耶溪水。万壑与千岩,峥嵘镜湖里。秀色不可名,清辉满江城。人游月边去,舟在空中行。②

　　　　崔峒《送侯山人赴会稽》:且归沧海住,犹向白云看。猿叫江天暮,虫声野浦寒。时游镜湖里,为我把鱼竿。③

　　　　元稹《送王十一郎游剡中》:越州都在浙河湾,尘土消沉景象闲。百里油盆镜湖水,千峰钿朵会稽山。④

　　　　白居易《代诸妓赠送周判官》:妓筵今夜别姑苏,客棹明朝向镜湖。莫泛扁舟寻范蠡,且随五马觅罗敷。⑤

　　　　张籍《送越客》:见说孤帆去,东南到会稽。春云剡溪口,残月镜湖西。⑥

　　　　喻凫《送越州高录事》:笋成稽岭岸,莲发镜湖香。泽国还之任,鲈鱼浪得尝。⑦

　　　　项斯《送顾少府》:幽景临溪寺,秋蝉织杼家。行程须过越,先醉镜湖花。⑧

　　总而言之,镜湖在唐代为越州代表性风景,唐代题咏镜湖的诗人,既有李白、杜甫、孟浩然这样的一流诗人,也有元稹这样的兼具地方首脑和著名诗人双重身份的人,还有朱放、秦系等隐居镜湖的诗人。不过镜湖在唐宋之后的文化精神并非由李白、杜甫塑造的,也非由元稹代表的,而是由另外一位唐代诗人——贺知章奠定的。

二、贺知章归越与唐人的贺知章叙事

　　贺知章在宋代以后被视为镜湖精神的代表,这源于玄宗赐湖,但是贺知章并非从一开始就是镜湖的精神隐喻,而是从唐至宋,经历了一个漫长的过程。考察这其

---

①　彭定求等:《全唐诗》卷八四八,中华书局 1960 年版,第 9607 页。
②　王琦注:《李太白全集》卷一六,中华书局 1977 年版,第 752 页。
③　彭定求等:《全唐诗》卷二九四,中华书局 1960 年版,第 3343 页。
④　元稹:《元稹集》卷一八,中华书局 1982 年版,第 206 页。
⑤　谢思炜校注:《白居易诗集校注》卷二四,中华书局 2006 年版,第 1882 页。
⑥　彭定求等:《全唐诗》卷三八四,中华书局 1960 年版,第 4305 页。
⑦　彭定求等:《全唐诗》卷五四三,中华书局 1960 年版,第 6269 页。
⑧　彭定求等:《全唐诗》卷五五四,中华书局 1960 年版,第 6413 页。

中的转折,要以唐人的贺知章叙事为起点。

唐人对贺知章的评价与叙事,可以从三个方面了解。

第一,李杜笔下的清狂贺知章。称贺知章"狂"源于贺知章本人,《旧唐书》本传称其"自号四明狂客"。李、杜对贺知章的评价便抓住了"清狂"这一性格特征。李白《对酒忆贺监》序云:"太子宾客贺公,于长安紫极宫一见余,呼余为'谪仙人'。因解金龟,换酒为乐,怅然有怀,而作是诗。"①其一云:"四明有狂客,风流贺季真。长安一相见,呼我'谪仙人'。昔好杯中物,今为松下尘,金龟换酒处,却忆泪沾巾。"②杜诗中有关贺知章的有三首,第一首《遣兴五首》其四云:"贺公雅吴语,在位常清狂。上疏乞骸骨,黄冠归故乡。爽气不可致,斯人今则亡。山阴一茅宇,江海日凄凉。"③第二首《饮中八仙歌》诗云:"知章骑马似乘船,眼花落井水底眠。"④第三首《寄李十二白二十韵》云:"昔年有狂客,号尔谪仙人。"⑤杜甫在李白之后更准确地提炼出"清狂"二字。

第二,贺知章的书法。贺知章的行、草知名一世,唐代重要诗人刘禹锡、权德舆、温庭筠等均有诗赞贺知章的书法。大历人窦众《述书赋》概述历代书家及其书品就已经将贺知章写入,赋云:"湖山降礼,狂客风流,落笔精绝,芳词寡俦。如春林之绚彩,实一望而写忧。雍容省闼,高逸豁达,解朝服而归乡,敛霓裳而辞阙。"⑥窦众的这段文字,非常精准地概括了贺知章为唐人所称道的三个方面:狂客、书法与文学。刘禹锡《洛中寺北楼见贺监草书题诗》云:"高楼贺监昔曾登,壁上笔踪龙虎腾。中国书流让皇象,北朝文士重徐陵。偶因独见空惊目,恨不同时便伏膺。唯恐尘埃转磨灭,再三珍重嘱山僧。"⑦权德舆《秘阁五绝图贺监草书赞》云:"季真造适,挥翰睨壁,酒仙逸态,草圣绝迹。兴涵云海,词韵金石,传于秘丘,永永无斁。"⑧温庭筠《秘书省有贺监知章草题诗笔力遒健风尚高远拂尘寻玩因有此作》云:"越溪渔客贺知章,任达怜才爱酒狂。鸂鶒苇花随钓艇,蛤蜊菰菜梦横塘。几年凉月拘华省,一宿秋风忆故乡。荣路脱身终自得,福庭回首莫相忘。出笼鸾鹤归辽海,落笔

① 王琦注:《李太白全集》卷二三,中华书局 1977 年版,第 1085 页。
② 王琦注:《李太白全集》卷二三,中华书局 1977 年版,第 1085 页。
③ 仇兆鳌注:《杜诗详注》卷七,中华书局 1979 年版,第 564 页。
④ 仇兆鳌注:《杜诗详注》卷二,中华书局 1979 年版,第 81 页。
⑤ 仇兆鳌注:《杜诗详注》卷八,中华书局 1979 年版,第 661 页。
⑥ 《全唐文》卷四四七,中华书局 1983 年版,第 4572 页。
⑦ 卞孝萱校订:《刘禹锡集》卷二四,中华书局 1990 年版,第 312 页。
⑧ 权德舆:《权德舆诗文集》卷二八,上海古籍出版社 2008 年版,第 440 页。

龙蛇满坏墙。李白死来无醉客,可怜神彩吊残阳。"①晚唐人越州人吴融有《览骂光上人草书想贺监赋》,赋云:"贺秘监东归会稽,雾隐霞栖。派镜湖水作沼,凿石箦峰为梯。叹非雌雉,畏其雄鸡。东皋子无乡不醉,漆园吏有物皆齐。孔子悠哉,顾龟印以寻解。翟公何尔,罗雀门而更题。一日豁层轩,幔素壁,攘袂高下,飞文络绎。风雨随生,鱼龙互掷。涛奔浪走,中秋逢犯斗之槎。月上云开,半夜见陨天之石。狂兕无群,离鸿一只。横鲁阳挥去之戈,树吕布射来之戟。援毫既罢,悦目忘疲。满堂生金石之宝,出世掩鬼神之奇。日落帘卷,山掩枕欹。云情自远,鹤态难羁。但将健笔以为适,岂待闲人之见知。邈矣清风,兹焉仰止。今观上士之殊艺,可继伊人之逸轨。当时芸阁,犹于富贵浮云。此日桑门,得不尘埃脱屣。"②唐人对贺知章书法的品鉴往往与贺知章归越和他清狂的个性相结合,两个方面,可谓互相表里。

第三,隐居于镜湖的诗人所作的缅怀贺知章旧居的诗。朱放《经故贺宾客镜湖道士观》云:"已得归乡里,逍遥一外臣。那随流水去,不待镜湖春。雪里登山屐,林闲漉酒巾。空余道士观,谁是学仙人。"③齐己《寄镜湖方干处士》云:"贺监旧山川,空来近百年。闻君与琴鹤,终日在渔船。岛露深秋石,湖澄半夜天。云门几回去,题遍好林泉。"④齐己又有《塘上闲作》,诗云:"闲行闲坐藉莎烟,此兴堪思二古贤。陶靖节居彭泽畔,贺知章在镜池边。鸳鸯着对能飞绣,菡萏成群不语仙。形影腾腾夕阳里,数峰危翠滴渔船。"⑤虚中《经贺监旧居》云:"不恋明皇宠,归来镜水隅。道装汀鹤识,春醉钓人扶。逐朵云如吐,成行雁侣驱。兰亭名景在,踪迹未为孤。"⑥这些诗人或为隐士,或为僧人,他们对贺知章的题咏主要着眼于贺知章的归隐之情。镜湖是这些诗人诗情的触发地,齐己更将贺知章在镜湖与陶渊明在彭泽相提并论。不过,在这些诗人的诗中,贺知章与镜湖相关联还只是一个自然而然的不自觉的状态,镜湖只是贺知章的归隐之地而已。

贺知章归越是玄宗赐湖的直接事件,在唐人关于"贺知章归越"这一事件的叙述中,玄宗赐湖不是他们关注的重点。贺知章归越,玄宗君臣送行,作送行诗三十

---

① 刘学锴校注:《温庭筠全集校注》卷四,中华书局 2007 年版,第 443 页。
② 《全唐文》卷八二〇,中华书局 1983 年版,第 8644 页。
③ 彭定求等:《全唐诗》卷三一五,中华书局 1960 年版,第 3539 页。
④ 彭定求等:《全唐诗》卷八三八,中华书局 1960 年版,第 9441 页。
⑤ 彭定求等:《全唐诗》卷八四五,中华书局 1960 年版,第 9554 页。
⑥ 《全唐诗》卷八四八,中华书局 1960 年版,第 9605 页。

余首,在这三十余首诗中,玄宗君臣对贺知章归越的叙述重点首先是入道,其次是归隐,而且这些诗中道教意象的数量远远超过归隐意象的数量。除了玄宗君臣之外,唐代另有两位著名诗人有送贺归越诗。一位是李白,有两首,一首《送贺监归四明应制》:"久辞荣禄遂初衣,曾向长生说息机。真诀自从茅氏得,恩波宁阻洞庭归。瑶台含雾星辰满,仙峤浮空岛屿微。借问欲栖珠树鹤,何年却向帝城飞。"①一首《送贺宾客归越》:"镜湖流水漾清波,狂客归舟逸兴多。山阴道士如相见,应写《黄庭》换白鹅。"②另一位是卢象,卢的《送贺秘监归会稽歌》是一首七言歌行,序云:"先生紫阳真人,□耳河目,神气有异。年八十六而道心益固,时人方之赤松子。去年寝疾累日,冥然如梦,长男曾子求于神鬼,长请于天,窃司命之籍,与鬼物相竞而角抵焉。而告真人,乃泠然而归。于是表请辞官,乞以父子入道,俱还故乡。仍以山阴旧宅为观焉。皇帝嘉尚其事,寻而见许,择日度公与男田。时公卿大夫观者如堵,皆曰贤才也。正月五日,上令周公、邵公泊百僚饯别青门之内。玄鹤摩于紫霄,吹笙击鼓,尽是仙乐,闻者莫不增叹,轻轩冕焉。余与真人相知,不以年,不以位,俱承太公之后,见赏王粲之词。悠悠此别,不觉流涕,辄赠古歌辞一首,庶为真人传用之尔。"③诗云:"君不见先生耳鼻有仙骨,自号狂生中有物。金华侍讲三十年,儿戏公卿与簪笏。青门抗行谢客儿,健笔连羁王献之。长安素绢书欲遍,主人爱惜常保持。每叹二疏不足道,复言四皓常枯槁。去年寝疾弥数旬,神鬼盈庭谋一老。长男泣血求司命,少女颦眉诵《灵宝》。还如简子复归来,更与洪崖同寿考。上书北阙言授箓,税驾东州愿修道。初闻行路犹未信,果达吾君谓之好。山阴旧宅作仙坛,湖上闲田种芝草。镜湖之水含杳冥,会稽仙洞多精灵。须乘赤鲤游沧海,当以群鹅写道经。皇恩赠诗四十字,明主赐金三十镒。供帐倾朝一送归,双童驷马从兹出。回看紫绶若轻尘,远别青门嗟故人。鸳鹭差池攀羽盖,虹霓夭矫翊车轮。田田列侍浮丘伯,曾子荣过朱买臣。余高若是有先觉,灭迹归根从大朴。千载悠悠等令威,十洲漫漫思方朔。归去来,青牛顿足少迟回。忽然云雾不相见,唯有飘飘香气来。"④李白的《送贺宾客归越》与卢象的《送贺秘监归会稽歌》都提到了镜湖,但是这里的镜湖指的是贺知章归隐的山水环境,并无独立的内涵与意义。在卢象的《送贺秘监归会稽歌》中,涉及玄宗给予贺知章的多种赏赐,"择日度公与男田"、"明主赐金三

---

① 王琦注:《李太白全集》卷一七,中华书局 1977 年版,第 798 页。
② 王琦注:《李太白全集》卷一七,中华书局 1977 年版,第 803 页。
③ 孔延之编,邹志方点校:《〈会稽掇英总集〉点校》卷二,人民出版社 2006 年版,第 35 页。
④ 孔延之编,邹志方点校:《〈会稽掇英总集〉点校》卷二,人民出版社 2006 年版,第 35—36 页。

十镒”，而“玄宗赐湖”并没有被单独叙及。

　　五代时《旧唐书·贺知章传》对贺知章还乡入道一事大书特书，传云："天宝三载，知章因病恍惚，乃上疏请度为道士，求还乡里，仍舍本乡宅为观。上许之，仍拜其子典设郎曾为会稽郡司马，仍令侍养。御制诗以赠行，皇太子已下咸就执别。至乡，无几寿终，年八十六。肃宗以侍读之旧，乾元元年十一月诏曰：'故越州千秋观道士贺知章，器识夷淡，襟怀和雅，神清志逸，学富才雄，挺会稽之美箭，蕴昆岗之良玉。故飞名仙省，侍讲龙楼，常静默以养闲，因谈谐而讽谏。以暮齿辞禄，再见款诚，愿追二老之踪，克遂四明之客。允叶初志，脱落朝衣，驾青牛而不还，狎白衣而长往。丹壑非昔，人琴两亡，惟旧之怀，有深追悼，宜加缛礼，式展哀荣，可赠礼部尚书。'"①但通篇对“玄宗赐湖”一事未着一字。

　　贺知章的事迹在唐人的笔记小说中屡见不鲜。范摅《云溪友议》卷下载："贺秘监、顾著作，吴越人也，朝英慕其机捷，竞嘲之，乃谓南金复生中土也。每在班行，不妄言笑。贺知章曰：'鈒镂银盘盛蛤蜊，镜湖莼菜乱如丝。乡曲近来佳此味，遮渠不道是胡儿。'顾况和曰：'鈒镂银盘盛炒虾，镜湖莼菜乱如麻。汉儿女嫁吴儿妇，吴儿尽是汉儿爷。'"②封演《封氏闻见记》载："贺知章为秘书监，累年不迁。张九龄罢相，于朝中谓贺曰：'九龄多事，意不得与公迁转，以此为恨！'贺素诙谐，应声答曰：'知章蒙相公庇荫不少。'张曰：'有何相庇？'贺曰：'自相公在朝堂，无人敢骂知章作獠；罢相以来，尔汝单字，稍稍还动。'九龄大惭。"③《谭宾录》卷六载："贺知章，性放旷，善谈笑。当时贤达咸倾慕。陆象先即知章姑子也，知章持相亲善，象先谓人曰：'贺兄言论调态真可谓风流之士。'晚年纵诞，无复规检，自号'四明狂客'。醉后属词，动成篇卷，文不加点，咸有可观。又善草隶书，好事者共传宝之。请为道士归乡，舍宅为观，上许之。仍拜子为会稽郡司马，御制诗以赠行。"④赵璘《因话录》卷五载："秘书省内有落星石、薛少保画鹤、贺监草书、郎余令画凤，相传号为四绝。"⑤《独异志》"贺知章告老"条载："唐贺知章，会稽永真人。进士擢第，太常少卿，秘书监，为太子诸王侍读。性落托放纵，逸思过人。年八十余，因醉赋诗，问左右曰：'纸多少？'对曰：'有十幅。'乃书告老，乞归乡里，皇帝及皇太子、诸王皆赋送行诗，赐越

①　刘昫等：《旧唐书》卷一九〇中，中华书局 1975 年版，第 5034—5035 页。
②　范摅：《云溪友议》卷下，古典文学出版社 1957 年版，第 76 页。
③　赵贞信校注：《封氏闻见记校注》，中华书局 2005 年版，第 92 页。
④　胡璩：《谭宾录》卷六，北京大学藏清抄本，第 3 页。
⑤　赵璘：《因话录》卷五，上海古籍出版社 1979 年版，第 101 页。

中剡田以给之。"①《开天传信记》载："贺知章秘书监,有高名,告老归吴中。上嘉重之,每别优异焉。知章将行,涕泣辞上,上曰:'何所欲?'知章曰:'臣有男,未有定名,幸陛下赐之,归为乡里荣。'上曰:'为道之要,莫若信。孚者,信也。履信思乎顺,卿子必信顺之人也,宜名之曰孚。'知章再拜而受命。知章久而谓人曰:'上何谴我耶? 实吴人,孚乃爪下为子,岂非呼我为爪子耶?'"②遍检唐人笔记小说,无一对"玄宗赐湖"一事略有着墨,《独异志》专载贺知章告老还乡,亦仅云"赐越中剡田以给之"。

综上所述,在唐人的贺知章叙事中,乃至关于贺知章还乡的叙事中,"玄宗赐湖"不是他们的关注点。

唐人中唯一一位将玄宗赐湖一幕单独拈出的是李白。李白《对酒忆贺监》其二云:"狂客归四明,山阴道士迎。敕赐镜湖水,为君台沼荣。人亡余故宅,空有荷花生。念此杳如梦,凄然伤我情。"③贺知章还乡入道,玄宗给予的赏赐有多种,包括黄金三十镒,镜湖剡川一曲,与一子任会稽郡司马。卢像的《送贺秘监归会稽歌》叙及赐田与黄金之事,《独异志》叙及赐剡田一事,《旧唐书·贺知章传》叙及其子拜司马一事。"赐田"或"赐剡田"包括赐湖,但是离此事的诗意化表达尚有距离。而李白以诗人之敏感将贺知章还乡,玄宗赏赐中最富诗性的一幕拈出,化为诗中"敕赐镜湖水"一句。

三、宋人与"玄宗赐湖"的经典化

相比于唐人的贺知章叙事,宋人于贺知章叙事最关键的变化是"玄宗赐湖"成为必书的一笔。北宋欧阳修等人修《新唐书·贺知章传》云:"天宝初,病,梦游帝居,数日寤,乃请为道士,还乡里,诏许之,以宅为千秋观而居。又求周宫湖数顷为放生池,有诏赐镜湖剡川一曲。既行,帝赐诗,皇太子百官饯送。擢其子曾子为会稽郡司马,赐绯鱼,使侍养,幼子亦听为道士。卒,年八十六。肃宗乾元初,以雅旧,赠礼部尚书。"④《新唐书》人物列传的特点是文字省净,《贺知章传》的总体篇幅也少于《旧唐书·贺知章传》,但是却增加了"玄宗赐湖"的内容。

《新唐书·贺知章传》之后,凡贺知章小传,必书"玄宗赐湖"一事。《嘉泰会稽

---

① 李冗:《独异志》,中华书局 1983 年版,第 11 页。
② 郑棨:《开天传信记》,《丛书集成初编》,商务印书馆 1935 年版,第 5 页。
③ 王琦注:《李太白全集》卷二三,中华书局 1977 年版,第 1086 页。
④ 欧阳修、宋祁:《新唐书》卷一九六,中华书局 1975 年版,第 5607 页。

志》卷十三"贺季真宅"云："唐贺秘监宅，在会稽县东北三里八十步。知章晚自号
'四明狂客'，天宝初请为道士，还乡里，诏许之。以宅为千秋观，又求周宫湖剡川一
曲。"①《剡录》卷三云："贺知章，字季真，越永兴人。性旷夷，姑子陆象先曰：'季真
清谈风流，一日不见则鄙吝生矣。'肃宗为太子，迁宾客，拜秘书监。知章晚节诞放，
号'四明狂客'、'秘书外监'。天宝初病，梦游帝居，请为道士还乡，以宅为千秋观。
帝赋诗，乞镜湖剡川一曲，赐之。"②《唐才子传》卷二云："（知章）少以文词知名。性
旷夷，善谈论笑谑……陆象先在中书，引为太常博士。象先与知章最亲善，常曰：
'季真清谈风韵，吾一日不见，则鄙吝生矣。'当时贤达皆倾慕之……天宝三年，因病
梦游帝居，及寤，表请为道士，求还乡里，即舍住宅为千秋观。上许之，诏赐镜湖剡
溪一曲，以给渔樵。帝赋诗，及太子、百官祖饯。寿八十六。"③宋代《书小史》卷九
贺知章云："天宝初，请为道士还乡里，诏许之，以宅为千秋观，仍赐剡川镜湖一
曲。"④《吟窗杂录》卷四十六："贺知章秘监请为道士，赐镜湖剡川一曲，饯行，帝赐
之诗曰：'寰中得秘要，方外散幽襟。'"由以上材料可知，北宋之后，"玄宗赐湖"成为
贺知章书写的必要要素。

贺知章叙事的这一转变，与北宋士人将"玄宗赐湖"从贺知章还乡事件中单独
抽绎出来，并以之为士人归隐的诗意代称有关。较早王禹偁作《南园偶题》，诗云：
"天子优贤是有唐，镜湖恩赐贺知章。他年我若功成后，乞与南园作醉乡。"⑤关于
王禹偁此诗的创作背景，范成大《吴郡志》卷十四载："南园，吴越广陵王元璙之旧圃
也。老木皆合抱，流水奇石参错其间。王禹偁为长洲令，常携客醉饮□，有诗曰
……大观末，蔡京罢相，欲东还，诏以园赐之。京有诗云：'八年帷幄竟何为，更赐南
园宠退归。堪笑当时王学士，功名未有便吟诗。'"⑥王禹偁是较早的以玄宗赐湖代
指士人归隐的人。

苏轼在诗文中多次以"乞镜湖"代指致仕归隐。《哭刁景纯》诗云："读书想前
辈，每恨生不早。纷纷少年场，犹得见此老……我欲江东去，匏樽酌行潦。镜湖无
贺监，恸哭稽山道。忍见万松冈，荒池没秋草。"⑦《次韵黄鲁直赤目》诗云："诵诗得

① 施宿：《嘉泰会稽志》卷一三，《宋元方志丛刊》第七册，中华书局1990年版，第6956页。
② 高似孙：《剡录》卷三，《宋元方志丛刊》第七册，中华书局1990年版，第7217页。
③ 傅璇琮主编：《唐才子传校笺》卷三，中华书局1987年版，第459页。
④ 陈思：《书小史》卷九，《景印文渊阁四库全书》第814册，台湾商务印书馆1982年版，第272页。
⑤ 范成大：《吴郡志》卷一四，《宋元方志丛刊》第一册，中华书局1990年版，第792页。
⑥ 范成大：《吴郡志》卷一四，《宋元方志丛刊》第一册，中华书局1990年版，第792页。
⑦ 王文诰辑注：《苏轼诗集》卷一五，中华书局1982年版，第773—774页。

非子夏学,紬史正作丘明书。天公戏人亦薄相,略遣幻翳生明珠。赖君年来屏鲜腴,百千灯光同一如。书成自写蝇头表,端就君王觅镜湖。"①《次韵子由使契丹至涿州见寄》诗云:"毡裘年来亦甚都,时时鴂舌问三苏。那知老病浑无用,欲向君王乞镜湖。"②《永和清都观道士,童颜鬓发,问其年,生于丙子,盖与予同,求此诗》诗云:"镜湖敕赐老江东,未似西归玉局翁。羁枕未容春梦断,清都宛在默存中。每逢佳境携儿去,试问行年与我同。自笑余生消底物,半篙清涨百滩空。"③

晁冲之也以"乞镜湖"代称归隐。《留别江子之》云:"尽室飘零去上都,试于凑汭卜幽居。不从刺史求彭泽,敢向君王乞镜湖。平日甚豪今潦倒,少年最乐晚崎岖。故人鼎贵甘相绝,别后君须寄一书。"④《和虞道二十三弟》云:"千载风流贺秘书,也知今有此人无。吾家父子真相似,不愧朝廷乞鉴湖。"⑤《春晚圃田道中三首》其三云:"君王重老降褒书,特赐宣阳宅一区。闻说会稽人不识,鉴湖还肯借臣无。"⑥

北宋至南宋之际,以"乞镜湖"代称归隐流行于士人阶层,几乎成为人人乐道的"归隐"的诗意化表达。陈傅良《与福建陆提举》云:"功名富贵不知几人,儒雅风流自有定论……退老鉴湖之曲,与世相忘;行歌蜀道之难,令人太息。"⑦陈景沂《全芳备祖》前集卷三云:"丛玉生香歌可谱,园金有客瑞重图。公堂且尽今朝醉,已问君王乞鉴湖。"⑧姜夔《次韵诚斋送仆往见石湖长句》诗云:"省中诗人官事了,狎鸥入梦心无机……只今击节乌栖曲,不愧当年贺鉴湖。"⑨许棐《孔海翁》诗云:"鉴湖湖上寄闲身,好景应同贺监分。"⑩赵汝回《陆侍右得祠归里往钱弗及寄以是诗》云:"三以囊封入紫微,一星今夜出郎闱。贾谊幸无湘水谪,知章乞得镜湖归。"⑪赵汝绩

①　王文诰辑注:《苏轼诗集》卷二七,中华书局 1982 年版,第 1457 页。
②　王文诰辑注:《苏轼诗集》卷三一,中华书局 1982 年版,第 1671 页。
③　王文诰辑注:《苏轼诗集》卷四五,中华书局 1982 年版,第 2450—2451 页。
④　晁冲之:《晁具茨先生诗集》卷一二,《丛书集成初编》,商务印书馆 1939 年版,第 53 页。
⑤　晁冲之:《晁具茨先生诗集》卷一一,《丛书集成初编》,商务印书馆 1939 年版,第 46 页。
⑥　晁冲之:《晁具茨先生诗集》卷一四,《丛书集成初编》,商务印书馆 1939 年版,第 61 页。
⑦　陈傅良:《止斋先生文集》卷三二,《四部丛刊》,商务印书馆 1912 年版,第 2 页。
⑧　陈景沂:《全芳备祖集·前集》卷三,《景印文渊阁四库全书》第 935 册,台湾商务印书馆 1982 年版,第 60 页。
⑨　陈起编:《江湖小集》卷五六,《景印文渊阁四库全书》第 1357 册,台湾商务印书馆 1982 年版,第 28 页。
⑩　陈起编:《江湖小集》卷七五,《景印文渊阁四库全书》第 1357 册,台湾商务印书馆 1982 年版,第 16 页。
⑪　陈起:《江湖后集》卷七,清乾隆四十七年钞本,第 15 页。

《题黄存之春庄急雨图》云:"我家镜湖烟水湄,身虽不耕眼见之。"①杨亿《朱侍郎致政南归,上特赐宴于玉津园,仍诏两制三馆并预其会,以伸祖送,辄赋诗美之》云:"冯公不是沈郎署,贺老缘何归鉴湖。明主恩深若为舍,梦魂应绕博山炉。"②谢迈《送邑尉朱登仕告老归华亭,用玉局老仙寄王庆源韵》云:"君不见黄冠还乡乞鉴湖,又不见挈舟送米烦胡奴。白头真负平生志,妙年毫端敌万夫。"③何梦桂《和郦签事见寄韵》诗云:"半世虚名我误儒,樊中短翅倦南图。黄尘世路千年改,白发心期四海无。绩纺妇慵麻褐短,耕锄儿懦豆田芜。老来万事心灰尽,只愿君王赐镜湖。"④李纲《和陶渊明归田园居六篇》其五云:"每爱贺知章,敕赐鉴湖曲。而我不须多,数顷亦已足。"⑤《送李似之舍人归连江旧隐二首》其一云:"羡君卜筑粤江滨,去作林间适意人。环揖溪山供胜赏,剩栽桃李占芳春。养生有主身长健,与物无心道转亲。一曲鉴湖归贺老,可能分半乞比邻。"⑥刘克庄《呈袁秘监》诗云:"近日频闻有峻除,人传君相重儒师。细旃坐稳方轮讲,群玉峰高未要扶。别后曾过东阁否,新来亦乞鉴湖无。几时供帐都门外,真写先生作画图。"⑦这样的例子在两宋文人的诗文中比比皆是,上至将相宰辅,下至落魄江湖文人,无不以此为高风雅事,"玄宗赐湖"由此成为一个著名的典故。

四、"贺监湖":镜湖空间隐喻的形成

与宋人贺知章叙事发生转变的同时,随着"玄宗赐湖"典故的深入人心,宋人的镜湖书写也与贺知章深深关联,"贺监湖"成为镜湖的代名词,在北宋已被广泛使用。吕夷简《和忆越州》诗云:"贺监湖边山斗高,水轩水坞频抽毫。吟余清兴杳无际,揭蓬听雨登渔舠。"⑧王随《忆越州》诗云:"贺监赐湖名价高,云山吟赏抽江毫。澄波杳渺醉欲去,烟光水月留归舠。"⑨曾孝宗《送越帅程公辟》诗云:"虎符分镇浙江东,舣棹都门使旆雄。双桨徘徊枌杜日,高牙摇曳剡溪风。蓬莱阁宴公书简,贺

① 陈起:《江湖后集》卷七,清乾隆四十七年钞本,第4页。
② 陈思:《两宋名贤小集》卷二,《文渊阁四库全书》本,上海古籍出版社1989年版,第12页。
③ 陈思:《两宋名贤小集》卷三四,《文渊阁四库全书》本,上海古籍出版社1989年版,第3页。
④ 何梦桂:《潜斋集》卷二,明刻清顺治十六年何令范重修本,第21页。
⑤ 李纲:《梁溪集》卷二一,《景印文渊阁四库全书》第1125册,台湾商务印书馆1982年版,第693页。
⑥ 李纲:《梁溪集》卷三〇,《景印文渊阁四库全书》第1125册,台湾商务印书馆1982年版,第771页。
⑦ 刘克庄:《后村先生大全集》卷一,《四部丛刊初编》,商务印书馆1912年版,第8页。
⑧ 孔延之编,邹志方点校:《〈会稽掇英总集〉点校》卷一五,人民出版社2006年版,第204页。
⑨ 孔延之编,邹志方点校:《〈会稽掇英总集〉点校》卷一五,人民出版社2006年版,第205页。

监湖游狱榜空。行听越民歌德政，亟还青琐见旌忠。"①孙固《送程给事知越州》诗云："东过钱塘第一州，郡城高爽五云浮。会稽山碧人多秀，贺监湖清月正秋。偃息乡邦如志意，慰安雅俗自风流。朝廷贤旧方图任，只恐蓬莱得暂留。"②谢悰《送程给事知越州》诗云："夕郎暂去赤墀班，宠佩藩符出汉关。江国正逢鲈味美，里闾先着锦衣还。赏追贺监湖边月，醉陟秦王瓮畔山。万壑千岩常在眼，诗情应喜讼庭闲。"③秦观《望海潮四首》其二云："茂草台荒、苧萝村冷、起闲愁。何人览古凝眸。怅朱颜易失、翠被难留。梅市旧书、兰亭古墨，依稀风韵生秋。狂客鉴湖头。有百年台沼、终日夷犹。最好金龟换酒、相与醉沧州。"④

宋兴之后，镜湖被盗湖为田，除如上述忆越、送人赴越诗，北宋文人的镜湖题咏诗并不多。南宋镜湖复湖，兼之江湖诗派的兴起，尤其是越州当地江湖士人题写了大量镜湖诗，且咏镜湖必书贺知章。陈著《过鉴湖》诗云："越城胜境素来夸，才入东关分外嘉。八百顷荷西子态，几千余寺贺君家。画屏山色饶烟水，丽锦天光落晚霞。惜景欲图湖上住，钓船泊处是生涯。"⑤楼钥《贺监湖上》诗云："万顷平湖一苇杭，此归喜似贺知章。上恩赐与西湖曲，遂老吾家归照堂。狂客归来终好夸，越王城下占烟霞。"⑥施枢芸《镜湖一曲》诗云："天与平湖老贺郎，春波依旧染晴光。可怜千载风流意，付与租符晓夕忙。"⑦苏泂《悟前生》诗云："秋风拂拂草头青，秋日离离万宝成。懒把幽怀经俗事，每因前境悟他生。谢郎船上鱼新买，贺监湖边酒细倾。七十三分今过二，且然无怍白鸥盟。"⑧张镃《锦池泛舟赠庄器之二首》其一云："槐叶莺声两度春，笑言常恨独参辰。相过便说幽居好，别后应多秀句新。贺监湖边山作伴，若耶溪上月为邻。凉秋定扣松扉去，一舸从君理钓缗。"⑨王十朋《贺知章祠》诗云："贺老祠堂枕鉴湖，霓裳羽化宅荒芜。无人更问君王觅，转使高风千载孤。"⑩在南宋诗人的笔下，贺知章俨然已经成为镜湖的精神隐喻。

---

① 黄康弼：《续会稽掇英总集》卷三，清钞本，第 17 页。

② 黄康弼：《续会稽掇英总集》卷一，清钞本，第 13 页。

③ 黄康弼：《续会稽掇英总集》卷五，清钞本，第 17 页。

④ 秦观：《淮海居士长短句》卷上，中华书局 1957 年版，第 2 页。

⑤ 陈著：《本堂集》卷一三，《景印文渊阁四库全书》第 1185 册，台湾商务印书馆 1982 年版，第 63 页。

⑥ 楼钥：《攻媿集》卷一一，《四部丛刊初编》，商务印书馆 1912 年版，第 19 页。

⑦ 陈起编：《江湖小集》卷二四，《景印文渊阁四库全书》第 1357 册，台湾商务印书馆 1982 年版，第 14 页。

⑧ 苏泂：《泠然斋诗集》卷五，《文渊阁四库全书》本，上海古籍出版社 1989 年版，第 3 页。

⑨ 张镃：《南湖集》卷六，《丛书集成初编》，商务印书馆 1936 年版，第 100 页。

⑩ 王十朋：《梅溪集·后集》卷四，《四部丛刊》，商务印书馆 1929 年版，第 4 页。

　　南宋著名诗人陆游作有大量题咏镜湖的诗。陆游卜居镜湖三十余年,《剑南诗稿》卷三十二《幽栖》诗自注云:"乾道丙戌,始卜居镜湖之三山,今甫三十年矣。"[①]在此期间,陆游创作了大量的镜湖诗,如《小雨泛镜湖》、《游镜湖》、《有叟》、《春阴》、《遣兴》、《雨后》、《闭门》、《书况》、《秋兴》等,其中也频频使用贺知章归隐之典。《小雨泛镜湖》云:"端办一船多贮酒,敢辞送老向南湖。"[②]《游镜湖》云:"皇天亦大度,能容此狂客。"[③]《遣兴》云:"平生镜湖上,天乞小苑茨。"[④]《雨后》云:"镜湖归隐老黄冠,布褐萧然一室宽。"[⑤]《书况》云:"自从请老镜湖滨,万事不关林下人。"[⑥]《钱道人不饮酒食,肉囊中不畜一钱,所须饭及草屦二物皆临时乞钱买之,非此虽强与不取也》其二云:"误辱君王赐镜湖,身随鸥鹭寄菰蒲。行年八十犹强健,欲伴先生去得无。"[⑦]此外,《谢池春·贺监湖边》亦云:"贺监湖边,初系放翁归棹。小园林、时时醉倒。春眠惊起,听啼莺催晓。叹功名误人堪笑。"[⑧]可见,贺知章归隐是陆游隐居镜湖期间重要的精神源泉,而陆游也是贺知章成为镜湖隐喻的重要推动者。

　　宋代之后,贺陆并称,成为镜湖文化精神的代表。明李孝光《鉴湖》云:"贺家湖里见秋风,放翁宅前东复东。"[⑨]明凌云翰《镜湖渔隐》诗云:"家住镜湖流水东,门前日日藕花风。酒船不用寻狂客,渔钓犹能学放翁。"[⑩]厉鹗《泛舟鉴湖》其二云:"放翁宅外贺家庄,时有游船系柳椿。莫学三山但成只,阿侬最爱住湖双。"[⑪]周文楷《鉴湖晚棹》诗云:"贺陆风流遥极目,胸中何处着尘埃。"[⑫]童钰《跨湖桥同友人晚望》:"漫言贺陆吟魂远,只在蘋香漠漠边。"[⑬]沈德潜《问贺监故宅》诗云:"季真老去乞闲身,天子裁诗赐旧臣。归里黄冠寄高尚,鉴湖一曲全其真。放翁作歌吊狂客,艇子往来随所适。菱租鱼市足逍遥,道士庄前寻故迹。到今湖水半湮沦,谁问前民

①　陆游:《陆放翁全集·剑南诗稿》卷三二,中华书局1927年版,第8页。
②　陆游:《陆放翁全集·剑南诗稿》卷一七,中华书局1927年版,第18页。
③　陆游:《陆放翁全集·剑南诗稿》卷一七,中华书局1927年版,第12页。
④　陆游:《陆放翁全集·剑南诗稿》卷二九,中华书局1927年版,第13页。
⑤　陆游:《陆放翁全集·剑南诗稿》卷三三,中华书局1927年版,第11页。
⑥　陆游:《陆放翁全集·剑南诗稿》卷七五,中华书局1927年版,第7页。
⑦　陆游:《陆放翁全集·剑南诗稿》卷四七,中华书局1927年版,第6页。
⑧　陆游:《陆放翁全集·渭南文集》卷五〇,中华书局1927年版,第81页。
⑨　宋公传辑:《元诗体要》卷十,明正德十四年刻本,第27页。
⑩　凌云翰:《柘轩集》卷二,《景印文渊阁四库全书》第1227册,台湾商务印书馆1982年版,第783页。
⑪　厉鹗:《樊榭山房集续集》卷五,《四部丛刊》,商务印书馆1919年版,第15页。
⑫　潘衍桐编:《两浙輶轩续录》卷一三,清光绪十七年刻本,第36页。
⑬　潘衍桐编:《两浙輶轩续录》卷一三,清光绪十七年刻本,第18页。

往时宅。我亦清时遇圣明,赋诗饯送许归耕。四明湖畔思前事,今□相关无限情。"①在这些明清诗人的镜湖题咏诗中,无不以贺陆并称,镜湖文化与贺陆精神是一体之两面。

以贺陆为镜湖的文化符号与精神代表最为典型的作品是明代陈谟的《镜湖书隐记》与清代冯国泰的《唐宋两放翁歌》。陈谟《镜湖书隐记》云:"会稽古名郡,镜湖实天下奇胜.在唐贤有若贺知章,跻位通显,而老于其间;在宋贤有若陆放翁,隐处山阴,而大显闻于时。自余若二贤高躅者宜亦多矣。叶君叔昂读书镜湖,得施翁宅西之湖塘居之,面山临水,凫鸥出没,渔樵往来,远城市而阅烟霞。贺陆之清风雅韵,隐约具存,及其筮仕司征于西昌,乃介余记之。"②冯国泰《唐宋两放翁歌》诗云:"竹并桑扶出非想,洪崖毛公均有两。讵知镜浦住诗人,亦自嘉名标竞爽。鹅儿泾北湖桑东,越人但识陆放翁。船头束书船尾酒,风流原与贺监同。蜀参颡放喧豪隽,共道署衔公所仅。谁识黄冠早得心,恰似相如汉慕蔺。千秋宫榜龟堂诗,两贤共显湖山奇。濡毫题壁搜轶事,勒铭须并南塘祠。乞湖倚阁名皆盛,何事呼翁后偏胜。徘徊一曲望西村,此中似有幸不幸。金龟贳酒呼谪仙,剑南集并春波传。客以狂最略其次,显晦各缘史所编。画桥堤外垂杨绿,放眼缘翁窥蠹竹。魏家名将定无双,那并淮阴说周叔。"③相比于前述诸诗,这两篇诗文单咏贺陆风流与镜湖精神,而贺陆风流即镜湖精神,镜湖精神即贺陆风流。

结　语

镜湖在唐之前仅是作为人类活动的地理空间而存在,唐代诗人题咏镜湖者虽多,但是唐诗中的镜湖并不具有精神象征。盛唐诗人贺知章晚年还乡入道,得玄宗赐湖,但在唐人的贺知章叙事中,乃至关于贺知章还乡的叙事中,"玄宗赐湖"并不是他们的关注点。宋代士人将"玄宗赐湖"从贺知章还乡事件中单独抽绎出来,并以之为士人归隐的诗意代称,影响甚广,使用者甚众。与此同时,宋人的镜湖书写也发生了变化,与贺知章归隐密切关联,"贺监湖"成为镜湖的代名词,在南宋诗人的笔下,贺知章俨然已经成为镜湖的精神象征。元明清时期,贺知章与陆游并称,成为镜湖文化精神的代表,贺陆风流与镜湖文化为一体之两面,此时的镜湖,已经

---

① 沈德潜:《归愚诗钞》卷一一,清刻本,第11页。
② 陈谟:《海桑集》卷七,《景印文渊阁四库全书》第1232册,台湾商务印书馆1982年版,第650页。
③ 潘衍桐编:《两浙輶轩续录》卷六,清光绪十七年刻本,第19页。

不再是单纯的地理空间概念,而是隐喻意义的载体与文化精神的象征。

第三节　《送贺秘监》诗人群体研究

《送贺秘监归会稽应制》唱和诗,共三十六首,加太子李亨,这组诗的诗人共有三十八位,分别为唐玄宗、李亨、李适之、李林甫、李瑄、李璆、席豫、宋鼎、郭虚己、李岩、韦斌、李慎微、韦坚、齐澣、崔璘、梁涉、王滌、王珺、姚鹄、王铎、何千里、严都、严向、康建、韩宗、郭慎微、于休烈、齐光乂、韦述、韩倩、杜昆吾、张绰、陆善经、胡嘉鄢、魏盈、李彦和、张博望、辛替否。

这组唱和诗涉及人物众多,有些人物无需考证,有些人物需要详细考证,考证详略原则如下:唐明皇、李林甫不考;新、旧《唐书》有传者略考或者直接引用本传,只详考其于天宝三载所任官职;《全唐诗》有诗者略考,两《唐书》无本传、《全唐诗》亦未收诗者详考。

一、宰相与诸王

李适之

《旧唐书》卷九九有传:"李适之,一名昌……适之,神龙初起家拜左卫郎将。开元中,累迁通州刺史,以强干见称……擢拜秦州都督。俄转陕州刺史,入为河南尹。适之性简率,不务苛细,人吏便之。岁余,拜御史大夫。开元二十七年,兼幽州大都督府长史,知节度事……俄拜刑部尚书。适之雅好宾友,饮酒一斗不乱,夜则宴裳,昼决公务,庭无留事。天宝元年,代牛仙客为左相,累封清和县公。与李林甫争权不叶……求为散职。五载,罢知政事,守太子少保……坐与韦坚等相善,贬宜春太守。后御史罗希奭奉使杀韦坚……希奭过宜春郡,适之闻其来,仰药而死。"[1]天宝三载,李适之任左相。

嗣许王李瓘

李瓘,唐高宗之孙,李素节之子,李素节为武则天所害。《旧唐书》卷八六有传:"许王素节,高宗第四子也……素节被杀之时,子瑛、琬、玑、玚等九人并为则天所杀;惟少子琳、瓘、璆、钦古以年小,特令长禁雷州。神龙初,封瓘为嗣许王……瓘,开元十一年为卫尉卿,以抑伯上金男不得承袭,以弟璆继之,遽遣瓘为鄂州别驾

---

①　刘昫等:《旧唐书》卷九九,中华书局 1975 年版,第 3101—3102 页。

……瓘累迁邠州刺史、秘书监、守太子詹事……天宝六载卒,赠蜀郡大都督。"①

褒信郡王李璆

李璆,许王李素节之子,嗣许王李瓘弟。《旧唐书》卷八六有传:"璆初为嗣泽王,降为郢国公、宗正卿同正员,特封褒信郡王。进《龙池皇德颂》,迁宗正卿、光禄卿、殿中监。天宝初,重拜宗正卿,加金紫光禄大夫。璆友弟聪敏,闻善若惊,宗子中有一善,无不荐拔,故宗枝居省闼者,多是璆之所举。九载卒,赠江陵大都督。"②

二、三省六部长官

席豫

席豫,两《唐书》有传。《旧唐书·席豫传》:"席豫,襄阳人……进士及第。开元中,累官至考功员外郎,典举得士,为时所称。三迁中书舍人,与韩休、许景先、徐安贞、孙逖相次掌制诰,皆有能名。转户部侍郎,充江南东道巡抚使,兼郑州刺史。入为吏部侍郎……豫典选六年,复有令誉。天宝初,改尚书左丞。寻检校礼部尚书,封襄阳县子。玄宗幸温泉宫,登朝元阁赋诗,群臣属和。帝以豫诗为工,手制褒美曰:'览卿所进,实诗人之首出,作者之冠冕也。'豫与弟晋,俱以词藻见称……七载,卒于位,时年六十九……赠江陵大都督,谥曰文。"③据该传,席豫为玄宗朝能文之士,惜其诗传世甚少。席豫天宝三载任尚书左丞、检校礼部尚书。

宋鼎

宋鼎,两《唐书》无传。《唐诗纪事》卷二十二载宋鼎:"《赠张丞相》序云:张丞相九龄。与余有孝廉校理之旧,又代余为荆州。余改汉阳,仍兼按使,巡至荆州,故赠之。……鼎,明皇时刺襄州。"④《元和郡县图志》卷二十一载:"唐城县……隋开皇三年,改镇为唐城县,大业二年废。开元二十四年,采访使宋鼎奏置。"⑤根据这两则材料,宋鼎任襄州刺史、山南道采访使在开元二十四年前。

关于宋鼎天宝三载的任职,《全唐文》卷三百八载孙逖《授宋鼎尚书右丞郭虚己尚书户部侍郎制》:"门下,纪纲一台,爰资右辖,弥纶五教,必择亚卿。通议大夫尚书刑部侍郎借紫金鱼袋宋鼎……可守尚书右丞。"⑥又,这组唱和诗中,席豫列于宋

---

① 刘昫等:《旧唐书》卷八六,中华书局1975年版,第2826—2827页。
② 刘昫等:《旧唐书》卷八六,中华书局1975年版,第2828页。
③ 刘昫等:《旧唐书》卷一九〇,中华书局1975年版,第5035—5036页。
④ 计有功撰,王仲镛校笺:《唐诗纪事校笺》卷二二,中华书局2007年版,第739—740页。
⑤ 李吉甫:《元和郡县图志》卷二一,中华书局1983年版,第543页。
⑥ 《全唐文》卷三〇八,中华书局1983年版,第3128—3129页。

鼎之前,席豫天宝三载任尚书左丞,因此,至迟天宝三载,宋鼎任尚书右丞。在此之前,宋鼎曾任通议大夫、尚书刑部侍郎。另,《宝刻丛编》卷六载《唐能大师碑》:"唐兵部侍郎宋鼎撰……能大师姓卢氏……天宝七年,其弟子神会建碑于巨鹿郡之开元寺。"[1]知天宝七载宋鼎任兵部侍郎。

郭虚己

郭虚己,两《唐书》无传。《旧唐书·萧嵩传》载:"(开元十五年)玄宗……乃以嵩为兵部尚书、河西节度使,判凉州事。嵩乃请以裴宽、郭虚己、牛仙客在其幕下。"[2]知郭虚己于开元十五年从事于萧嵩河西幕府。《文苑英华》卷四百四载苏颋《授郭虚己太子左庶子制》称:"朝议郎、守驾部员外郎、兼御史中丞、朔方节度行军司马、关内道采访处置使、赐紫金鱼袋郭虚己……累践台阁,频更任使,懋功斯久,赏善当迁。擢以正人,宜拜职于中庶;增其宠服,俾兼荣于独坐。可朝散大夫、守左庶子、兼御史中丞,余如故。"[3]则郭虚己自朔方回朝之后任左庶子。《册府元龟》卷一六二载:"(开元)二十九年五月,命大理卿崔翘、尚书右丞席豫、工部侍郎郭虚己、御史中丞张倚、中书舍人孙逖、给事中赵安贞、太常卿韦常、班景倩,分行天下。"[4]则至迟开元二十九年,郭虚己任工部侍郎。

关于郭虚己天宝三载的任职,《全唐文》卷三百八孙逖《授宋鼎尚书右丞郭虚己尚书户部侍郎制》称:"朝议大夫守尚书工部侍郎上轻车都尉郭虚己,通才敏识,有成务之能,并文行相资……虚己可尚书户部侍郎,散官各如故。"[5]郭虚己授工部侍郎与宋鼎授尚书右丞同时,则知至迟天宝三载,郭虚己任户部侍郎。

此外,《旧唐书·玄宗本纪》载:"(天宝五载)八月,以户部侍郎郭虚己为御史大夫、剑南节度使。"[6]知天宝五载郭虚己任剑南节度使。又《唐会要》卷二二载:"天宝七载十一月十七日:'朕祗肃群祀,祈在三农,冀幽赞之有凭,必昭报而无阙,宜令工部尚书郭虚己等,分祭五岳四渎。'"[7]则至天宝七载十一月,郭虚己又回朝任工部尚书。

---

①　陈思:《宝刻丛编》卷六,《丛书集成初编》,商务印书馆 1937 年版,第 156 页。
②　刘昫等:《旧唐书》卷九九,中华书局 1975 年版,第 3094 页。
③　李昉等:《文苑英华》卷四〇四,中华书局 1966 年版,第 2049 页。
④　王钦若等:《册府元龟》卷一六二,中华书局 1989 年版,第 352 页。
⑤　《全唐文》卷三〇八,中华书局 1983 年版,第 3128 页。
⑥　刘昫等:《旧唐书》卷九,中华书局 1975 年版,第 220 页。
⑦　王溥:《唐会要》卷二二,上海古籍出版社 2006 年版,第 498 页。

李 岩

李岩,两《唐书》无传。《宝刻丛编》卷二十载《东夏师资正传》:"僧慧超述,李岩正书,开元十八年四月。"①孙逖《授杨仲昌吏部员外郎李岩兵部员外郎制》称:"门下,左司员外郎杨仲昌、朝散大夫户部员外郎李岩等,雅才明识,敏行能文,修身怀止水之清,应物有操刀之利,并膺时选。所谓人英,宜迁礼闱之秩,更展剧曹之用,仲昌可吏部员外郎,岩可兵部员外郎,散官各如故。"②知李岩曾任户部员外郎,转兵部员外郎。

宋陈思《书小史》卷九载:"李岩,赵州高邑人,历官兵部侍郎。善草。"又《长安志》卷八"唐京城二"载:"南门之东,宁王宪宅。宅以东,岐王范宅。西门之北,户部尚书陆象先宅。次北开府仪同三司宋璟宅,亳州刺史致仕王同晊宅,尚书兵部侍郎李岩宅,天宝中人。"据此推断,天宝三载,李岩的官职应为兵部侍郎。

又,《唐语林》卷八载:"天宝初,达奚珣、李岩相次知贡举。进士声名高而帖落者,时或试诗放过,谓之'赎帖'。"③知李岩天宝初曾经知贡举。

韦 斌

韦斌,两《唐书》有传。《旧唐书·韦安石传》附《韦斌传》:"斌,景云初安石为宰辅时,授太子通事舍人。早修整,尚文艺,容止严厉,有大臣体,与兄陟齐名。开元十七年,司徒薛王业为女平恩县主求婚,以斌才地奏配焉。迁秘书丞。天宝初,转国子司业,徐安贞、王维、崔颢,当代辞人,特为推挹。天宝中,拜中书舍人,兼集贤院学士。兄陟先为中书舍人,未几迁礼部侍郎,陟在南省,斌又掌文诰。改太常少卿。天宝五载,右相李林甫构陷刑部尚书韦坚,斌以亲累贬巴陵太守,移临安太守,加银青光禄大夫。斌授五品时,兄陟为河东太守,堂兄由为右金吾将军,绍为太子少师,四人同时列载,衣冠之盛,罕有其比。十四载,安禄山反,陷洛阳,斌为贼所得,伪授黄门侍郎,忧愤而卒。及克复两京,肃宗乾元元年,赠秘书监。"④根据此段记载,韦斌天宝三载应为中书舍人,兼集贤院学士。

李慎微

李慎微,生平事迹无考。

---

①　陈思:《宝刻丛编》卷二〇,《丛书集成初编》本,上海商务印书馆1937年版,第517页。
②　《全唐文》卷三〇八,中华书局1983年版,第3133页。
③　王谠撰,周勋初校证:《唐语林校证》卷八,中华书局1987年版,第714页。
④　刘昫等:《旧唐书》卷九二,中华书局1975年版,第2962—2963页。

韦　坚

韦坚,两《唐书》有传。《旧唐书·韦坚传》载:"韦坚,京兆万年人……中外荣盛,故早从官叙。二十五年,为长安令,以干济闻……天宝元年三月,擢为陕郡太守、水陆转运使……坚跪上诸郡轻货……玄宗欢悦,下诏敕曰:'……其陕郡太守韦坚……宜特与三品,仍改授一三品京官兼太守……'四月,进银青光禄大夫、左散骑常侍、陕郡太守、水陆转运使,勾当缘河及江淮南租庸转运处置使并如故……三年正月,坚又加兼御史中丞,封韦城男。九月,拜守刑部尚书,夺诸使,以杨慎矜代之。五载正月望夜,坚与河西节度、鸿胪卿皇甫惟明夜游,同过景龙观道士房,为林甫所发,以坚戚里,不合与节将狎昵,是构谋规立太子。玄宗惑其言,遽贬坚为缙云太守……六月,又贬坚为江夏员外别驾。又构坚与李适之善,贬适之为宜春太守。七月,坚又长流岭南临封郡,坚弟将作少匠兰、鄠县令冰、兵部员外郎芝、坚男河南府户曹谅并远贬。至十月,使监察御史罗希奭逐而杀之,诸弟及男谅并死。"[1]据该传,天宝三载,韦坚为银青光禄大夫、左散骑常侍、陕郡太守、水陆转运使等,三品京官兼太守。天宝三载正月,韦坚加御史中丞,该组唱和诗作于三载正月五日,难以确定孰前孰后。

三、太子属官

齐　澣

齐澣,两《唐书》有传。《旧唐书·齐澣传》载:"齐澣,定州义丰人。少以词学称。弱冠以制科登第,释褐蒲州司法参军。景云二年,中书令姚崇用为监察御史。弹劾违犯,先于风教,当时以为称职。开元中,崇复用为给事中,迁中书舍人。论驳书诏,润色王言,皆以古义谟诰为准的,侍中宋璟、中书侍郎苏颋并重之。秘书监马怀素、右常侍元行冲受诏编次四库群书,乃奏澣为编修使,改秘书少监。寻丁忧免。十二年,出为汴州刺史……以清严为治,民吏歌之。中书令张说择左右丞之才,举怀州刺史王丘为左丞,以澣为右丞。李元纮、杜暹为相,以开府、广平公宋璟为吏部尚书,又用户部侍郎苏晋与澣为吏部侍郎,当时以为高选……因语禁中谏语……乃贬高州良德丞……澣数年量移常州刺史。二十五年,迁润州刺史,充江南东道采访处置使……数年,复为汴州刺史……会澣判官犯赃,澣连坐,遂废归田里。天宝初,起为员外少詹事,留司东都。时绛州刺史严挺之为林甫所构,除员外少詹事,留司

东都。与澣皆朝廷旧德,既废居家巷,每园林行乐,则杖屦相过,谈宴终日。林甫闻而患之,欲离其势。五年,用澣为平阳太守。卒于郡。"①

据该传,齐澣为朝廷旧德,曾任中书舍人、吏部侍郎、两道采访使。为李林甫所恶被贬,天宝三载其官职应为员外少詹事,留司东都。

崔 璘

崔璘,可以查考的资料甚少。唯《全唐文》卷三百九载孙逖《授孟温太子宾客崔璘太子右庶子制》,称:"朝请大夫、使持节魏州诸军事、守魏州刺史、上柱国、安平县开国伯崔璘,清而率下,正以持身……璘可太子右庶子,散官、勋封如故。"②知崔璘曾任魏州刺史,转太子右庶子。按,排在崔璘之前的齐澣为员外少詹事,则天宝三载,崔璘应为太子右庶子。

梁 涉

梁涉,两《唐书》无传。《册府元龟》卷六四三载:"(开元)十五年五月诏中书门下引文武举人就中策试,于是蓝田县尉萧谅、右卫胄曹梁涉、邠州柱国子张玘等对策稍优。录奏,帝谓……罢之。"③知梁涉曾任右卫胄曹,开元十五年参加门下省策试,与其他人一起被唐玄宗黜落。《宝刻丛编》卷八载《唐右武卫大将军赵侍宾碑》:"唐梁涉撰,吴承嗣行书,开元二十六年。"④同卷又载《唐右威卫将军高广济碑》:"唐梁涉撰序,高力士撰铭并行书,开元二十八年。"⑤同书卷七又载《唐长安令韦坚德政颂》:"唐梁涉撰,吕向行书,天宝元年。"⑥可惜三处均未署官职。

《唐尚书省郎官石柱题名考》卷八"司勋员外郎"载梁涉,同书卷十一"户部郎中"载梁涉。《旧唐书·韦陟传》载:"张九龄一代辞宗,为中书令,引陟为中书舍人,与孙逖、梁涉对掌文诰,时人以为美谈。"⑦《新唐书·吉温传》载:"初,中书舍人梁涉道遇温,低帽障面。温怒,乃讽(柳)勣引涉及嗣虢王巨,皆斥逐。"⑧知梁涉曾任司勋员外郎、户部郎中、中书舍人。

关于梁涉天宝三载任职,《册府元龟》卷九二五载:"梁涉为右庶子,柳勣为李林

① 刘昫等:《旧唐书》卷一九〇中,中华书局 1975 年版,第 5036—5038 页。
② 《全唐文》卷三〇九,中华书局 1983 年版,第 3139 页。
③ 王钦若等:《册府元龟》卷六四三,中华书局 1989 年版,第 2124 页。
④ 陈思:《宝刻丛编》卷八,《丛书集成初编》,商务印书馆 1937 年版,第 228 页。
⑤ 陈思:《宝刻丛编》卷八,《丛书集成初编》,商务印书馆 1937 年版,第 229 页。
⑥ 陈思:《宝刻丛编》卷七,《丛书集成初编》,商务印书馆 1937 年版,第 203 页。
⑦ 刘昫等:《旧唐书》卷九二,中华书局 1975 年版,第 2958 页。
⑧ 欧阳修、宋祁:《新唐书》卷二〇九,中华书局 1975 年版,第 5916 页。

甫所构,伏诛,涉及虢王巨尝通勘资粮,皆坐贬官,连累者十余人。"①据《旧唐书·玄宗本纪》,柳勣为李林甫所构并下狱在天宝五载,且在该组唱和诗中,列在梁涉之前的崔璘为太子右庶子,则当时梁涉官职亦应为太子右庶子。

另外,《新唐书·汝阳王琎传》载:"琎眉宇秀整,性谨洁,善射,帝爱之。封汝阳王,历太仆卿。与贺知章、褚庭诲、梁涉等善。"②知梁涉与李琎、贺知章、褚庭诲等人交往友善。

王濬

王濬,生平事迹无考。

王瑀

王瑀,两《唐书》无传,唯《文苑英华》卷四百四载苏颋《授王瑀太子左赞善大夫制》:"黄门通议大夫、行宋王府咨议参军、上柱国王瑀,雅清理识,尤茂风检,艺能素优,名教为乐,雍容朱邸。已闻讽议之先,侍从青宫,宜在文儒之列,可行太子左赞善,散官如故,主者施行。"③知王瑀曾任黄门通议大夫,行宋王府咨议参军,后行太子左赞善大夫。该制未知作于何时,参该组唱和诗列在王濬、王瑀之前的齐澣、崔璘、梁涉均为太子属官,则天宝三载王瑀大概率亦为太子属官,即太子左赞善大夫。而列在王瑀之前的王濬也应为某太子属官。

姚鹄

盛唐姚鹄,生平事迹无考。

王铎

盛唐王铎,生平事迹无考。

何千里

何千里,两《唐书》无传。《唐会要》卷八五载:"开元九年正月二十八日,监察御史宇文融请急察色役伪滥并逃户及籍田,因令充使,于是奏劝农判官数人……至十二年又加长安县尉王焘、河南县尉于孺卿、左拾遗王忠翼、奉天县尉何千里。"④由此可知,何千里开元十二年任奉天尉。《唐御史台精舍题名考》卷二"碑阴题名"有两处载何千里,一处"殿中侍御史兼内供奏武后中至玄宗末"载"何千里",在韩宣、

---

①　王钦若等:《册府元龟》卷九二五,中华书局1989年版,第3681页。
②　欧阳修、宋祁:《新唐书》卷八一,中华书局1975年版,第3599页。
③　李昉等:《文苑英华》卷四〇四,中华书局1966年版,第2051页。
④　王溥:《唐会要》卷八五,上海古籍出版社2006年版,第1851—1852页。

卢怡之后,夏侯铦、刘日正之前;①一处"监察御史并□□□并是立碑至于今,武后中至玄宗末"载"何千里",在班景倩、郭佺之后,封希颜、韦仲昌之前。② 这说明何千里于玄宗朝曾先后任殿中侍御史和监察御史。

《颜鲁公文集》载《中散大夫京兆尹汉阳郡太守赠太子少保鲜于公神道碑铭(永泰二年)》:"令征,公之父也。倜傥豪杰,多奇画,尝倾万金之产,周济天下士大夫。与妻兄著作郎广汉严从臬、殿中侍御史何千里,俱以气概相高,不肯仕宦,竟以寿终。天宝九载,赠遂宁郡太守,广德元年,又赠太常卿。"③这说明,何千里任殿中侍御史应在天宝九载之前。参《唐御史台精舍题名考》与《鲜于公神道碑》,何千里天宝三载的任职或为殿中侍御史。

严　都

严都,生平事迹无考。

严　向

严向,父严善思,《旧唐书·严善思传》载:"善思子向……始善思父徐州长史延及善思俱年八十五而卒;广德二年,向卒,又年八十五。"④据此段记载,广德二年(764),严向八十五岁,则天宝三载(744),严向六十五岁。

关于严向的历官,《旧唐书·严善思传》载:"善思子向,乾元中为凤翔尹,宝应中授太常员外卿。"⑤知乾元中,严向任凤翔尹,宝应中任太常员外卿。《资治通鉴》卷二二一载:"(乾元二年夏四月)凤翔马坊押官为劫,天兴尉谢夷甫捕杀之。其妻讼冤。李辅国素出飞龙厩,敕监察御史孙蓥鞫之,无冤……上怒,叱出之。伯阳贬高要尉,献贬桂阳尉,晔与凤翔尹严向皆贬岭下尉。"⑥可佐证严向于乾元中任凤翔尹一职。

不过严向在任凤翔尹之前,应该尚有任大理卿一职,《新唐书·吕諲传》载:"帝复两京,诏尽系群臣之污贼者,以御史中丞崔器、宪部侍郎韩择木、大理卿严向为三司使处其罪。"⑦两京收复在至德年间,时严向任大理卿。

此外,《文苑英华》卷三九八贾至《授萧晋太府少卿制》载:"门下宫相之位亚卿

① 劳格、赵钺:《唐御史台精舍题名考》卷二,中华书局 1997 年版,第 47 页。
② 劳格、赵钺:《唐御史台精舍题名考》卷二,中华书局 1997 年版,第 73 页。
③ 颜真卿:《颜鲁公文集》卷六,《四部丛刊初编》,商务印书馆 1922 年版,第 9 页。
④ 刘昫等:《旧唐书》卷一九一,中华书局 1975 年版,第 5104 页。
⑤ 刘昫等:《旧唐书》卷一九一,中华书局 1975 年版,第 5104 页。
⑥ 司马光:《资治通鉴》卷二二一,中华书局 1956 年版,第 7076 页。
⑦ 欧阳修、宋祁:《新唐书》卷一四〇,中华书局 1975 年版,第 4649 页。

之职,朝廷所精择必惟其人。守西河太守萧晋、阳城太守严向等,历践中外,皆闻政理。涉于艰难,尤著诚节。宜司长府之剧式,备储闱之选,晋可守太府少卿,向可太子左庶子。"①知严向又曾任阳城太守,后转太子左庶子。该制称"涉于艰难",亦必为两京收复之后,可能是严向晚年之职。

可惜目前可考的严向的历官均为安史之乱之后的,而安史之乱之前包括天宝年间严向的历官情况不详,只能付诸阙如。

康　建

康建,生平事迹无考。

韩　宗

韩宗,生平事迹无考。

郭慎微

郭慎微,两《唐书》无传。《金石录》卷七载:"第一千二百三十五,《唐北齐范阳令宋君碑》,郭慎微撰,史惟则八分书,天宝四载十月。"②惜郭慎微官职无署。《旧唐书·李林甫传》载:"林甫恃其早达,舆马被服,颇极鲜华。自无学术,仅能秉笔,有才名于时者尤忌之。而郭慎微、苑咸文士之阘茸者,代为题尺。"③又《新唐书·李林甫传》载:"林甫无学术,发言陋鄙,闻者窃笑,善苑咸、郭慎微,使主书记。"④知郭慎微曾任李林甫书记。

《唐尚书省郎官石柱题名考》有两处载郭慎微,一为卷七"司勋郎中",郭慎微在张寂之后、裴士淹之前;⑤二为卷十五"金部郎中",郭慎微在李峘之后、李彦允之前。⑥其中李峘,《旧唐书·李峘传》载:"天宝中为南宫郎,历典诸曹十余年。"⑦则李峘任金部郎中在天宝年间,那么郭慎微任金部郎中也应在天宝年间,惜具体年载不详。天宝三载,郭慎微或为司勋或金部郎中。

《宝刻丛编》卷八载《唐赠汝南太守郭慎微碑》:"族弟讷撰,顾诚奢分书,天宝中立。"⑧《金石录》卷十载:"第一千九百六十六,《唐知制诰郭慎微碑》,侄讷撰,八分

①　李昉等:《文苑英华》卷三九八,中华书局 1966 年版,第 2022 页。

②　赵明诚、李清照:《金石录》卷七,《四部丛刊续编》,商务印书馆 1934 年版,第 3 页。

③　刘昫等:《旧唐书》卷一〇六,中华书局 1975 年版,第 3240 页。

④　欧阳修、宋祁:《新唐书》卷二二三,中华书局 1975 年版,第 4649 页。

⑤　劳格、赵钺:《唐尚书省郎官石柱题名考》卷七,中华书局 1992 年版,第 362 页。

⑥　劳格、赵钺:《唐尚书省郎官石柱题名考》卷一五,中华书局 1992 年版,第 723 页。

⑦　刘昫等:《旧唐书》卷一一二,中华书局 1975 年版,第 3342 页。

⑧　陈思:《宝刻丛编》卷八,《丛书集成初编》,商务印书馆 1937 年版,第 264 页。

书,无姓名,残缺。《京兆金石录》云顾戒奢书。"①据这两则材料,郭慎微天宝年间去世,官终唐知制诰赠汝南太守。

四、集贤殿学士

于休烈

于休烈,《旧唐书》有传。《旧唐书·于休烈传》载:"于休烈,河南人也……休烈至性贞悫,机鉴敏悟。自幼好学,善属文,与会稽贺朝万齐融、延陵包融为文词之友,齐名一时。举进士,又应制策登科,授秘书省正字。累迁右补阙、起居郎、集贤殿学士,转比部员外郎,郎中。杨国忠辅政,排不附己者,出为中部郡太守。值禄山构难,肃宗践祚,休烈自中部赴行在,擢拜给事中。迁太常少卿,知礼仪事,兼修国史……代宗即位,甄别名品,宰臣元载称之,乃拜右散骑常侍,依前兼修国史,寻加礼仪使。迁工部侍郎。又改检校工部尚书,兼判太常卿事,正拜工部尚书,累封东海郡公,加金紫光禄大夫。在朝凡三十余年,历掌清要,家无儋石之蓄。恭俭温仁,未尝以喜愠形于颜色。而亲贤下士,推毂后进。虽位崇年高,曾无倦色。笃好坟籍,手不释卷,以至于终。大历七年卒。"②

惜该传叙于休烈早期历官时间不详。《唐会要》卷三六载:"开元十九年正月二十四日,命有司写《毛诗》、《礼记》、《左传》、《文选》各一部,以赐金城公主,从其请也。秘书正字于休烈上表投招谏匦。"③知开元十九年于休烈任秘书省正字。参本传,推测天宝三载,于休烈或为集贤殿学士,或为比部员外郎、郎中。

齐光乂

齐光乂,两《唐书》无传。《新唐书·艺文志》载"《御刊定礼记月令》一卷","集贤院学士李林甫陈希烈徐安贞、直学士刘光谦齐光乂陆善经,修撰官史玄晏、待制官梁令瓒等注解"④。关于李林甫等刊定《礼记月令》一事,《全唐文》卷三四五载李林甫《进御刊定礼记月令表》,云:"集贤院学士尚书左仆射兼右相吏部尚书李林甫、门下侍郎陈希烈、中书侍郎徐安贞、直学士起居舍人刘光谦、宣城郡司马齐光乂、河南府仓曹参军陆善经、修撰官家令寺丞兼知太史监事史元晏、待制官安定郡别驾梁令瓒等,为之注解。"⑤李林甫等注《御刊定礼记月令》的时间史无明载,不过根据李

---

① 赵明诚、李清照:《金石录》卷十,《四部丛刊续编》,商务印书馆1934年版,第12页。
② 刘昫等:《旧唐书》卷一四九,中华书局1975年版,第4007—4009页。
③ 王溥:《唐会要》卷三六,上海古籍出版社2006年版,第778页。
④ 欧阳修、宋祁:《新唐书》卷五七,中华书局1975年版,第1434页。
⑤ 《全唐文》卷三四五,中华书局1983年版,第3508页。

林甫、陈希烈等人的官职,注文应成于天宝五载之前,则知天宝三载齐光乂以宣城郡司马任集贤殿直学士。

李白《赵公西侯新亭颂》云:"惟十有四载,皇帝以岁之骄阳,秋五不稔,乃慎择明牧,恤南方凋枯。伊四月孟夏,自淮阴迁我天水赵公作藩于宛陵,祗明命也……长史齐公光乂,人伦之师表。"①宛陵即安徽宣城,知天宝十四载,齐光乂仍在宣城郡长史任。齐光乂其他事迹无考。

韦　述

韦述,两《唐书》有传。《旧唐书·韦述传》载:"韦述,司农卿弘机曾孙也……举进士,西入关,时述甚少……开元五年,为栎阳尉。秘书监马怀素受诏编次图书,乃奏用左散骑常侍元行冲、左庶子齐澣、秘书少监王珣、卫尉少卿吴兢并述等二十六人,同于秘阁详录四部书……转右补阙,中书令张说专集贤院事,引述为直学士,迁起居舍人……十八年,兼知史官事,转屯田员外郎、职方吏部二郎中,学士、知史官事如故……二十七年,转国子司业,停知史事。俄而复兼史职,充集贤学士。天宝初,历左右庶子,加银青光禄大夫。九载,兼充礼仪使。其载迁尚书工部侍郎,封方城县侯……及禄山之乱,两京陷贼,玄宗幸蜀,述抱国史藏于南山,经籍资产,焚爇殆尽。述亦陷于贼庭,授伪官。至德二年,收两京,三司议罪,流于渝州,为刺史薛舒困辱,不食而卒……广德二年,直因人奏言事称旨,乃上疏理述于苍黄之际,能存国史,致圣朝大典,得无遗逸,以功补过,合霑恩宥。乃赠右散骑常侍。"②

据该传,天宝初韦述任左右庶子之前为集贤学士,则天宝三载韦述的官职应为集贤殿学士。

韩　倩

韩倩,两《唐书》无传,唯《金石萃编》卷八七载天宝四载所刻《石台孝经》后太子等题名载"朝请大夫守国子司业臣韩倩"③。知韩倩天宝四载任国子司业。韩倩其他事迹无考。

杜昆吾

杜昆吾,两《唐书》无传。唯《宝刻丛编》卷八载《唐太仆少卿杜元道碑》:"唐韦述撰,子昆吾,书裴耀卿题讳,殷承业书额,开元二十四年。"④韦述为杜昆吾父撰

---

① 王琦注:《李太白全集》卷二八,中华书局1977年版,第1300—1304页。
② 刘昫等:《旧唐书》卷一〇二,中华书局1975年版,第3183—3185页。
③ 王昶:《金石萃编》卷八七,江苏古籍出版社1998年版,第4页。
④ 陈思:《宝刻丛编》卷八,《丛书集成初编》,商务印书馆1937年版,第228页。

碑,在这组唱和诗的排列中,韦述与杜昆吾间又仅隔一人,二人或为同僚,即同为集贤殿学士。

张　绰

张绰,生平事迹无考。

陆善经

陆善经,两《唐书》无传。陆善经曾经参与《唐六典》的编撰。《新唐书·艺文志》载"《六典》三十卷",注云:"开元十年,起居舍人陆坚被诏集贤院修'六典',玄宗手写六条,曰理典、教典、礼典、政典、刑典、事典。张说知院,委徐坚,经岁无规制,乃命毋煚、余钦、咸廙业、孙季良、韦述参撰。始以令式象《周礼》六官为制。萧嵩知院,加刘郑兰、萧晟、卢若虚。张九龄知院,加陆善经。李林甫代九龄,加苑咸。二十六年书成。"①关于张九龄知集贤院的时间,据《直斋书录解题》卷五:"考新旧《唐书》,九龄以二十四年罢知政事,寻谪荆州。程大昌谓书成于九龄为相之日,当在二十四年。"②则陆善经任集贤殿学士当在开元二十四年之后。又《旧唐书·礼仪志》载:"(开元二十七年)礼部员外郎崔宗之驳下太常,令更详议,令集贤学士陆善经等更加详核,善经亦以其议为允。"③知开元二十七年,陆善经亦任集贤殿学士。《新唐书·艺文志》载"《御刊定礼记月令》一卷",注:"集贤院学士李林甫陈希烈徐安贞、直学士刘光谦齐光乂陆善经,修撰官史玄晏、待制官梁令瓒等注解。"④按,前考齐光乂及诸人注《御刊定礼记月令》的时间,知天宝三载,陆善经任集贤殿学士。

自于休烈至陆善经七人,于休烈天宝三载或为集贤殿学士,或为比部员外郎、郎中,齐光乂以宣城郡司马任集贤殿直学士,韦述天宝三载为集贤殿学士,杜昆吾为韦述同僚,陆善经天宝三载为集贤殿学士,推测韩倩、张绰或亦为集贤殿学士。

胡嘉鄢

胡嘉鄢,生平事迹无考。

魏　盈

魏盈,生平事迹无考。

李彦和

李彦和,生平事迹无考。

---

① 欧阳修、宋祁:《新唐书》卷五七,中华书局 1975 年版,第 1477 页。
② 陈振孙:《直斋书录解题》卷五,上海古籍出版社 1987 年版,第 172 页。
③ 刘昫等:《旧唐书》卷一〇一,中华书局 1975 年版,第 3155—3161 页。
④ 欧阳修、宋祁:《新唐书》卷五七,中华书局 1975 年版,第 1434 页。

张博望

张博望，生平事迹无考。

辛替否

辛替否，《旧唐书·辛替否传》载："辛替否，京兆人也。景龙年为左拾遗。时中宗置公主府官属，安乐公主府所补尤多猥滥。又驸马武崇训死后，弃旧宅别造一宅，侈丽过甚。时又盛兴佛寺，百姓劳弊，帑藏为之空竭。替否上疏谏曰……疏奏，睿宗嘉其公直。稍迁为右台殿中侍御史。开元中，累转颍王府长史。天宝初卒，年八十余。"[1]据该传，辛替否天宝三载应为颍王府长史。又《唐尚书省郎官石柱题名考》卷七"司勋郎中"载辛替否，知辛曾任司勋郎中。

结　语

综上所考，可以将参加此次唱和的三十余人分为以下几组。皇帝、宰相、诸王：唐玄宗、太子李亨、左相李适之、右相李林甫、嗣许王李瓛、褒信郡王李璆；三省六部长官：尚书左丞席豫、尚书右丞宋鼎、户部侍郎郭虚己、兵部侍郎李岩、中书舍人韦斌、李慎微、银青光禄大夫左散骑常侍陕郡太守韦坚等；太子属官：员外少詹事齐澣、太子右庶子崔璘、太子右庶子梁涉、太子左赞善大夫王璵等；集贤殿学士：集贤殿学士于休烈、集贤殿学士齐光乂、集贤殿学士韦述、韩倩或为国子司业、集贤殿学士杜昆吾、集贤殿学士陆善经等；其他：胡嘉鄢、魏盈、李彦和、张博望、颍王府长史辛替否等。由此可见，《会稽掇英总集》关于这组唱和诗的排列并非随意而排，而是按照官阶高低排列的，玄宗召集群臣亦非随意召集，贺知章历职国子四门博士、太常博士、太常少卿、集贤殿学士、太子侍读等，与之相吻合，玄宗所召，除了宰相、诸王及三省六部长官，多为贺知章旧职僚友。

---

① 刘昫等：《旧唐书》卷一〇一，中华书局1975年版，第3155—3161页。

参考文献

B

〔唐〕白居易著，顾学颉点校:《白居易集》，中华书局 1979 年版。

〔唐〕白居易著，谢思炜校注:《白居易诗集校注》，中华书局 2006 年版。

〔唐〕白居易著，朱金城笺校:《白居易集笺校》，上海古籍出版社 1988 年版。

〔东汉〕班固撰:《汉书》，中华书局 1962 年版。

北京大学古文献研究所:《全宋诗》，北京大学出版社 1991 年版。

卞孝萱:《元稹年谱》，齐鲁书社 1980 年版。

C

〔唐〕岑参撰，廖立笺注:《岑嘉州诗笺注》，中华书局 2004 年版。

岑仲勉:《金石论丛》，中华书局 2004 年版。

〔宋〕晁冲之:《晁具茨先生诗集》，《丛书集成初编》，商务印书馆 1939 年版。

陈伯海主编:《唐诗汇评》，浙江教育出版社 1995 年版。

〔宋〕陈傅良撰:《止斋先生文集》，《四部丛刊初编》，商务印书馆 1912 年版。

〔宋〕陈景沂撰:《全芳备祖集》，《景印文渊阁四库全书》第 935 册，台湾商务印书馆 1982 年版。

〔明〕陈谟:《海桑集》，《景印文渊阁四库全书》第 1232 册，台湾商务印书馆 1982 年版。

〔宋〕陈耆卿撰:《嘉定赤城志》，《宋元方志丛刊》第七册，中华书局 1990 年版。

〔宋〕陈起编:《江湖小集》，《景印文渊阁四库全书》第 1357 册，台湾商务印书馆 1982 年版。

〔宋〕陈起编:《江湖后集》，清乾隆四十七年钞本。

〔宋〕陈思撰:《宝刻丛编》，《丛书集成初编》，商务印书馆 1937 年版。

［宋］陈思编：《两宋名贤小集》，《文渊阁四库全书》，上海古籍出版社 1989 年版。

［宋］陈思编：《书小史》，《景印文渊阁四库全书》第 814 册，台湾商务印书馆 1982 年版。

［明］陈应行编：《吟窗杂录》，明嘉靖二十七年刻本。

［宋］陈造撰：《江湖长翁集》，《景印文渊阁四库全书》第 1166 册，台湾商务印书馆 1982 年版。

［宋］陈振孙撰：《直斋书录解题》，上海古籍出版社 1987 年版。

［宋］陈著撰：《本堂集》，《景印文渊阁四库全书》第 1185 册，台湾商务印书馆 1982 年版。

［宋］程俱：《北山小集》，《四部丛刊续编》，商务印书馆 1934 年版。

D

戴伟华：《唐方镇文职僚佐考》，天津古籍出版社 1994 年版。

［清］董诰等编：《全唐文》，中华书局 1983 年版。

［宋］杜范撰：《清献集》，《景印文渊阁四库全书》第 1175 册，台湾商务印书馆 1982 年版。

［唐］杜甫著，仇兆鳌注：《杜诗详注》，中华书局 1979 年版。

［唐］杜牧著，吴在庆校注：《杜牧集系年校注》，中华书局 2008 年版。

［唐］杜佑撰：《通典》，中华书局 1988 年版。

F

［宋］范成大撰：《吴郡志》，《宋元方志丛刊》第一册，中华书局 1990 年版。

［唐］范摅撰：《云溪友议》，古典文学出版社 1957 年版。

［南朝宋］范晔撰：《后汉书》，中华书局 1965 年版。

［唐］房玄龄等撰：《晋书》，中华书局 1974 年版。

［唐］封演撰，赵贞信校注：《封氏闻见记校注》，中华书局 2005 年版。

G

［唐］高适著，刘开扬笺注：《高适诗集编年笺注》。中华书局 1981 年版。

［宋］高似孙纂:《剡录》,《宋元方志丛刊》第七册,中华书局1990年版。

［宋］郭茂倩编:《乐府诗集》,中华书局2017年版。

郭庆藩辑:《庄子集释》,中华书局1961年版。

H

［唐］韩愈撰,马其昶校注,马茂元整理:《韩昌黎文集校注》,上海古籍出版社1987年版。

［唐］韩愈著,钱仲联集释:《韩昌黎诗系年集释》,上海古籍出版社1984年版。

［唐］韩愈著,屈守元、常思春主编:《韩愈全集校注》,四川大学出版社1996年版。

［宋］何梦桂撰:《潜斋集》,明刻清顺治十六年何令范重修本。

［宋］贺铸撰:《庆湖遗老集》,《景印文渊阁四库全书》第1123册,台湾商务印书馆1982年版。

［宋］洪兴祖撰:《楚辞补注》,中华书局1983年版。

［唐］胡璩撰:《谭宾录》,清抄本。

［宋］胡仔撰:《苕溪渔隐丛话》,《丛书集成初编》,商务印书馆1937年版。

［明］胡震亨:《唐音癸签》,上海古籍出版社1981年版。

［宋］黄康弼编:《续会稽掇英总集》,清抄本。

J

［宋］计有功撰,王仲镛校笺:《唐诗纪事校笺》,中华书局2007年版。

贾晋华:《唐代集会总集与诗人群研究》(第二版),北京大学出版社2015年版。

［南朝］江淹著,胡之骥注:《江文通集汇注》,中华书局1984年版。

焦循撰:《孟子正义》,中华书局1987年版。

［唐］皎然著,李壮鹰校注:《诗式校注》,人民文学出版社2003年版。

K

［宋］孔延之编,邹志方点校:《〈会稽掇英总集〉点校》,人民出版社2006年版。

L

［清］劳格、赵钺：《唐尚书省郎官石柱题名考》，中华书局 1992 年版。

黎翔凤撰：《管子校注》，中华书局 2004 年版。

［唐］李白著，王琦注：《李太白全集》，中华书局 1977 年版。

李步嘉校释：《越绝书校释》，中华书局 2013 年版。

［宋］李昉等编：《太平广记》，中华书局 1961 年版。

［宋］李昉等编：《太平御览》，河北教育出版社 1994 年版。

［宋］李昉等编：《文苑英华》，中华书局 1966 年版。

［宋］李纲：《梁溪集》，《景印文渊阁四库全书》第 1125 册，台湾商务印书馆 1982 年版。

［唐］李吉甫撰：《元和郡县图志》，中华书局 1983 年版。

［唐］李延寿撰：《南史》，中华书局 1975 年版。

［唐］李冗撰：《独异志》，中华书局 1983 年版。

［北魏］郦道元：《水经注》，《四部丛刊初编》，商务印书馆 1919 年版。

［清］厉鹗撰：《樊榭山房集》，《四部丛刊初编》，商务印书馆 1919 年版。

［元］凌云翰：《柘轩集》，《景印文渊阁四库全书》第 1127 册，台湾商务印书馆 1982 年版。

［唐］刘长卿著，储仲君笺注：《刘长卿诗编年笺注》，中华书局 1996 年版。

［宋］刘克庄撰：《后村先生大全集》，《四部丛刊初编》，商务印书馆 1912 年版。

［五代］刘昫等撰：《旧唐书》，中华书局 1975 年版。

［南朝宋］刘义庆著，徐震堮：《世说新语校笺》，中华书局 1984 年版。

［唐］刘禹锡著，卞孝萱校订：《刘禹锡集》，中华书局 1990 年版。

［唐］刘禹锡著，陶敏、陶红雨校注：《刘禹锡全集编年校注》，岳麓书社 2003 年版。

［唐］柳宗元：《柳宗元集》，中华书局 1979 年版。

［宋］楼钥撰：《攻媿集》，《四部丛刊初编》，商务印书馆 1912 年版。

逯钦立辑校：《先秦汉魏晋南北朝诗》，中华书局 1983 年版。

［宋］陆游：《陆放翁全集》，上海中华书局 1927 年版。

〔宋〕陆游:《陆游集》,中华书局 1976 年版。

〔宋〕罗濬撰:《宝庆四明志》,《宋元方志丛刊》第五册,中华书局 1990 年版。

〔唐〕骆宾王著,陈熙晋笺注:《骆临海集笺注》,上海古籍出版社 1985 年版。

M

〔唐〕孟浩然著,李景白校注:《孟浩然诗集校注》,中华书局 2018 年版。

〔唐〕孟棨撰:《本事诗》,古典文学出版社 1957 年版。

N

〔清〕倪涛撰:《六艺之一录》,《景印文渊阁四库全书》第 831 册,台湾商务印书馆 1983 年版。

O

〔宋〕欧阳修:《欧阳修全集》,中华书局 2001 年版。

〔宋〕欧阳修撰:《集古录》,《景印文渊阁四库全书》第 681 册,台湾商务印书馆 1982 年版。

〔宋〕欧阳修、宋祁:《新唐书》,中华书局 1975 年版。

〔唐〕欧阳询撰:《宋本艺文类聚》,上海古籍出版社 2013 年版。

P

〔清〕潘衍桐编:《两浙輶轩续录》,清光绪十七年刻本。

〔清〕彭定求等编:《全唐诗》,中华书局 1960 年版。

Q

〔宋〕潜说友撰:《咸淳临安志》,《宋元方志丛刊》第四册,中华书局 1990 年版。

〔宋〕秦观:《淮海居士长短句》,中华书局 1957 年版。

〔唐〕权德舆:《权德舆诗文集》,上海古籍出版社 2008 年版。

R

［南朝梁］任昉撰：《述异记》，《景印文渊阁四库全书》第 1047 册，台湾商务印书馆 1982 年版。

S

［清］沈德潜：《归愚诗钞》，清刻本。

［宋］施宿：《嘉泰会稽志》，《宋元方志丛刊》第七册，中华书局 1990 年版。

［宋］史能之撰：《咸淳毗陵志》，《宋元方志丛刊》第三册，中华书局 1990 年版。

［南朝梁］释慧皎撰：《高僧传》，中华书局 1992 年版。

［西汉］司马迁撰：《史记》，中华书局 1959 年版。

［宋］司马光撰：《资治通鉴》，中华书局 1956 年版。

［明］宋公传辑：《元诗体要》，明正德十四年刻本。

［唐］宋之问著，陶敏、易淑琼校注：《宋之问集校注》，中华书局 2001 年版。

［宋］苏洞：《泠然斋诗集》，《文渊阁四库全书》，上海古籍出版社 1989 年版。

［宋］苏轼著，王文诰辑注：《苏轼诗集》，中华书局 1982 年版。

［五代］孙光宪撰：《北梦琐言》，中华书局 2002 年版。

T

［宋］谈钥：《嘉泰吴兴志》，《宋元方志丛刊》第五册，中华书局 1990 年版。

［明］陶宗仪：《书史会要》，上海书店 1984 年版。

［元］脱脱等：《宋史》，中华书局 1977 年版。

W

［唐］王勃著，蒋清翊注：《王子安集注》，上海古籍出版社 1995 年版。

［清］王昶编：《金石萃编》，江苏古籍出版社 1998 年版。

［宋］王谠撰，周勋初校证：《唐语林校证》，中华书局 1987 年版。

［五代］王定保：《唐摭言》，中华书局 1959 年版。

［宋］王溥撰：《唐会要》，上海古籍出版社 2006 年版。

［宋］王钦若等编：《册府元龟》，中华书局 1960 年版。

［宋］王十朋：《梅溪先生集》，《四部丛刊》，商务印书馆 1929 年版。

［宋］王十朋：《王十朋全集》，上海古籍出版社 1998 年版。

［唐］王维撰，陈铁民校注：《王维集校注》，中华书局 1997 年版。

［唐］王维撰，赵殿成笺注：《王右丞集笺注》，上海古籍出版社 1984 年版。

［清］王先谦撰：《荀子集解》，中华书局 1988 年版。

［清］王先慎撰：《韩非子集解》，中华书局 1998 年版。

［宋］王象之撰：《舆地碑记目》，《丛书集成初编》，商务印书馆 1937 年版。

［宋］王尧臣撰：《崇文总目》，《丛书集成初编》，商务印书馆 1937 年版。

［清］王应麟编：《玉海》，广陵书社 2003 年版。

［宋］王灼撰：《碧鸡漫志笺证》，巴蜀书社 2019 年版，

［唐］温庭筠著，刘学锴校注：《温庭筠全集校注》，中华书局 2007 年版。

吴毓江校注：《墨子校注》，中华书局 1993 年版。

X

［元］辛文房撰，傅璇琮主编：《唐才子传校笺》，中华书局 1987—1995 年版。

［南朝陈］徐陵撰，许逸民校笺：《徐陵集校笺》，中华书局 2008 年版。

［唐］薛用弱撰，汪辟疆辑录：《集异记》，神州国光社 1946 年版。

Y

［清］严可均辑：《全上古三代秦汉三国六朝文》，中华书局 1958 年版。

［唐］颜真卿：《颜鲁公文集》，《四部丛刊初编》，商务印书馆 1922 年版。

［唐］杨炯著，徐明霞点校：《杨炯集》，中华书局 1980 年版。

［唐］姚思廉撰：《梁书》，中华书局 1973 年版。

［宋］姚宽撰：《西溪丛语》，中华书局 1993 年版。

［北周］庾信撰，倪璠注：《庾子山集注》，中华书局 1980 年版。

［元］袁桷撰：《延祐四明志》，《宋元方志丛刊》第六册，中华书局 1990 年版。

［唐］元稹著，冀勤点校：《元稹集》，中华书局 1982 年版。

［唐］元稹著，杨军笺注：《元稹集编年笺注》，三秦出版社 2002 年版。

［明］阮阅编：《诗话总龟》，人民文学出版社 1987 年版。

Z

〔宋〕赞宁撰：《宋高僧传》，中华书局 1987 年版。

〔明〕张镃：《南湖集》，《丛书集成初编》，商务印书馆 1936 年版。

〔唐〕张籍：《张籍诗集》，中华书局上海编辑所 1958 年版。

〔唐〕张籍著，徐礼节、余恕诚校注：《张籍集系年校注》，中华书局 2011 年版。

〔唐〕张九龄著，熊飞校注：《张九龄集校注》，中华书局 2008 年版。

赵君平、赵文成编：《河洛墓刻拾零》，北京图书馆出版社 2007 年版。

〔唐〕赵璘撰：《因话录》，上海古籍出版社 1979 年版。

〔宋〕赵明诚、李清照：《金石录》，《四部丛刊续编》，商务印书馆 1934 年版。

〔后汉〕赵晔撰，周生春辑校汇考：《吴越春秋辑校汇考》，中华书局 2019 年版。

〔唐〕郑棨撰：《开天传信记》，《丛书集成初编》，商务印书馆 1935 年版。

〔宋〕志磐撰，释道法校注：《佛祖统纪校注》，上海古籍出版社 2012 年版。

中国陆游研究会编：《陆游与越中山水》，人民出版社 2006 年版。

〔明〕钟惺、谭元春编：《唐诗归》，明万历四十五年刻本。

周相录撰：《元稹年谱新编》，上海古籍出版社 2004 年版。

〔宋〕朱长文撰：《墨池编》，《景印文渊阁四库全书》第 812 册，台湾商务印书馆 1983 年版。

〔宋〕黎靖德编：《朱子语类》，中华书局 1986 年版。

撰人未详：《宝刻类编》，《丛书集成初编》，商务印书馆 1936 年版。